新时代卓越中学数学教师丛书

Research on Teaching Design of Mathematics Unit in
Literacy Based Secondary School

素养本位中学数学单元教学设计研究

陈雪梅　著

华东师范大学出版社
·上海·

图书在版编目(CIP)数据

素养本位中学数学单元教学设计研究/陈雪梅著. —上海：华东师范大学出版社，2021
（新时代卓越中学数学教师丛书）
ISBN 978-7-5760-2235-3

Ⅰ.①素… Ⅱ.①陈… Ⅲ.①中学数学课－教学研究－高中 Ⅳ.①G633.602

中国版本图书馆 CIP 数据核字(2021)第 231372 号

新时代卓越中学数学教师丛书
素养本位中学数学单元教学设计研究
SUYANG BENWEI ZHONGXUE SHUXUE DANYUAN JIAOXUE SHEJI YANJIU

著　　者　陈雪梅
策划编辑　李文革
责任编辑　平　萍
责任校对　郭　琳　时东明
装帧设计　刘怡霖

出版发行　华东师范大学出版社
社　　址　上海市中山北路3663号　邮编200062
网　　址　www.ecnupress.com.cn
电　　话　021-60821666　行政传真 021-62572105
客服电话　021-62865537　门市（邮购）电话 021-62869887
地　　址　上海市中山北路3663号华东师范大学校内先锋路口
网　　店　http://hdsdcbs.tmall.com

印 刷 者　常熟市文化印刷有限公司
开　　本　787×1092　16开
印　　张　17
字　　数　287千字
版　　次　2021年12月第1版
印　　次　2021年12月第1次
书　　号　ISBN 978-7-5760-2235-3
定　　价　56.00元

出 版 人　王　焰

（如发现本版图书有印订质量问题，请寄回本社客服中心调换或电话021-62865537联系）

目 录

第一章 核心素养本位数学教学的基本问题   1
   第一节 核心素养本位的学习与教学   1
   第二节 数学大概念的基本理论   13
   第三节 核心素养本位的数学单元教学设计   19

第二章 数学单元素养学习目标的研制   26
   第一节 数学单元素养学习目标是什么   26
   第二节 单元素养学习目标的设计模型与案例评析   35
   第三节 单元目标制定常见问题案例评析   41

第三章 学评一致的数学单元课堂评价   58
   第一节 核心素养本位的单元课堂评价   58
   第二节 学评一致性下单元目标检测的设计与案例评析   61
   第三节 数学学习情感与品格的评价技术   85
   第四节 提高单元课堂评价的有效性   89

第四章 设计深度适切的学习活动   102
   第一节 单元学习活动的知识思脉转化   102
   第二节 单元学习活动的认知思脉转化   122
   第三节 单元学习活动的学习思脉转化   143

第五章 数学单元作业的整体设计   163
  第一节 核心素养本位数学单元作业的学理   163
  第二节 核心素养本位数学单元作业的设计与案例评析   167
  第三节 完善核心素养本位数学单元作业的实施   192

第六章 数学单元教学设计案例   198
  第一节 新知识形成单元教学设计   198
  第二节 整体立意下的单元起始课教学设计   247
  第三节 深度学习任务的教学设计   255

参考文献   266

第一章 核心素养本位数学教学的基本问题

第一节 核心素养本位的学习与教学

一、核心素养本位育人模式

核心素养本位育人体系的构建,是顺应国际教育改革趋势、增强国家核心竞争力、提升人才培养质量的关键环节.2014 年 3 月,"核心素养"首次出现在《教育部关于全面深化课程改革落实立德树人根本任务的意见》中,旨在为深化课程改革、落实立德树人根本任务提供路径.2016 年 9 月,《中国学生发展核心素养》研究成果在北京师范大学发布,以培养"全面发展的人"为核心,从文化基础、自主发展、社会参与三个方面,凝练出人文底蕴、科学精神、学会学习、健康生活、责任担当、实践创新六大素养,具体细化为国家认同等十八个基本要点.2018 年初,教育部印发《普通高中课程方案(2017 年版)》和语文等学科课程标准,"学科核心素养"首次出现在国家课程标准中.提出"学科核心素养",不仅仅意味着课程目标由"双基"到"三维目标"之后的再次升级,更重要的意义是在学生核心素养的基础上进一步提升基础教育质量观念,阐明新时代人才培养要求,从而实现育人模式的根本转型.2018 年全国教育大会后,中共中央、国务院相继印发《中国教育现代化 2035》《中共中央国务院关于深化教育教学改革全面提高义务教育质量的意见》和《国务院办公厅关于新时代推进普通高中育人方式改革的指导意见》等一系列文件,继续引领高质量教育以及教育发展方式的转变,推动以学生核心发展为特征的完整育人体系的构建.

一般认为,"核心",是强调适用于生活、社会等所有的情境和全体学生.相对于"素质"内涵,"素养"更加关注后天的习得,并且是"可学、可教"的.因此,"核心素养"是指学生应具备的能够适应终身发展和社会发展需要的必备品格和关键能力.什么是"品格"? 借鉴中国著名发展心理学家林崇德教授在界定"非智力因素"时的观点:"非智力(或非认知)因素,是指除了智力与能力之外的又同智力活动效益发生交互作用的一切心理因素."他进一步对此观点进行阐释,非智力因素作为一个完整的心理现象,除了认识过程之外,还包括情感过程、意志过程以及由个性意识倾向性(兴趣、动机、信念等)、个性心理特征(能力、气质和性格)和个人的自我意识构成的一个人的"个性".除心理活动中的"认识过程"(属智力或认知范畴)和个性心理特征中的"能力"外,其余的一切现象,"只要它在智力活动中表现出来,且决定智力活动的效益,均可称之为非智力因素.……,严格地说是指心理能力中的非智力因素,主要指与智力、能力活动有关的一切非智力(认知)、非能力的心理因素".(林崇德,2003)核心素养中的"品格"更倾向于在后天学习与发展中获得的"非智力因素",它的结构和要素包括情感过程、意志过程、兴趣、动机、信念、气质和性格等.

《普通高中数学课程标准(2017年版2020年修订)》中指出,"学科核心素养"是"各学科基于学科本质"凝练的,是"学生学习该学科课程后应达成的正确价值观念、必备品格和关键能力".价值观念本质属于一个人终身发展的必备品格的一部分,但是它具有相对的稳定性和持久性.以数学学科为例,就是个体在数学学习和数学活动中通过体验、认识和内化,从而形成的关于数学思维、数学学科和数学学习的价值是什么、如何评判以及如何创造等基本问题的稳定观念,"是人们使自己的认识和实践活动达到自觉的重要标志".(喻平,赵静亚,2020)

从认知和发展心理学的视角看,能力属于一个人的个性范畴,思维是能力的核心,是"成功地解决某种问题(或完成任务)所表现的良好适应性的个性心理特征"."能力偏于活动,是保证顺利地进行实际活动的稳固的心理特征的综合."(林崇德,2003)数学学科核心素养的六个构成要素——数学抽象、直观想象、数学逻辑推理、数学运算、数学建模、数据分析,也是学生通过数学学习可能发展、需要发展的关键能力(曹一鸣,冯启磊,陈鹏举,等,2017).

学界对"学科核心素养"概念展开多种探讨,综合共性的观点总结得出,"学科核心素养"是指在特定学科或某一领域的知识学习过程中形成的、体现学科思维特征及态度、能够适应终身发展和社会发展需要的必备品格和关键能力.例如,学者李艺认为学科核心素养是"在系统的学习中通过体验、认识及内化等过程逐步形成的相对稳定的思考问题、解决问题的思维方法和价值观"(李艺,钟柏昌,2015).

深入理解学生发展核心素养以及学科核心素养的背景、意义和内涵,对于了解它们是什么以及如何实践贯彻和落实具有重要意义.因此,进一步选择课程与教学中最根本的要素——"知识",从"知识"内涵的演变及其与核心素养关系的探讨中深入认识核心素养.

二、核心素养与知识的关系
(一) 什么是知识

20 世纪初期,知识主要以哲学视角被认识,并产生以知识为真理的客观主义知识论. 它强调知识外在于个体的客观属性和公共属性,即知识是超越时空的普遍的存在(也就是绝对真理). 知识是纯粹的,不能渗入主观因素,经过实证或检验的"科学知识"成为唯一的知识类型.

20 世纪中叶开始,知识所具有的个体的、境域的和局部的特征逐渐被发现和提出. 英国经济学家和思想家哈耶克(F. A. Hayek,1899—1992)1945 年在《美国经济评论》上发表著名文章《知识在社会中的运用》,他提出"关于变化的知识",认为所谓"科学知识"只是知识的一部分,并且对个人知识进行了初步描述."现实生活中,无疑还存在着一种极其重要但却未经系统组织的知识,亦即有关特定时空之情势的知识,它们不可能被称为科学知识. 正是在这个方面,每个人实际上要比所有的其他人都更具有某种优势,因为每个人都掌握着有可能极其助益的独一无二的信息,但是只有当立基于这种信息的决策是由每个个人做出的,或者是经由他人的积极合作而做出的时候,这种信息才能够得到运用."(F. A. 冯·哈耶克,2003)几乎同时期,在科学哲学领域,匈牙利裔英国著名物理化学家和思想家迈克尔·波兰尼(M. Polanyi,1891—1976)超越"知识"(knowledge)视角把着眼点转向"识知"(knowing),阐释了他的"个人知识"理论,他提出著名的人类知识的两种分类理论——"通常所说的知识是用书面文字或地图、数学公式来表达的,这只是知识的一种形式,还有一种知识是不能系统表述的,例如我们有关自己行为的某种知识. 如果我们将前一种知识称为显性知识的话,那么我们就可以将后一种知识称为缄默知识". 也就是说,相对于传统认识论所依托的可明确表述的理性知识,人的识知活动中还活跃着另一种与识知的个体无法分离、不可言传而只能意会的隐性认知过程."实施技能的目的是通过遵循一套规则达到的,但实施技能的人却并不知道自己这样做了."(迈克尔·波兰尼,2000)例如,学生会利用直尺和圆规作出一条线段的垂直平分线,此时学生能够用语言表达的多是关于它的一些作图规则或原理,而作图过程的许多细节仍不能用语言表达. 波兰尼对"知识"逻辑脉络的发展不仅在于对知识进行分类,而且揭示了知识的个体属性以及明确了知识的默会根源.(赵健,2003)自此,对于知识的认识不再停留于仅仅看作一个客观的抽象实体,知识还包括将那些明确的知识应用于不同情境的知识,而且任何知识都蕴涵着求知者的个人经验、理想和态度.

(二) 知识的认知分类

伴随人类知识观的演变,美国卡内基梅隆大学心理学和计算机科学教授安德森(L. W. Anderson)从信息加工的角度对于奥苏贝尔(Ausubel D. P.)、加涅(Robert M. Gagne)等学者的理论进行发展,提出了两种类型的知识分类理论,即陈述性知识(declarative knowledge)和程序性知识(procedural knowledge),描述了两类知识的表征和习得方式.陈述性知识在人的心理中是以命题和命题网络的形式表征的.当新学习的命题与已有命题同时处于激活状态下,就可以通过新、旧命题之间的联系习得新命题或产生新命题.陈述性知识经过合成与程序化等子过程可以转化为以产生式表征为特征的程序性知识.个体获得一种程序性知识时,还同时获得了一种内隐的元认知.元认知是指一个人对自我认知过程的意识和知能,是主体对于自身正在进行的认知活动的内省.一般认为,元认知包括元认知知识、元认知体验和元认知监控三部分,学习者可以通过元认知来了解、检验、评估和调整自身的认知活动.加涅的学习结果分类中提出的对外办事的智慧技能和对内调控的认知策略,可以看作是对程序性知识的进一步阐明和细化.

华东师范大学皮连生教授通过研究历史上知识认识论的成果,特别是现代信息加工认知心理学派的知识理论,提出了"广义知识"概念——"主体通过与其环境相互作用而获得的信息及其组织",并认为贮存在个体内的即为个体知识;贮存于个体之外的乃是人类知识.广义知识从总体上可分为三类:陈述性知识、程序性知识和策略性知识.策略性知识(tactical knowledge)主要是关于"如何学习、如何思维"的知识,是调节自身的注意、记忆、思维的知识.从广义知识观出发,加涅提出的智慧技能可以对应于"技能",认知策略可以对应于"能力".因此,能力成为知识的一种形式,知识与能力得到统一,中国传统的智育目标也都可以归结为知识的培养,而且世界经济合作与发展组织(Organisation for Economic Co-operation and Development,简称OECD)就是将对于学生能力的讨论直接转向"核心素养".

(三) 非认知知识

20世纪60年代以来,人本主义心理学逐渐成为心理学的第三势力,"主张心理学要想真正成为关于人的科学,应该探讨完整的人,而不是把人分割成行为、认知等从属方面".(袁振国,2010)西方心理学界在对智力测验成绩研究中同时形成对"非智力因素"的认识,美国心理学家亚历山大(Alexander)于 1935 年在论文中首次使用"非智力因素".

在发展心理学领域、认知心理学领域,一般使用"非认知因素"代替"非智力因素". 发展心理学领域早期有代表性的理论是皮亚杰关于儿童情感性发展的非认知因素理论;认知心理学领域中的代表人物奈瑟尔(Neisser)最早使用非认知因素,并提出"人类思维的发展性、情感基础、动机的多重性"是计算机程序所不具备的特点. 理论代表人物西蒙(Simon)对动机与情绪在认知活动中的作用机制进行了描述与解释. 伴随研究的深入与认识的发展,"非认知因素"形成广义与狭义之分. 广义的"非认知因素"一般是指认知活动以外的心理因素、环境因素、生理因素以及道德品质等. 狭义的"非认知因素"是指"那些不直接参与认识过程,但对认识过程起直接制约作用的心理因素,主要包括:动机、兴趣、情感、意志、气质、性格,等等".(林崇德,2003)可以发现,其实"非智力因素""非认知因素"与"品格"有许多共性的方面,因此,这些伴随认识过程的心理内在倾向性、特征和自我意识可以统称为非认知知识.

伴随三维课程目标的提出,在课程目标领域一般使用"情感"作为知识、技能和思维策略之外的目标,也经常作为兴趣、动机、态度、意志、信念和价值观等因素的统称. 也就是说,"情感"在课程领域通常可以作为"非认知因素"的统称. 学者徐斌艳通过研究发现,21 世纪中国及世界主要国家数学课程标准的情感目标涵盖了对数学态度、习惯、兴趣、自信的要求,也涉及数学德育目标,包括社会责任感、社会交往等能力. 数学情感是人们以数学和数学活动为客观感受对象的一种情感,是对数学和数学活动所持态度的体验,是数学和数学活动是否符合自身精神需要和价值观念的自我感受与内心体验.(徐斌艳,2019)

虽然学界对于"非智力因素""非认知因素"、学习情感尚未形成统一的认识,但是对于认知和情感的关系,共同的观点表明,任何情感活动都离不开"认知"的参与. 情感发展是"从最初的浅层、不稳定、仅面向具体对象的情感向深层、稳定、面向抽象对象情感的过渡",这个过程离不开认知的作用. 情感的对象聚焦、情感对象的深入理解都需要认知的参与,特别是不能缺少"数学问题解决"所代表的深度认知的推动,"问题解决"后个体持续产生的满足、成就和尊严感,才使"问题解决"过程及其特定对象成为积极情感发展的动力要素,并且逐步形成对象的"价值"判断,进而产生情感体验.布卢姆曾运用"两排并排梯子"的比喻表达情感与认知活动之间交叉促进的关系.(夏雪梅,2012)中国著名心理学家和教育家沈德立教授(1934—2013)曾提出"成才过程是一个智力与非智力相互影响,又以非智力因素起决定作用的过程"的观点.

20世纪下半叶开始,学界愈加关注积极学科情感在认知或智力活动中的作用.积极学科情感是指"学生在学科学习活动中产生的相对稳定的积极的内心体验和感受,这种体验和感受使学生对特定的学科学习产生积极的行为倾向,对学习活动的发生、维持具有积极作用".研究发现,积极情感能够拓展个体的思维和行为方式,在积极情感状态下,个体的思维方式更灵活,行为更具有创造性.个体在积极情感状态下偏好新异性的信息和刺激,可以提高认知的灵活性.积极数学情感有助于学生更从容地迎接数学问题的挑战、更专注于数学活动,从而有助于数学成就的提高.积极的情感因素包括兴趣、自信心、动机、愉快等有利于学习的心理状态.消极的情感因素主要包括焦虑、抑制、恐惧、紧张、怀疑、沮丧、害羞等.(夏雪梅,2012)

(四) 核心素养的知识意蕴

知识观的演变体现出:知识既是公共的、明确的、普遍的、静态的,也是个体的、默会的、境域的、动态的.知识不仅仅是对世界本质的一种客观反映,它还是对世界规律的发现与发明,更是人们理解现实世界与自身关系、改变现实世界与自身关系的一种体验、认识和实践.

李艺等学者提出学科核心素养由三个层面构成:最底层是"双基层",以基础知识和基本技能为核心;中间层是"问题解决层",以解决问题过程中所获得的基本方法为核心;最上层是"学科思维层",指在系统的学科学习中通过体验、认识及内化等过程逐步形成的相对稳定的思考问题、解决问题的思维方法和价值观,体现在学习者通过学科学习所养成的对社会或周遭世界的洞察能力以及学习力方面.(李艺,钟柏昌,2015)也就是说,在广义知识观下,核心素养的发展不仅需要关注静态的、客观的"双基"知识,更需要重视动态的受问题情境、文化性影响的个体知识,重视数学核心知识系统中陈述性知识、程序性知识与策略性知识的联系与共生,不断发展自身运用于生活、社会及其他科学领域的数学知识以及情感知识、自我调节和反思的知识.

三、核心素养的学习

核心素养体现了教育目标从"知识"向"人的发展"的聚焦,也是育人目标在科学性、社会性、结构性与整体性方面的提升.具有"核心素养"的人表现为持续正确地运用所学内容解决真实的复杂情境问题的能力和品格,他们的知识构成是多种知识的融合,除了结构化学科的(或跨学科的)内容知识之外,在体验和实践中生成的"知道如何做"或"如何运用知识"的经验和智慧知识居于必要地位.因此,核心素养的学习是真实性学习(authentic learning),是深度学习,学习者"知道在什么样的情境中应用这些知识,知道在面对新的、真实世界的情境时如何调适、修正这些知识,他们能够解释信息、创建模型、解决问题、建立与其他概念和学科及真实世界情境的关联,从而形成理解世界的新方式".(刘月霞,郭华,2018)核心素养的学习不能等同于学生坐在教室里学习,显然也不能等同于教师"教"了多少.

(一) 核心素养的学习以学习科学为指导

传统的关于人类学习的科学研究主要是基于认知心理学和社会心理学.随着知识经济的冲击、人工智能的高速发展,作为研究对象的人类学习及其环境从实验室的单一变量走向真实与复杂性,"学习"成为跨时代的热点问题,研究的视角也从单一走向多元、从一门科学到多门科学的融合,也因此产生了跨学科的"学习科学"(learning sciences).学习科学在 20 世纪 90 年代日益成熟,是指从心理学、神经和脑科学、社会学、人类学、计算机科学等不同的科学领域来探究人在整个生命历程及真实情境中进行学习的内涵、机制、原理和方法,从根本上说,是伴随如何科学认识人类学习及其效益提升、复杂学习任务的问题解决等挑战逐步形成的,以回答时代提出的学会学习、终身学习和创新学习的大课题.具体来说,认知心理学从能力表现的本质、知识的构成和机制,发展心理学从儿童思维与智力发展、学习和迁移,社会—文化—历史心理学从文化模式、社会规范和期望、实践共同体和合作协商,神经和脑科学从大脑的生理结构和组织机能,信息技术从实时、交互和大数据等,分别提供了学习原理和教育策略,"学习"成为具有多重机制和模式的系统,对于教育教学实践产生愈加完整的影响.

因此,核心素养的学习应秉承开放的学习观,包括正式学习、非正式学习以及个体的内隐学习、群体合作学习,既可能是阶梯型的由浅入深一级一级向上攀登,还可能是以开放性的关键点的分布与聚合最终达到一种网状的互联互通.核心素养的学习需要立足学习科学,并综合吸收和运用相关领域的学习理论,从学习目标、学习过程、学习任务、学习方式、学习环境和学习评价等方面进行更加系统的规划和实施.

(二) 核心素养的学习以深度学习为载体和过程

钟启泉先生指出,重视素养的新人形象和社会中活动的面貌非常有意义,此亦可以看作核心素养学习的目标和结果. 国内外不同学者对于"素养的新人"有不同描述,例如,"能从事自发的活动,并对这些活动负责的人;能理智地选择和自定方向的人;是批判性的学习者,能评价他人所作贡献的人;获得有关解决问题知识的人;更重要的,能灵活地和理智地适应新的问题情境的人;能在自由地和创造性地运用所有有关经验时,灵活地处理问题的人;能在各种活动中有效地与他人合作的人;不是为了他人的赞许,而是按照他们自己的社会化目标而工作的人"(袁振国,2010);"拥有远大的志向和坚强的意志、批判性的思考和问题解决能力、有效的沟通和协作能力以及学科思维、学习策略和积极的学习心向等"(刘月霞,郭华,2018). 数学核心素养新人表现出的是通过数学学习所养成的运用数学思维主动认识和改变社会或个人环境的能力,采用《普通高中数学课程标准(2017年版2020年修订)》中提出的"三会"来描述,即会用数学的眼光观察现实世界、会用数学的思维思考现实世界、会用数学的语言表达现实世界. 因此,核心素养的学习既是知识与人格全面发展的学习,更是真实的学习.

1. 强调深层次理解和学习迁移

这是深度学习的目标和任务所决定的. 深度学习以理解、迁移和创新作为学习目标,高阶核心素养的形成不能以知识的简单复制作为路径,而是需要真实情境下问题解决的建构学习,是个体在与各种真实情境持续的社会性互动中、不断解决问题和创生意义的过程中形成的. 深层次知识理解意味着从多个角度对新知识加以表征和关联,并能在新异的复杂情境中对已有知识进行解释、迁移、批判和创新的思维活动,使得符号、逻辑与意义的知识相互贯通,认知、情感与社会的知识内蕴一体,结构化的群体知识与运用中生成的个体知识类似DNA状态的螺旋式上升、相互缠绕转化地存在.

2. 需要元认知调节和非认知因素支持

"学习具有四个维度:认知、情感、元认知和社会. 学习者对任务处理的思考越多,就越能找到并修正其中的错误、局限和紊乱,进而很快就能分析正在发生的事件,阐明使用的策略及其恰当性,使最高效的状态得以出现."(安德烈·焦尔当,

2015)国际知名教师教育培训者马扎诺(Robert J. Marzano)认为教育目标应包括四大系统：自我系统、元认知系统、认知系统、知识系统.例如有一个新任务,首先由自我系统来决定"我"是否要做,由元认知系统提出相关的路径和策略,接着由认知系统处理相关的信息,这三个系统的运作不仅都要借助已有的知识系统,而且还需要超越认知单一系统,依靠其他系统的相互支持.亦即问题解决或教育目标实现的过程不仅取决于学习者的智力或能力,更取决于学习者的元认知能力以及对自我、任务、知识和学习的期望、效能、动机、态度和信念.

根据20世纪下半叶国内外心理学家的研究,元认知是个体对自身的认知过程及结果主动监控和调节的活动,具有独立于认知活动并且在认知活动中发挥作用的功能.国内外理论和实践研究表明,人的非智力因素在数学学习、数学活动中,起动力、定型和补偿作用,高阶非智力表现可以对低能力起到弥补作用,对高能力起到固化作用.(林崇德,2003)例如,学习动机是引起、维持学生学习行为并使之趋向既定目标的动力倾向.没有学习动机,也就不可能引发学习行为.意志影响学习的自觉性和坚持性,并通过习惯影响学习活动的质量.有学者基于国际上数学课程情感目标的研究和经验,将数学情感目标分为7个要素：数学态度、数学习惯、数学兴趣与动机、数学信念与精神、德育和社会价值、个人发展价值以及数学自我概念.(徐斌艳,2019)

3. 核心素养本位学习的本质是教师指导下的学生自主学习

自主学习是指以自学与合作学习为主要方式的,注重自我调节、自我驱动的有意义的学习.自我调节学习是指学习者在一定程度上,从元认知、动机和行为方面积极主动地参与自身的学习活动的过程.(吴庆麟,胡谊,2018)罗杰斯(C. R. Rogers)认为意义学习主要包括四个要素：第一,学习具有个人参与(personal involvement)的性质,即整个人(包括情感和认知两方面)都投入学习活动;第二,学习是自我发起(self-initiated)的,即使在推动力或刺激来自外界时,仍旧要求发现、获得、掌握和领会的感觉是来自内部的;第三,学习是渗透性(pervasive)的,也就是说,它使学生的行为、态度,乃至个性都会发生变化;第四,学习是由学生自我评价(evaluated by the learner)的,因为学生最清楚这种学习是否满足自己的需要、是否有助于获得自己想要知道的东西、是否明了自己原来不甚清楚的某些方面.自主学习是"一种使个体的行为、态度、个性以及在未来选择行动方式时发生重大变化的学习.这不仅仅是一种增长知识的学习,而且是一种与每个人各部分经验都融合在一起的学习".(袁振国,2010)也就是说,伴随核心素养的学习,学生的主动性、适应性和能动性同时不断发展,不仅"学会",而且"会学""乐学".

4. 高阶学科核心素养的本质是形成专家知识、思维和追求卓越的人格

思维能力是学习能力的核心,在学科层面主要表现为学科特有的理解问题和分析问题的思维方式,即学科思维. 在学习活动中就是学习专家思考结构不良或非常规问题时的经验和思维. 深度学习的概念源于认知心理学领域的问题解决和专长研究,继而在人工神经网络领域得到运用,模拟专家大脑在加工信息、创造模型、做出决策时的深度神经网络——如何形成更加抽象的多层感知器的学习结构. 例如,对于一位专家型数学教师,"证明线段相等"可以同时激活——全等三角形判定定理;如果一个三角形有两个角相等,那么这两个角所对的边也相等;线段垂直平分线上的点到这条线段两个端点的距离相等;平行四边形的对边相等;平行四边形的对角线互相平分;三角形的中位线与第三边平行且等于第三边的一半;矩形的对角线相等;菱形的四条边都相等;正方形的四条边都相等;如果一组平行线在一条直线上截得的线段相等,那么在其他直线上截得的线段也相等;经过三角形一边的中点与另一边平行的直线必平分第三边;经过梯形一腰的中点与底平行的直线必平分另一腰;同一底上的两个角相等的梯形是等腰梯形;三个角相等的三角形是等边三角形;垂直于弦的直径平分这条弦;从圆外向这个圆所引的两条切线长相等.

专长研究表明,专家在知识的深广度、组织方式、提取方式、学习兴趣和信念方面均有显著的独特表现. 数学专家知识是在数学学科的大概念或跨学科的大观念引领下将内容知识、基本问题和方法、典型问题情境和策略等进行关联和整合的知识. 核心素养的学习不仅仅是学科知识和技能的学习,更是对自我或人类与知识、世界的关系的学习,理解先贤的发现或发明成果,更要理解他们立志为推动国家富强、社会发展、技术进步和人类共享的坚定理想和探究精神,并在主动继承和发扬中成为一名合格的国家建设和发展实践的劳动者.

四、核心素养本位的教学

学生核心素养的发展主要依靠学校教育来落实,核心素养的学习不能缺少教师的指导,那么基于核心素养的教学有哪些特征? 从"深度教学是核心素养生长的教学方式"的认识出发,立足教学的根本目的是立德树人和促进学习,通过聚焦

学习的内涵和特征,从内容组织、学习路径、教师角色来探讨上面的问题.

(一) 精选和组织人类认识的数学成果

"学什么"是课程、学习和教学的基本问题之一,内容既是学生识知的对象,又是学生知识迁移和创新的工具,特别是由于后者,因此决定了必须是精选的、对学生发展最具价值的,中国著名的教学论学者王策三先生(1928—2017)曾经指出:"一个时代科学研究的终点,就是那一个时代教学的起点."(王策三,2002)这个观点既体现出知识在课程和教学中的核心地位,又强调了课程或教学内容的组织应建立在对学科领域中人类发现或发明整体的反思和认识的基础之上. 重申这一观点对于以知识经济和信息爆炸为特征的时代尤其必要,对于高阶核心素养的发展尤其重要. 因此,学生学习内容的确定显然不仅要基于当前的课程标准与教材做出判断,更要依据学生学习、数学学科的发展和未来社会的需要做出科学的决策,要以全面的、精炼的、结构化的数学成果作为学习内容,对在数学大概念和跨学科大观念引领下的核心知识进行整体设计和组织.

因为核心素养的学习要使学习者形成类似专家的认知结构,所以,教学内容的组织既要突显以数学大概念和跨学科大观念为引领的结构化的、精炼的核心知识体系,通过对学科核心内容的重点探究,实现"少量主题"的深度理解,又要面向不同学生的需要研究内容的分层,例如基础内容、延伸内容、研究内容等,体现内容的开放性、进阶性和选择性. 因为核心素养的学习应延伸至将所学知识应用在新异的典型情境中进行问题解决,所以,教学内容的组织既要提供必要的内容知识和相关学习资源,又应提供知识迁移运用的问题和任务. 怀特海(A. N. Whitehead)研究发现:"知识的要义就在于知识的运用,表现为我们的灵活掌握,体现在智慧的光芒之中."怀特海不仅把"知识的运用"视为知识的要义,而且认为知识的运用并非简单的复制和重复的操练,而是以"智慧"作为目的和结果.(张良,2019)加拿大安大略教育研究所的迈克尔·富兰(Michael Fullan)认为,新教学论的核心是如何运用内容知识解决问题,"这一教学的目标不仅是掌握现有的知识内容,而且是在现实世界中创造和运用知识".(迈克尔·富兰,玛丽亚·兰沃希,2016)

(二) 设计有效的学习路径

学生的学习内容是高于学生自身现有认识水平的数学认识成果,为了达成学习目标、实现有效的学习,就需要教学来"化解"人类认识与个体认识的差距,由教师设计的学习路径对于学生在性质上是"再认识"的过程,即不是全部重复人类的发现和认识过程,而是选择先进的、核心的、适切的活动,进行逻辑的、思想的、关联的、认知的重组或重构,兼顾知识内化和形成、运用和迁移、批判和创新等不同的活动及其联系,有意义地运用接受、发现、探究、反思、协商等学习方式.根据广义知识观的知识形成机制,数学学习可以分为知识习得、知识巩固与转化、知识提取与应用三个顺次阶段.(皮连生,1998)知识习得主要是获取陈述性知识.知识巩固与转化是陈述性知识向程序性知识的初步转化.有效的知识运用阶段需要不同类型知识的协同参与,同时复杂情境下的知识运用又是动态地识别和提取陈述性知识,分化程序性知识,形成智慧技能(对外办事)、认知策略(对内调控)和情感充盈的过程,是可以促进个体的认知结构不断优化以及情感发展逐步稳定和升华的必要途径和过程.安德森等修订的布卢姆教育目标分类学中在阐释"运用"时,认为按照任务的熟悉程度可以将"运用"看作一个连续组织体,涵盖从高度结构化的执行到无结构的实施.(L. W. 安德森,等,2008)

(三) 展现教师多元角色

专长研究表明,专家智慧生成的机制和路径重在理论(或学科内容)知识"实践化"和"实践经验"理论化(获得明确的个人新知识)两项活动中(徐碧美,2003),也就是个体知识通常开始表现为默会性,但是通过实践反思、交流协商可以显化为陈述性知识.而陈述性知识同样需要经过个体的体验、认识和实践加以心智内化,才能更自觉地影响人的思维和行为."在儿童文化发展中,任何机能都是以两次不同的方式登台的,起先以社会的方式,然后以心理的方式,先是在人与人之间……而后在儿童的内心……机能先是以儿童之间关系的形式在集体中形成,后来变为个人的心理机能."(列夫·谢苗诺维奇·维果茨基,2003)

核心素养学习的必要过程和策略是学生作为主体的实践探究活动,以及通过表达和交流促进学生自身默会的经验知识得到澄清,超越偏狭,并逐步成为显化的、明确的实践共同体内所认同的新方法、新观点或新思想,形成关于知识的是何、如何、为何、何时的系统建构.这样的学习方式和过程,就需要教师以示范者、激活者、同伴或引导者的多元角色参与到学生的学习中.

教师的角色不仅要组织内容知识,还要挖掘和揭示人类知识的思想和社会意义及其发现过程的高级社会情感,以身示范并指导学生体验和反思,让学生的数学学习既是深度的数学思考,又是一场情感和思想启蒙之旅,能浸润于数学历史的优秀文化、精神和品格之中,升华学习活动对于自我成长乃至认识社会和创造世界的重要意义,帮助学生逐步形成"探索者"或"创造者"的人格.

教师不仅要给予学生元认知与情感的支持,更要重视复杂任务境域下独立学习与合作学习的方法指导和习惯培养,培育学生有意识地运用元认知方法和情感调节开展学习,帮助学生有勇气、有方法地面对复杂或非常规数学情境的挑战,对于初步掌握的以符号和逻辑为特征的数学知识,有兴趣、有意志持续进行提取、重组、综合、批判和创造,以产生新的数学意义和思维.促进学生的学习结果不仅体现在问题解决、形成新的数学方法、提出新的数学关系或规律、推广新的数学问题这些方面,还体现在合作和沟通、意志和理性、动机和审美、批判和创造等认知、情感和品格的一般方面.

核心素养的教学是全面释放学科育人价值的过程,是彰显教学的教育责任和存在价值的过程,也是教师示范榜样的过程.约翰·哈蒂(John Hattie)认为:"当教师成为他们自己教学的学习者,学生成为他们自己的教师时,对于学生学习的最大效果就会发生."(约翰·哈蒂,2015)让获取和占有人类认识成果的教学过程,真正成为学生自觉地进入人类历史的过程,也成为师生合作学习、彼此启迪、精神更丰盈的过程.

第二节　数学大概念的基本理论

一、为什么需要数学大概念

通过分析核心素养提出的背景、核心素养的学习与教学,可以发现国内外学界基本认同核心素养本位的数学课程与教学应该聚焦于大概念引领下的数学核心知识.一个理论的产生都有历史的演变与逻辑脉络.一方面,20世纪以来数学学科迅猛发展,一些传统内容在现代数学观点下有了新的理解和构建,人类创作的数学学习资源不仅日益丰富而且获取方便;另一方面,社会发展和技术进步对人的素养的要求不断提高,学校教育把育人目标指向培育创新意识、创新知识和创新能力.奥苏贝尔的"要领概念"、布鲁纳的"一般概念"、布卢姆的"基本概念"、怀特海的"惰性观念",都是今天大概念理论逻辑脉络的重要组成.大概念是专家思维的典型特征,"新近产生的知识急剧膨胀,要求我们精心选择大概念,大概念能成为认知结构中重要的关联点,不断吸纳、组织信息".(刘徽,2020)"专家的知识是通过大概念来组织的,反映专家对学科的理解深度."脑科学的研究也证明了大概念的重要性,"脑处理的不是分散的信息而是概念,这些概念处在认知机制的中心".(安德烈·焦尔当,2015)

二、什么是数学大概念

"大观念居于学科的中心位置,集中体现学科课程特质的思想或看法."(邵朝友,崔允漷,2017)《科学教育的原则和大概念》一书中则提出:"理解一些科学上有关的大概念,包括科学概念以及关于科学本身和科学在社会中所起作用的概念."(温·哈伦,2011)

章建跃等运用概念图方法[20世纪60年代美国康奈尔大学的诺瓦克(Joseph D. Novak)教授等提出的一种研究教学、促进学生理解的方法],直观而具体地界定了数学核心概念,规定领域名称(例如代数、几何、统计)为"根"概念,属于第0层,与"根"概念直接关联的概念为第1层.由于第1层概念在概括性和包容性上是最高的,因此将其作为该领域的核心概念.他们进一步提出"数学核心概念是一个拥有'核'的'概念群',是由核心概念及其生长出的子概念组成的知识体系".(章建跃,宋莉莉,王嵘,周丹,2013)大概念具有自我生长能力强、辐射作用宽广、育人功能全面等特点.学者张丹在研究美国、澳大利亚等国家关于"大观念"的理论后指出,数学大观念是内容、过程和价值的融合.(张丹,于国文,2020)

在国内外学界,大观念、大概念、核心概念等都有使用,相关的英文用法也比较多,例如 big idea、core concept、key concept、fundamental idea、aggregating concept,有学者提出大观念多用于跨学科领域,而大概念或核心概念是指学科内部,它们都代表抽象的具有生活重要意义并且居于学科中心的发挥关联点作用的概念.

根据学者对大概念的认识,可以将大概念分为两类:一类是指学科课程不同领域内部的概括程度最高的概念,例如数、函数、二维或三维空间的几何图形;另一类是不仅包括高度抽象和概括的顶层,而且包括位居其次的核心子概念体系,涉及学科大概念自身发展的逻辑、思想方法与价值.

依据中国数学课程的特点以及基础教育实践推广的需要,采取后者的观点,使用数学学科大概念或大概念群概念,包括数学学科观念、重要概念和原理、基本思想或问题、在生活或其他科学领域的典型应用价值.数学学科大概念群可以提供知识的联系与结构,支持进一步学习和概括的组织结构或参考框架,可以组织许多事实信息、技能、经验,即具有数学知识的整合性、体现学科的思维方式和语言、易于迁移应用,可以彰显学科价值.

三、有哪些数学大概念

王嵘、章建跃等数学课程研究者根据美国芝加哥大学编写的 UCSMP(University of Chicago School Mathematics Project)系列教科书以及相关的数学课程标准,通过研究分析出美国高中数学的"核心概念群"(见表1.1).

表1.1 美国高中数学核心概念群示例

领域	核心概念	子概念
数与运算	数	很大的数,很小的数,数的表征
	数系	有理数,无理数,复数,向量(注:作为系统),矩阵(注:作为系统)
	运算的意义	乘、除、幂、求方根运算对数值的影响,矩阵的加法和乘法的性质与表征,向量的加法和乘法的性质与表征,排列、组合的意义
	运算与估算	实数的运算,矩阵的运算,向量的运算,数字计算和答案的合理性

资料来源:章建跃,宋莉莉,王嵘,周丹.美国高中数学核心概念图[J].课程·教材·教法,2013,33(11):118.

他们运用概念图共析出根概念、一级概念、子概念三个层级,分别对应表格中的"领域""核心概念"和"子概念".领域包括数与运算、代数、几何、度量、数据分析与概率五个部分."数与运算"下层有四个核心概念,包括:数、数系、运算的意义、运算与估算."代数"下层有四个核心概念,包括:函数、符号和运算、数学模型、各种情境中的变化关系."几何"下层有五个核心概念,包括:二维和三维几何图形、关于二维和三维空间中几何关系的数学推理、坐标系、变换、描绘几何物体和几何模型."度量"下层有两个核心概念,包括:理解度量、实施度量."数据分析与概率"下层有五个核心概念,包括:提出用数据表达的问题、收集以及组织和展示数据、分析数据、推理和预测、概率的概念.从中可以发现核心概念的结构性与解释性,例如,代数领域的"函数""符号和运算""数学模型"三个核心概念,通过以代数式——作为关系的函数(各类函数模型)或作为对象的函数(函数的性质等)为发展线索,利用函数思想及性质、代数运算把代数内容组织在一起.指数函数、对数函数、幂函数、三角函数等作为函数的具体模型.方程与不等式可以划分为线性方程、指数方程、对数方程和三角方程,借助函数与方程、不等式的关系来解决问题.数学知识体系的基本结构可以自下至上地看作由学科事实或现象、一般概念、核心子概念、核心概念构成.

鉴于数学大概念一般包括但不限于核心概念外更丰富的内容,所以多使用"大概念群",对照章建跃等提出的核心概念图,其中核心概念对应的概念可以视为第一层"数学大概念",在函数大概念下是核心子概念,包括关系和函数、函数的各种表征形式、函数的性质、函数的变换等,通常大概念群包括核心概念及核心子概念.

课程中的数学大概念既有一定的持久性、稳定性,又会因时空和文化等因素的影响展现动态性,即具有发展性和生成性.王嵘、章建跃等教材研究者认为数学大概念群的构成及其架构的组织路径是多样的,"这种选择与一个国家的国情、数学教育观念、课程(教材)编制人员对数学和数学教育的认识等均有关系".(王嵘,章建跃,宋莉莉,周丹,2013)例如,美国的中小学数学课程中一般把"概率"作为"统计"的一部分,但是中国的数学课程采取"统计""概率"既有联系又有区别的认识,认同"概率"具有自身的独立性和系统性.再如,根据学者张丹的引介,美国学者查尔斯(Charles R.I.)根据其界定的"数学大概念"思想,系统提出了适用于小学及中学阶段的21条数学大概念及其释义,包括:(1)数(numbers);(2)十进位值制计数法(the base ten numeration system);(3)等量(equivalence);(4)比较(comparison);(5)运算的意义和关系(operation meanings & relationships);(6)属性(properties);(7)基本事实和算法(basic facts & algorithms);(8)估算(estimation);(9)模式(patterns);(10)变量(variable);(11)比例(proportionality);(12)关系和函数(relations & functions);(13)方程和不等式(equations & inequalities);(14)形状和立体图形(shapes & solids);(15)方向和位置(orientation & location);(16)变换(transformations);(17)测量(measurement);(18)数据收集(datacollection);(19)数据表征(data representation);(20)数据分布(data distribution);(21)可能性(chance).查尔斯认为数学大概念是"对数学学习至关重要的观念的陈述,是数学学习的核心,能够把各种数学理解联系成一个连贯的整体".(张丹,于国文,2020)可以看到不同学者提出的"数学大概念"体系既有相同的部分,也有差别,但是它们都体现出把数学知识组织成为纵向贯通进阶、横向紧密联系的网络结构.

大概念的选择既要关注学生学习的可能性,又要重视从数学科学的现代发展考察大概念的延伸性、可持续性,因为知识形成的路径常常不是唯一的,要重视"在学生的未来数学学习中持续发生作用".所以,从学生学习的适切性和发展性、社会的需求性、学科的普遍性和可迁移性等方面来认识大概念可能更加全面.

结合本土化的一些理论和实践,采取数学大概念或大概念群的用法,并且如果大观念、核心概念在使用时指向学科内部的一些中心概念,那么这些都不予区分.

四、数学大概念群的功能

(一) 体现概念与概念的关联

大概念可以作为一种观念、概念、问题、策略或方法,帮助学生思考和理解数学某些关键方面,有利于学生的个体数学知识成为一个整体.例如,"函数的性质"可以把函数的有界性、单调性、奇偶性、周期性和特殊值等概念组织为一个整体;"式的运算"可以把整式运算、分式运算、根式运算、指数幂运算等关联为一个模块.研究表明专家的知识是高度整合的,即概念、性质、问题情境、方法或策略的知识相互联系且组织优化,而不是"知识点"的记忆.例如,"几何图形的性质"是几何大概念群中的核心子概念,它可以把直线型、曲线型、封闭的、无界的等不同类型几何图形及其不同层次的性质联系在一起;"勾股定理与锐角三角函数"可以通过直角三角形的性质联系在一起.代数领域以"函数"为大概念建构代数领域的知识体系,将整个领域的知识组织成以"函数"为核心的辐射状网络体系,并以"函数"的核心子概念与其他领域知识的联系为载体,发展不同领域间的联系.这样的知识组织有利于小概念与上位的大概念进行对接,并随着大概念在各种真实情境的运用被顺利激活.

(二) 体现情境与概念的关联

大概念一般表现为学科内部抽象程度与概括程度都较高的知识,但是这并不意味着大概念是高高在上的空中楼阁,无论在数学内部,还是生活、社会以及其他科学领域,都能通过各种典型的问题情境、观念等展示大概念辐射出的联系.美国学者艾里克森(H. Lynn Erickon)认为,核心概念是具有超越课堂之外的持久价值和迁移应用价值的概念性知识、原理或方法.例如,在向量及其运算作为大概念的指引下,平面向量概念和性质的形成、运算法则的产生、向量运算的应用都可以孕育在数及其运算情境、几何情境和物理情境之中来揭示意义,同时彰显向量知识的数学价值、生活价值和科学价值.

(三) 体现学生建构理解的规律

由数学大概念群为架构的数学知识体系既是符合数学逻辑线索的,又是基于学习者经验的、体现有效学习的知识进阶的组织,可以为优化认知结构提供更适合的路径.在大概念的引领下,一类数学知识组织的线索也呈现一定的规律性,一般是按照概念定义、概念的基本性质、重要的相关性质和应用、分类或特殊类别的概念、性质和应用的脉络展开.例如,"任意角三角函数"涉及众多名称各异的知识点,如果按照知识点进行组织,就会引起学生记忆和理解的困难.在此就要发挥函数大概念群的作用,重新对知识点进行组织:任意角和弧度制——任意角三角函数概念——基本性质(同角三角函数的基本关系、诱导公式、图象及其性质)——应用——相关性质(三角恒等变换)——应用——正弦型函数 $y=A\sin(\omega x+\varphi)$ ——应用,通过知识形成路径的分析,可以将任意角三角函数的定义、正弦型函数概念、图象和性质作为贯通不同新知识的知识生长点,再利用单位圆、圆的几何特征作为学生学习的思维支架,帮助学生深入理解三角函数核心知识体系.

为了提供更有效的路径来促进学生学习,一些专家教师在教学设计和实施中还创造出许多优秀的可以超越教材的"教学转化"智慧,包括:清晰诊断学生的已有知识和困难,确立学生已有知识的激活源,寻找新知识的类比源和生长源,不同知识点之间一以贯之的关联源,不同问题的通法,等等.例如,一元二次方程的解法包括直接开平方法、配方法、公式法和因式分解法,如何把这些貌似不同的方法更紧密地组织在一起呢?一些专家教师在实践中就创造出利用解方程的基本思想"降次"作为线索,将开平方、因式分解作为基本方法,其他方法都可以转化为这两种方法的知识整合路径,并将这一事实作为学生建构一元二次方程不同解法的思想基础进行整体化设计.(王华,2020)

这个案例体现了专家教师非常注重大概念下各个新知识点的关联组织,为此需要探究新知识的生长点,即可以贯通的思想和方法.他们通常根据问题、概念、概念事实或概念图形显示的情境来激活自身大概念,并提取相关的知识、思想和方法,并结合新情境重新调整和完善,最终获得贯通的路径或学习支架,再据此设计教学过程,引导学生进行自主学习、讨论和交流,同时帮助学生整体建构新知识.

第三节 核心素养本位的数学单元教学设计

核心素养的学习目标是学习者形成以大概念群为关键点的、贯通的网状知识组织,核心素养的教学目的是促进学习者成为具备学科知识、技能和关键能力以及运用知识的意识、信念和伦理的全面发展的人. 这些都要求核心素养的学习不能成为知识点的堆砌,核心素养的教学不是教师的全面讲授,不是单纯关注"数学活动"本身为了活动而活动的教学. 它要求超越课时教学和教材,对学习目标、学习内容、学习过程、学习活动、学习任务和学习评价进行整体规划,并通过学、评、教的一致性,贯彻以学习为中心、以目标为导向的教学范式. 因此,"单元教学"(unit design)重新回到教学理论的思考与实践的探索之中.

一、数学教学单元及类型

单元教学起源于欧美,是"新教育运动"的产物. 我国单元教学的萌芽可追溯到 20 世纪初期. 其基本思想是打破学科界限,重组数学课程或教材的知识内容,进行"整体化教学". 吕世虎等提出单元教学的特点为整体性、层序性、生本性、创造性.(吕世虎,吴振英,杨婷,王尚志,2016)

无论是学界还是基础教育实践领域,对于"单元"如何选取、单元的类型、单元教学模式、单元教学设计与课时教学设计的异同都非常关注. 事实上,这些问题的探究直接关系到核心素养在实践领域的落实.

崔允漷教授曾借用建筑单元类比单元教学与课时教学之间的关系,它们之间既有关联性、整体性,又具有各自的独立性,意义是让学生经历完整的学习过程. 借鉴课程的分类,钟启泉教授提出两种基本的单元类型,一种是根据课程标准和教科书等正式的课程资源形成的计划型单元,该类型一般都有一个明确的知识主线,并呈现阶梯型特点. 在此类型下,有学者进一步提出以知识技能为主题的教学单元、以思想方法或学科素养为主题的教学单元. 前者多表现为新知课构成的单元,例如"整式的运算"单元,以"式的运算"作为大概念,根据课程标准的要求,主要知识包括:简单的整式加法和减法运算法则、运算律及其技能;简单的整式乘法运算法则、运算律及其技能、乘法公式及其应用;整式的因式分解方法及其应用;等等.后者多表现为复习课形成的单元,一般超越教科书的内容,根据复习的主题或专题目标进行的学习内容的重组.另一种单元类型是项目型单元,一般以适合学生经验的、独立的真实性复杂情境的问题或任务作为学习对象,根据"主题——探究——表达"的一般程序,通过整体设计问题的体验和探究、知识学习、问题解决的反思与评估等活动及其迭代形成学习单元.项目型单元体现了做中学、用中学的新的学习理念,用活动式课程思想破除学校与社会、学校与真实生活之间的藩篱.

二、数学单元教学模式

教学模式一般指在一定的教育思想、教学和学习理论的指导下,在大量的教学实验的基础上,为了完成一类主题的教学目标和任务而"形成的稳定、简明的教学结构理论框架及其具体可操作的实践活动方式".(曹一鸣,2007)教学结构是指教学过程中的要素及其稳定的相互关系,依据教学模式可以为教学过程的设计和实施提供结构化的程序和步骤.教学模式产生的本源在于知识建构的多重方法,有效的教学模式有利于学生顺利地达到学习目标,了解并创造性地运用教学模式是教师走向专业化的重要标志和基本途径.数学教学模式既可能是数学学科特有的,也可能是适合不同学科的.

20世纪80年代以后,随着西方教育思想的涌入,国内教育界关于单元教学的理论和实践研究开始增多,其中由中学或大学数学教师主创并荣获基础教育国家级优秀教学成果一等奖的有李庾南老师团队基于35年实践提出的"自学·议论·引导"教学模式、吕传汉和汪秉彝团队基于30年实践提出的"情境——问题"数学教学模式,其中都体现了对发展学生学力或数学学科核心素养的关注,以及对教材和学材的自然单元进行整体重构的举措.

面向核心素养的培育,有学者汲取国内外的教育发展成果,提出"数学单元结构教学的四种模式".(喻平,2020)

(一)以问题解决为线索的单元教学模式

以问题解决为线索的单元教学模式的程序结构如图1.1所示.

具体描述为:

(1)创设具有探究意味的问题情境(或教师引导学生提出问题);

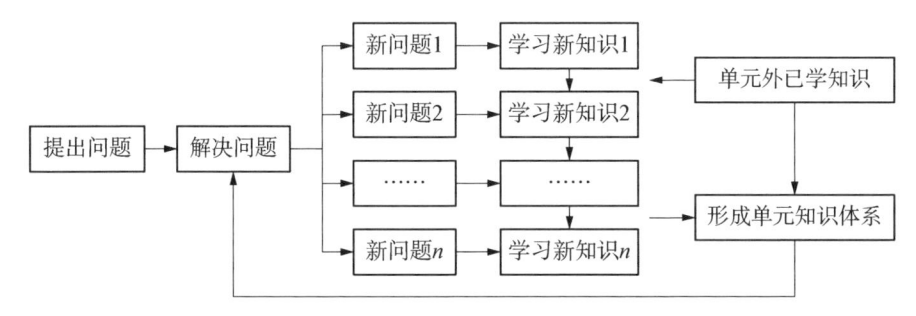

```
                   ┌─→ 新问题1 ──→ 学习新知识1 ←─┐
                   │                              │   单元外已学知识
                   ├─→ 新问题2 ──→ 学习新知识2 ←─┤         │
提出问题 → 解决问题 ┤                              │         ↓
         ↑         ├─→  ……    ──→   ……       ──→ 形成单元知识体系
         │         │                              │
         └─────────┴─→ 新问题n ──→ 学习新知识n ←─┘
```

图 1.1　以数学问题解决为线索的单元教学模式

资料来源：喻平.数学单元结构教学的四种模式[J].数学通报,2020,59(5):3.

（2）学生自主探究问题或分解出子问题串；

（3）学习由数学问题解决引发出的序列新知识；

（4）形成本单元的知识体系，解决原问题和新问题.

与项目式学习模式类似，这种单元教学模式体现了数学知识与典型情境（数学的、生活的或科学的情境）及问题的联系，既可以为学习者提供新知识产生的问题背景，有利于激发学习兴趣和动机，又可以从知识运用的视角开阔视野，感悟数学的价值，提升数学学科核心素养.

由美国 McGraw-Hill 出版集团开发和出版的核心—强化数学项目（Core-Plus Mathematics Project，简称 CPMP）高中数学教科书（Core-Plus Mathematics—Contemporary Mathematics in Context Course 1~4）就是以"问题——探究"为特色.以 9 年级"机会的模式"单元为例，这个单元共有 3 课，其中最后一课是"回顾"，即单元总复习.这 3 课共涉及 469 个问题，如果例题是指为了显示一些具体技术或技巧的应用而呈现解法步骤和最终解法的问题，那么 CPMP 高中数学教科书中没有例题.所有的问题分为：伴随概念、方法的引入与发展的问题任务、要求学生独立完成的问题任务.其中要求学生独立完成的问题任务由五部分组成：应用（应用与巩固知识）、关联（促进数学主题之间的联系）、反思（重新检验个人的观念与思维）、拓展（探究更深度的数学，例如，利用排列算法计算所有可能结果的数量）、复习（保持程序运算的流畅性）."复习"中的任务涉及学习概率所需要的一些先备知识（例如小数、百分数、分数、几何、函数等相关知识）.这 3 课中的"复习"部分一共涉及 65 个问题."机会的模式"单元涉及样本空间、等可能、概率公式（古典概型）、概率分布、互斥事件、加法公式、大数定律、模拟概率模型、几何概率概型等主要概念与公式,多伴随问题解决的过程,以归纳描述的形式呈现.在学生初步经历用表格列出所有可能的结果、讨论事件的概率后,教科书用描述性语言引入样本空间、等可能两个概念,并总结概率公式.例如,"在问题1中你完成的那张表被称作滚动两枚骰子的情境下的一个样本空间.一个样本空间就是列出所有可能的结果".在要求学生探索样本空间、求一个事件的概率之后,教科书引入概率分布概念——"一个概率分布是指随着每一个结果发生的概率,对一个随机情形中所有可能用数字表示的结果的一个描述.不同于样本空间,一个概率分布中所有的结果必须是单个数字,并且概率是明确的".学生再经历列出样本空间、判断等可能性、根据条件整理概率分布表、计算某事件的概率的思维过程.大数定律的引入是伴随两个等可能结果的模拟概率模型.在讨论掷一枚硬币的正面比例随模拟次数的图象变化时,指出"大数定律是指试验的次数越多,概率的估计会趋于更好".在其后的许多模拟建模任务中,都包含根据大数定律解释图表信息的要求.

(二) 以大概念引领的新知识形成为目标的单元教学模式

以大概念引领的新知识形成为目标的单元教学模式的程序结构如图1.2所示.

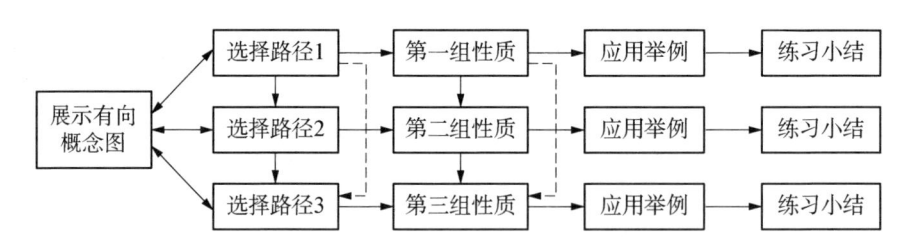

图1.2 以大概念引领的新知识形成为目标的单元教学模式

资料来源:喻平.数学单元结构教学的四种模式[J].数学通报,2020,59(5):5.

具体描述为:

(1) 以大概念为引领对数学概念或原理等新知识进行关联和重新组织,形成"有向概念图"(教师进一步明确能贯通单元新知识学习的知识生长点或重要的数学思想或思维方法或学习的"脚手架"等),并通过教师的启发和指导与学生经验建立联系;

(2) 选择路径1,研究由路径1产生的一组性质,并进行相应的辨析、巩固、反思或延拓活动;

(3) 选择路径2,研究由路径2产生的一组性质,并进行相应的辨析、巩固、反

思或延拓活动;

(4) 循环上面的过程,完成单元学习.

这种模式通过"有向概念图"的设计,体现了大概念引领下的核心知识之间的关系和形成路径,这里的"关系"主要体现在新旧知识的联系、新知识之间的联系,特别需要厘清新知识的"根"或"生长点"、贯通的重要思想和思维的"脚手架",从而实现对知识系统合理地重组与压缩,有利于减轻学生的认知负荷,形成良好的认知结构.

(三) 以建立 CPFS 结构为主题的单元教学模式

由南京师范大学喻平教授在 21 世纪初提出的 C(代表概念)P(代表命题)F(代表域)S(代表系)结构是指数学学习心理特有的认知结构,是由刻画数学知识表征的概念域、概念系、命题域、命题系等 4 个相互联系的基本单元生成的动态复合结构.要建立 CPFS 结构,是指以某个概念为中心,探究并得到与这个概念等价或有抽象关系的概念域或概念系,或者以某个命题为中心,探究并得到与这个命题等价或有推出关系的命题域或命题系.以建立 CPFS 结构为主题的单元教学模式的程序结构如图 1.3 所示.

图 1.3 以建立 CPFS 结构为主题的单元教学模式

资料来源:喻平.数学单元结构教学的四种模式[J].数学通报,2020,59(5):7.

具体描述为:

(1) 选择某一章节或不同章节内容中具有等价或推出关系的概念、命题或典型习题;

(2) 教师引导学生用推理的方法去寻找概念的等价定义、命题的等价命题;

(3) 师生共同梳理概念、命题、习题之间的关系,用有向图表示出来,帮助学生形成 CPFS 结构.

该模式以促进知识组织的重构和优化为目标,适合于复习课教学.

(四) 以数学思想方法(或学科核心素养)为主题的单元教学模式

以数学思想方法(或学科核心素养)为主题的单元教学模式的程序结构如

图 1.4 所示.

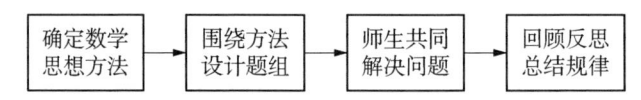

```
确定数学     围绕方法     师生共同     回顾反思
思想方法  →  设计题组  →  解决问题  →  总结规律
```

图 1.4　以数学思想方法为主题的单元教学模式

资料来源：喻平.数学单元结构教学的四种模式[J].数学通报，2020,59(5)：9.

具体描述为：

(1) 选择可以贯穿某一章节或不同章节的数学思想方法作为主题，并组织相关例题、习题；

(2) 教师组织学生采用独立方式或合作讨论方式解决问题，通过师生交流讨论后再作归纳、小结；

(3) 一组问题解决结束后，组织学生对这一组问题的解决过程进行反思，总结这类问题解决的共同规律，加深对数学思想方法的理解.

上述四种单元教学模式的重要意义在于启发教师如何确定教学单元，即教学单元的确定是以课程标准和教科书为基础，从大概念引领下的知识之间的关联和组织优化、情境及问题与知识之间的关联、思想方法与问题及知识之间的关联出发去构建，对数学课程内容进行适合学生深度理解和学习的重组或整合."单元"并不局限于课程标准或教科书中固有的单元，而是指具有内在联系、反映共同思想、相对独立、学生又能够迁移的内容的整合.

三、数学单元教学设计

根据核心素养本位学习和教学的内涵与特征，借鉴一些学者对于核心素养本位单元教学的观点以及本土化的实践，作为本书研究对象的数学单元教学设计（unit teaching plan）是指为了促进学生数学学科核心素养的发展，在一定的教育思想、教学和学习理论的指导下，根据国家课程的要求以及学生的学习因素，以数学课程大概念为指导科学构建教学单元，对教学结构及其要素进行整体优化的活动，并基于教学反馈和评估不断循环改进的动态过程.

核心素养本位数学单元教学的目的是以数学大概念为引领强化知识的联系，为学生构建逻辑连贯、学评教一致的学习过程，帮助学生在掌握数学知识的过程中学会思考、学会迁移、学会解决真实任务,达成深度理解,形成学科思维,实现从"学会"到"会学"和"乐学"的转变.

针对单元教学设计的理论框架还较少,伴随核心素养本位育人目标的提出,威金斯(Wiggins)和麦克泰格(McTighe)提出的"追求理解"的课程设计和教学设计理论近年在中国学界开始产生较大的影响,其中重视大观念和深度理解的观点具有时代性和思想性的高度.(格兰特·威金斯,杰伊·麦克泰格,2017)浙江专家教师李昌官提出了素养为本ADE数学教学设计模型(李昌官,2019),该模型既吸收了现代认知和发展心理学、社会文化心理学等理论的思想,又做了本土化的适应和转化,不仅提供了精细的流程和要素,而且体现出对于专家教师智慧经验的提炼,为探索核心素养本位数学单元教学设计的理论和技术提供了思路.

第二章 数学单元素养学习目标的研制

第一节 数学单元素养学习目标是什么

一、数学单元素养学习目标的特征

无论课时学习目标还是单元素养学习目标,它们的本质都是对学生学习预期结果的描述.基于数学大概念的理解与运用是核心素养的内在要求,促进学习迁移的大概念有助于落实核心素养的认识,从理念、作用和内容方面提出单元素养学习目标的特征,包括:

(1) 单元素养学习目标的理念是以核心知识理解为条件和中介,坚持立德树人根本任务,发展学习迁移和创新能力;

(2) 单元素养学习目标要贯穿学习任务、教学过程、学习评价的设计活动,是对单元教学全过程的引领和调控;

(3) 单元素养学习目标应精炼地体现以大概念群为关键点的核心知识的表征、识知过程的意义生成、面对真实世界与情境的问题时所需的关键能力.

在《可见的学习》中,约翰·哈蒂根据他人的研究得出,教师要把学生的学业成就提高到就学生当前能力而言具有挑战性的目标水平,无论是近期的还是远期的学习,无论是表层的还是深度的学习,都要提供"具有挑战性"的目标水平,而不是把"尽你所能"作为目标.(约翰·哈蒂,2015)

二、数学单元素养学习目标的构成

浙江专家教师李昌官提出了素养为本 ADE 数学教学设计模型,由分析(analysis)、设计(design)、评估(evaluation)三部分组成,强调基于学习内容、学习认知、学习环境的研究进行教学设计的思想.(李昌官,2020)国内一些学者倾向于借鉴威金斯与麦克泰格提出的基于理解的单元学习目标的要素和设计程序(见表2.1、表2.2),他们认为学习目标包含四种要素,分别是:自主迁移(T 目标)、意义理解(U 目标)、知识和技能(知识和技能目标,统称为 K 目标),从而超越了以"三维目标"为指导的教学目标. 在制定学习目标前,他们非常重视思考基于关键概念理解和探究所要求的"基本问题",学习目标在他们提出的"逆向教学设计"中居于核心地位(格兰特·威金斯,杰伊·麦克泰格,2017).

表2.1 "一次函数"单元设计学习目标

确定的目标:能够作出一次函数图象,并且能够用一次函数解决简单的实际问题	
理解: • 变量、常量的意义以及函数概念. • 变化与对应、数形结合和转化的数学思想,以及从特殊到一般的研究问题方法. • 函数的思想在实际生活中的应用. • 一次函数与一元一次方程、一元一次不等式的相互联系	基本问题: • 为什么要研究函数? • 函数、方程、不等式之间的关系是什么? • 实际生活中的问题怎么能够抽象成函数问题? • 利用数学思想解决实际问题的步骤是什么?
学生将会知道: • 关键术语:变量、常量、函数、正比例函数、一次函数. • 函数的三种表示方法及其优缺点. • 正比例函数和一次函数的图象是一条直线及相关性质	学生能够做到: • 认识变量、常量,会用式子表示变量间的关系. • 能够从现实问题中建立数学函数模型. • 熟练画出一次函数的图象,并据此研究出一次函数的性质. • 熟练掌握用待定系数法确定一次函数的解析式. • 从数和形的角度建立一元一次方程、不等式和一次函数之间的关系

资料来源:罗利君.基于UbD理论的单元逆向教学设计初探——以"一次函数"单元为例[J].教育观察,2021,10(7):87.

表2.2 "多边形的面积"单元设计学习目标

T目标	面临新图形的时候,有寻找要素之间关系或转化为原有图形来获得面积的意识,并能初步得到结果
U目标	进一步认识到测量面积的基本方法是用统一的小方格密铺; 经历图形面积猜想与验证的过程,认识到寻找要素之间的关系可以获得图形面积的猜想; 认识到图形通过割补、拆分、拼接等可以转化为已知图形,然后比较转化前后的图形并得到新图形的面积公式
K目标	能推导平行四边形、三角形和梯形的面积计算公式,并能正确计算面积,解决简单的实际问题

资料来源:张丹,于文."观念统领"的单元教学:促进学生的理解与迁移[J].课程·教材·教法,2020,40(5):115.

基于单元素养学习目标的特征,借鉴国内外学者有关单元教学设计的先进思想、优秀的中国本土化实践,提出单元素养学习目标的要素是知识技能、意义理解和学习迁移,它们的释义见表2.3.

表2.3 数学单元素养学习目标的要素及其释义

目标的要素	要素的释义
知识技能	围绕数学大概念及核心子概念涉及的数学基础知识和基本技能
意义理解	从核心知识在解决综合或真实情境问题时的需要出发,明晰数学新知识生长点的意义、知识对象的整体意义;贯通的数学思想或思维策略;知识关联的意义;知识运用的策略;数学大概念的教育价值
学习迁移	具有持续应用价值,可以提高学习者未来适应性的数学关键能力和价值取向;一般性学习能力、学习品格和信念

学习迁移、意义理解、知识技能三个要素具有紧密的联系,在纵向上体现了素养发展的阶梯性和全程性,又通过每个要素的横向辐射,综合展现了素养发展所需的知识广度、深度和关联度."所谓充分广度,就是要把握知识的产生与来源,即学科系统中的知识体系及其发展演变脉络;所谓充分深度,就是要把握知识的方法与思想,即领悟学科专家发现知识并用其解决问题的思脉;所谓充分关联度,就是要构建起知识间的关联关系,即前后知识间的顺序关系、左右知识间的并列关系、上下知识间的层次关系."(龚静,侯长林,张新婷,2020)通过表2.4,以"有理数"单元为例了解单元素养学习目标的描述.

表2.4 "有理数"单元素养学习目标

知识技能	学生知道: 正数、负数和有理数;相反数和绝对值;有理数加(减)法运算法则和运算律;有理数乘(除)法运算法则和运算律;有理数乘方运算法则 学生学会: 识别正数、负数和有理数;进行有理数加减乘除、乘方及混合运算
意义理解	负数和有理数形成的背景、在数学和生活中的意义;有理数各个运算法则的意义;负数对数学运算经验的影响;有理数加减法及乘除法的转化思想;构建数及其运算的一般规律;抽象和化简有理数运算的思维策略;有理数与整数、分数概念以及运算的异同
学习迁移	发展数系及运算观念、在实际问题中抽象有理数运算的能力、运算能力;感知数学运算的生活和智力价值;发展严谨、坚持等品格;发展合作、交流、质疑等学习能力

三、目标研制的前期分析与案例评析

数学教学设计的理论和实践始终是中国数学基础教育关注的问题.关于教学目标的前期分析,已经形成并认同从教学内容、学生学习情况、教学方法等开展研究的方式.在教学内容分析中重视数学新知识产生的背景、新知识的内外部联系、新知识形成的思想方法、新知识的教育价值等.例如,李昌官提出的高中数学研究型教学设计模型中,在教学内容分析的框架中包括六个要素:知识产生的背景与固着点分析、知识的生长过程与生长阶段分析、知识建构的思维方法与思想方法分析、知识间的联系与结构分析、知识的要点与本质分析、知识的学科意义与教学价值分析.(李昌官,2019)体现了现代数学教学理论与优秀教师实践经验的融合,为教师进行有深度、有广度、有宽度的教学内容分析提供了更细致的思维指导.学生学习情况的分析主要表现在群体认知分析方面,已有经验表明需要研究学生的认知基础、认知困难以及学习对策等.在高中数学教学设计 ADE 模型中,提出从认知起点、认知潜能、认知障碍、认知风格以及认知差异五个方面进行学生认知研究,体现了更全面的认知分析思想.学生学习情况分析普遍是教师进行教学设计的难点.此外,ADE 模型还提出进行"学习环境"的研究.

针对单元学习目标制定的前期分析,威金斯与麦克泰格认为,应通过对单元"基本问题"的思考和凝练来落实以深度理解为内核的单元目标.他们提出的重视学生理解的教学设计(understanding by design,简称 UbD)模型旨在帮助学生和教师开展有深度的学习和真实性学习,教师单纯的讲授不能实现学生的深度理解,缺失以重视理解的学习目标为指导的活动不能实现学生的深度理解."基本问题"是需要学习者理解和探究的内容.成为"基本问题"需要满足六个指标,分别是:(1)真正引起对大概念和核心内容的相关探究;(2)激发对更多问题的深度思考、热烈讨论、持续探究和新的理解;(3)要求学生考虑其他不同观点,权衡证据,论证自己的想法和回答;(4)激励学生对大概念、假设和过往的经验教训进行必要的、持续的反思;(5)激发与先前所学知识和个人经历的有意义联系;(6)自然重现,为迁移到其他情境和学科创造机会.例如,据此设计"一元二次函数"单元的"基本问题",可以包括:如果那些式子都是二次函数,那么它们为什么不同?不同的二次函数图象之间存在怎样的关系?原因是什么?二次函数关系可以表现哪些运动变化特征?二次函数与一元二次方程之间具有怎样的联系?如何利用二次函数解决实际问题?

案例1 "有理数的运算"教学内容分析

（一）课程标准的内容要求

1. 理解乘方的意义，掌握有理数的加、减、乘、除、乘方及简单的混合运算(以三步以内为主).

2. 理解有理数的运算律，能运用运算律简化计算.

3. 能运用有理数的运算解决简单的问题.

（二）新知识的立足点

数及其运算是中小学数学课程的核心内容. 前两个学段已经安排了自然数、整数、分数和小数及其(非负数范围的)运算，还要求"在熟悉的生活情境中，了解负数的意义，会用负数表示日常生活中的一些量".

（三）新知识的形成路径

在"数与代数"中，运算是核心内容. 在学习正负数及有理数概念、基本性质(相反数、绝对值)之后，必然研究有理数的运算，并运用有理数的运算解决简单的问题.

"有理数的运算"的形成自始至终围绕着"添加了一类新数后，新数的运算如何定义，使得新、旧数之间的运算不冲突". 引进一种新的数，就要研究相应的运算. 定义一种运算，就要验证是否满足运算律，即运算律是否对新的数集内的任何数都成立. 这是"数的运算"的构建路径.

加法与乘法都是在不同特例讨论的基础上，明确运算法则，进行基本运算，然后运用具体的数验证运算律，并根据运算律学习如何简化运算.

减法与除法，则是着重介绍如何向加法与乘法转化，从而利用加法与乘法的运算法则、运算律进行运算.

乘方是几个相同有理数的乘积，可以利用乘法运算.

有理数运算的运用是有理数运算能力、素养提升的必要途径. 有理数运算的运用情境可以包括有理数的混合运算及其化简、在现实情境中抽象有理数运算并表示、在简单的整式运算中迁移.

（四）新知识建构的思维策略与思想方法

让学生经历观察操作、由猜想到验证的过程是新知识建构的数学思维策略.

加法法则、乘法法则都需要类比小学阶段数的运算的学习,从而发现和提出问题.然后经历对"特例"的合理分类、从特殊到一般的思维过程,再归纳、概括得出有理数的运算法则.有理数的减法、除法,除了类比小学阶段的学习经验之外,重在如何转化为有理数的加法、乘法.所谓的"有理数减法法则""有理数除法法则",实质都是"转化法则",体现了数学抽象和数学运算的思维方式.有理数运算发展的每一步都需要以新、旧知识的联系为基础,同时发展运用一般逻辑思维方法(类比、特殊化、一般化、分类等)发现和提出问题的能力.有理数运算法则的归纳和概括、有理数运算律的验证、有理数运算生成的"先定号,再定绝对值"的思维策略等都充满了数学抽象和运算思维.

(五) 知识联系与结构

有理数运算是数的重要内容,是代数运算的一个基础,它是在小学阶段数的运算基础上的延伸和拓展.有理数运算及其思想方法可以方便地迁移到整式加减、方程、函数等知识的学习中,并且在生活中有广泛的应用.

有理数运算的内部结构如图2.1所示.

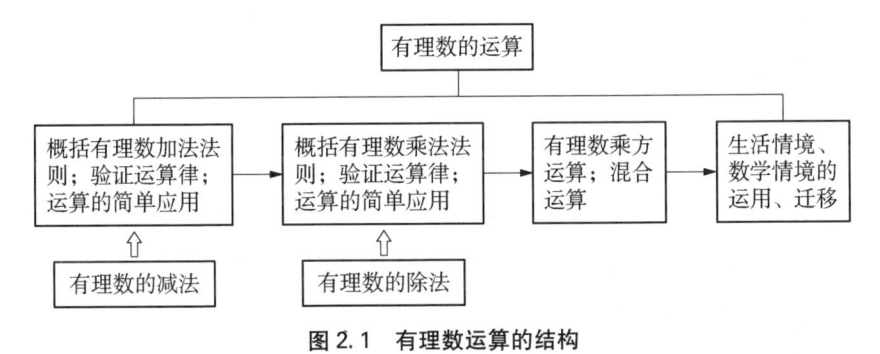

图2.1 有理数运算的结构

(六) 教育价值

通过运算及其迁移促进智力发展,为发展学生数学抽象、数学运算、数学建模等核心素养提供丰富的素材.体会数学运算在生活、科学领域的意义,激发积极的数学学习情感.

▶▶▶ 案例评析 ◀◀◀

该案例是专业引领下的教师集体教研协商的结果.首先,它比较清楚地理解了"教学内容分析框架"中每个分析要点的内涵,并较好地与"有理数的运算"大概念群进行了融通.其次,该案例能在教学内容分析中聚焦"数的运算"大概念,围绕运算的意义、运算的要素、运算的应用进行思考和阐述.第三,能够重视并理解"运算法则""运算律"的关系,加减运算、乘除运算的关系,从而较好地从数学视角把握运算学习和教学的重点、关键点.第四,在"新知识形成路径"中关注有理数运算的学习迁移,并尝试提供了不同的可能情境.第五,对有理数运算知识形成中的思想方法、思维策略归纳得比较准确、完整.

教师对于"知识形成路径"的分析,开始时停留于对知识点发展的描述,而没有关注"路径"应该是一条有效促进学习的、体现专家思维的知识脉络主线,是从"内容知识"到"方法知识""意义知识"的全过程.确定"路径"需要深入到不同的知识点之间形成内外(或左右)实质的贯通——有理数的加、减、乘、除和乘方运算都可以对应外层"(有理数)运算"大概念,在内部则需要解决一类运算的运算法则与运算律学习之间的联系、不同类型运算的联系,以及在具体运算中实现符号表示、正确运算、获得意义三类主要问题的融通,需要教师从学科本源、学习和理解的视角展开研究,根据不同的问题,析出有效的"生长点",促进新知识在学生经验中的生长,并且有利于形成整体的网状联通组织."实质的贯通"强调符合学生经验,并且是与学生已有经验能建立联系的主线."路径"设计好,才可能把握核心知识以及教学的重点.

此外,教师对于"知识形成路径"的分析常常停止于"综合运用",而没有以"学习迁移"为杠杆展开更深度的思考.只有教师重视"学习迁移",从知识的内在联系、运用的综合性和多样性方面展开研究,才可能为学生学习迁移发挥榜样示范作用,提供广泛的学习资源和样例.

教师对于数学活动的数学思想和能力的分析还不能充分与六个数学学科核心素养要素代表的关键思维能力进行联系,例如,有理数减法转化为加法,除法转化为乘法,实质都是基于不同数学知识之间的关联、符号表示的恒等或等价关系结构,所以仍然是数学抽象、符号运算的结果.除了数学思想和方法之外,还应重视一般逻辑思维方法在发现和提出问题方面的作用,培养学生利用已学知识进行类比、特殊化、一般化等探究能力,促进学生数学思维的全面发展,让学生学会数学的思考,理解数学体系的延伸和构建.

许多教师不喜欢写"教育价值"分析,其实这个思考点既是素养的学习和教学的一部分，又有利于提高教师对数学教育和教学的认识.

该教学内容分析虽然能围绕"运算"进行各项分析，但是缺少针对"有理数的运算"大概念群分析后的核心知识的概括以及教学基本问题的思考和凝练.例如，有理数运算的大概念群是有理数的运算和符号；核心知识是有理数加法运算法则和运算律、乘法运算法则和运算律、有理数减法的转换法则、有理数除法的转换法则、有理数的加减乘除和乘方及混合运算技能、有理数运算的应用；单元教学的基本问题是：为什么研究有理数的运算法则？如何构建有理数的运算法则？有理数的运算法则、运算律与之前学习的其他数的运算法则、运算律有什么异同？有理数的运算有哪些基本类型、特点和策略？如何在实际情境中抽象出有理数的运算？学习有理数及其运算有哪些价值？

案例2　"有理数的运算"学情分析

（一）学生的知识现状

小学阶段学习的数及其运算的知识，可以为有理数的运算提供整体的结构以及运算转化的经验.学生在小学阶段经常会进行数量的大小比较或运算，因此，学生对加、减、乘、除四则运算并不陌生，但这种知识仅限于经验的层面，对此缺乏理论的认识.有理数的学习始于负数的出现，然后学生要先建构有理数的运算法则，通过具体实例验证运算律，再学习如何进行运算、简便运算.

（二）新知识学习的难点与易错点

首先，对七年级学生而言，负数的数学意义是"相反意义的量"，与生活中"负"的概念有同有异，这会引起学生在现实情境中抽象"负数"、在数学情境中解释现实意义时产生困惑.其次，负数的产生还意味着独特的符号表示，并且与学生已有经验有冲突，特别是在有理数的运算中，负数的符号引发许多新的经验，例如，运算结果的符号判断、数学符号的多样化与分化，等等，如果不能与学生已有经验达成协调，不能通过科学化简多层运算关系引起的认知负荷，就会引起学生学习上的困难和错误.事实上，大概念"数与运算"涉及符号表示、运算技能以及运算意义，仅仅会进行符号运算，对于核心知识来说还不够，而意义的获得是更高层阶的学习，对于学生的数学抽象、推理思维是挑战.

（三）突破难点的策略

1. 利用小学阶段数的运算的知识储备作为有理数运算生长的最近发展区来促进新课的学习,并真正激活学生的相关经验.

2. 负数的产生是引发对有理数运算进行研究的根源.让学生体会引进负数后加、减、乘、除运算的变与不变,将负数运算引发的新生成和新体验、新经验作为突破难点的认识关键以及教学的重点,加强新、旧知识的类比和比较.

3. 通过熟悉的情境发现和提出问题,显化问题发现和提出的思维方法,回归不同的问题情境体验知识的运用和意义.让学生在知识形成中学会思考,在知识运用中反思意义,逐步走向学会学习的道路.

4. 针对"先定号,再定绝对值"等运算策略,在巩固练习环节设计一些有针对性的强化练习.有理数的混合运算是运算的难点和易错点,常出现数学符号错误、乘除或混合运算顺序错误,例如三个数除法运算 $(-3) \div \left(-\frac{2}{3}\right) \div \left(-\frac{5}{2}\right)$；括号的随意添加或去掉,例如 $(-1)^4$ 与 -1^4. 下面有理数运算中的问题也非常普遍.

错误解法：

$$(-3) \div 6 \times \left(-\frac{1}{6}\right)$$
$$= (-3) \div (-1)$$
$$= 3.$$

正确解法：

$$(-3) \div 6 \times \left(-\frac{1}{6}\right)$$
$$= (-3) \times \frac{1}{6} \times \left(-\frac{1}{6}\right)$$
$$= \frac{1}{12}.$$

5. 运算意义的学习既要给予关注,又要尊重学生的认知和差异,分阶段陆续达成.通过有理数运算的应用及反思,促进不同层级运算学习活动的意义生成,最终回溯和反哺"数的运算"大概念.

▶▶▶ **案例评析** ◀◀◀

学情分析是教师进行教学分析的难点,是落实"以学习为中心"理念的重点.该学情分析侧重群体的知识认知分析,从新知识的生长点、新知识的难点(或易惑点和易错点)、新知识认知的教学对策三个基本问题出发进行分析,突出了学情分析的核心.还应注意的是:

(1) 新知识的生长点仍需关注学生对于新知识的立足点或知识基础的实际掌握情况,即不能停留于描述学生已经学习了什么,而是要澄清学会了什么,可以在课前通过访谈或小测验来获得证据;

(2) 立足单元核心知识及其形成路径分析学生学习的难点,同时关注学生的生活经验以及前概念对于数学知识学习的正负影响;

(3) 针对学生的易惑点和易错点分析原因,例如可以从知识理解、策略选择、学习方法和习惯、情意态度等方面探讨错误根源,在此基础上形成教学对策.

▶▶▶ **案例反思** ◀◀◀

国内外对于数学单元教学设计的背景和实践文化有异同,在设计模型上也有异同,根据教师专业发展及教师开展核心素养本位单元教学实践的需要,将在立足本土及融合先进思想的方向上进行新的创造.

第二节 单元素养学习目标的设计模型与案例评析

一、单元素养学习目标的设计模型

美国俄亥俄州州立大学学者辛妮·沃克(Sydney Walker)以线性链模式提出了围绕大观念的课程设计步骤.李刚等学者借鉴沃克等学者的研究提出了课程单元开发的七步框架:选择单元主题、筛选大概念群、确定关键概念、识别主要问题、编写单元目标、开发学习活动和设计评价工具.(李刚,吕立杰,2018)该框架对于大概念引领的单元教学设计同样具有很好的指导作用.

单元素养学习目标的关键是解决单元主题下意义理解与自主迁移的问题.基

于核心素养本位数学单元教学设计的内涵,在综合分析国内外有关学习目标的前期分析技术与理论的基础上,提出数学单元素养学习目标的设计模型,其结构要素有:命名单元主题、明确大概念群、理清形成路径、确定核心知识、学生认知分析、识别基本问题、制定单元目标.这些要素之间的关系并非是严格的线性序列,而是相互作用,逐步完善.

命名单元主题 理解课程标准的要求、教科书的编写,对知识进行选择,形成单元及单元主题名称.

明确大概念群 由数学大概念及核心子概念两部分组成大概念群,形成单元知识组织的架构,明确单元知识与大概念群的联系.

理清形成路径 对于单元知识的组织和发展顺序、相互关系、一般思维策略和新知识生长点进行分析.

确定核心知识 在大概念群的引领下,根据知识形成路径的分析,通过比较各个新知识的生长点、数学思想和方法、知识的迁移和教育价值等,确定需要深度学习和教学的"少量"知识,一般包括:数学概念和原理、数学思想和方法、典型的问题和技能、能力等.

学生认知分析 立足学生的真实知识基础以及核心知识的学习,分析学生认知的难点、原因及其对策.

识别基本问题 为了明确意义理解的内容以及未来教学过程设计的方向,需要将大概念群与核心知识、学生认知分析联系起来,提出学生需要理解和探究的更具体的内容,并且需要经历、体验、探究和反思才能有利于意义生成.关于基本问题的作用,威金斯和麦克泰格认为:"这些问题涉及范围广,充满迁移的可能性.探索这样的问题,能够使我们揭示某一话题的真正价值,如果不这样,这价值可能会被课本中的浅显讲述或教师的常规授课所模糊掉.我们需要超越借助单元事实即能回答的问题,去探索那些突破主题界限的问题.围绕这样的问题来架构学习将促进深入的、可迁移的理解."可以说,基本问题既是重视理解和迁移的目标生成的推进器,又可以帮助教师在设计"有趣的活动"时也镶嵌上思考的生长点.例如,数学核心知识是如何抽象的?它与哪些生活现象有关系或有哪些应用?运用知识解决真实问题的策略是什么?它的教育价值是什么?因此,所谓"基本问题"具有普遍性、开放性、探究性以及恒久性等特点.

制定单元目标 在数学大概念群、核心知识和基本问题确立之后,教师需要将其转化为单元目标,目标的描述语言主要从认知或理解的变化以及产出的角度进行刻画.

该设计模型体现了以大概念为引领以及贯彻单元整体思维的需要,同时将国内外教学设计理论和实践的新进展进行了融合创新和阐释,有利于推广应用.

二、案例呈现与评析

案例 "三角函数"单元素养学习目标的制定

（一）命名单元主题

"三角函数"是《普通高中数学课程标准（2017 年版 2020 年修订）》必修课程"函数"主题下的一个自然的大单元. 三角函数是反映现实世界周期规律的一类重要函数模型,例如,物理中的简谐波波动、弹簧的简谐振动、单摆的简谐摆动等现象都可以用三角函数进行刻画. 它不仅是解三角形的重要工具,而且在微积分、向量和复数的学习中也要大量涉及弧度制的三角函数. 正弦型函数 $y=A\sin(\omega x+\varphi)$ 在生活与科学领域都有重要应用.

课程标准的内容要求如图 2.2 所示.

(1) 角与弧度
了解任意角的概念和弧度制,能进行弧度与角度的互化,体会引入弧度制的必要性（参见案例3）.
(2) 三角函数概念和性质
①借助单位圆理解三角函数（正弦、余弦、正切）的定义,能画出这些三角函数的图象,了解三角函数的周期性、单调性、奇偶性、最大（小）值. 借助单位圆的对称性,利用定义推导出诱导公式（$\alpha\pm\frac{\pi}{2}$,$\alpha\pm\pi$ 的正弦、余弦、正切）.
②借助图象理解正弦函数、余弦函数在 $[0,2\pi]$ 上,正切函数在 $(-\frac{\pi}{2},\frac{\pi}{2})$ 上的性质.

③结合具体实例,了解 $y=A\sin(\omega x+\varphi)$ 的实际意义；能借助图象理解参数 ω,φ,A 的意义,了解参数的变化对函数图象的影响.
(3) 同角三角函数的基本关系式
理解同角三角函数的基本关系式：$\sin^2 x+\cos^2 x=1$,$\frac{\sin x}{\cos x}=\tan x$.
(4) 三角恒等变换
①经历推导两角差余弦公式的过程,知道两角差余弦公式的意义.
②能从两角差的余弦公式推导出两角和与差的正弦、余弦、正切公式,二倍角的正弦、余弦、正切公式,了解它们的内在联系.
③能运用上述公式进行简单的恒等变换（包括推导出积化和差、和差化积、半角公式,这三组公式不要求记忆）.
(5) 三角函数应用
会用三角函数解决简单的实际问题,体会可以利用三角函数构建刻画事物周期变化的数学模型（参见案例4）.

图 2.2 课程标准的内容要求

资料来源：中华人民共和国教育部.普通高中数学课程标准(2017 年版 2020 年修订)[S].北京：人民教育出版社,2020,21—22.

"三角函数"单元的内容包括：角与弧度、三角函数概念和性质、同角三角函数的基本关系式、三角恒等变换、三角函数应用.

（二）明确大概念群

借鉴已有的数学大概念理论，提出函数、符号和运算、建模三个大概念，以及它们的核心子概念，包括：函数关系与表征、函数性质、函数变换、函数建模等. 根据大概念群，"三角函数"单元的知识组织关系如图2.3所示.

```
                          三角函数
                              │
    ┌──────────────┬──────────┼──────────┬──────────┐
函数关系与表征 → 函数性质 → 函数变换 → 函数建模
    │              │              │              │
现实中的周期现象；  同角关系公式；  两角和与差的正弦、 正弦型函数       三角函数
角与弧度；          诱导公式；      余弦和正切公式；   y=Asin(ωx+φ)    的应用
三角函数概念、符号  三角函数的图象、简单的三角恒等变 的图象、性质
和关系的运算意义    性质和应用      换的图象和性质    和应用
```

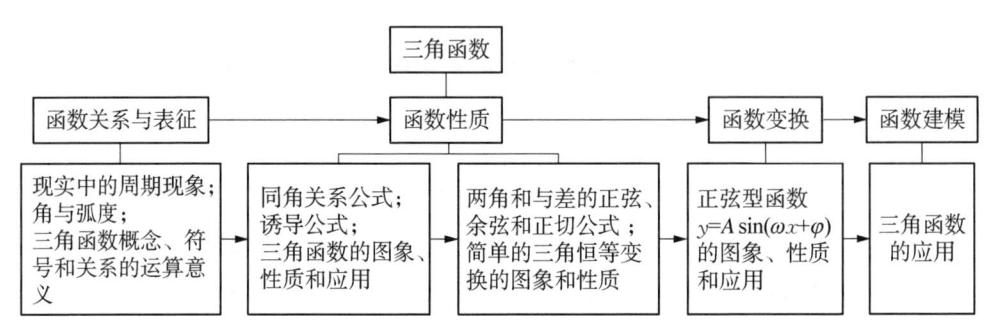

图 2.3 大概念引领的"三角函数"单元的知识组织

（三）理清形成路径

可以发现，通过把单元内容与大概念群建立联系，单元的知识组织变得清晰和精致了. 接下来的问题是梳理各个部分知识内容的形成路径，特别是生长点是什么？关联的思维策略是什么？只有弄清楚这些问题，知识组织才能成为一个贯通的系统，才可能把握学习和教学的重点和关键，即确定单元核心知识. 在思考上述问题时，就需要发挥大概念群的作用，它的作用是时时提醒学习者或者教师回到大概念群的本源来理解和思考问题.

任意角三角函数是对匀速圆周运动的数学建模，借助直角坐标系和单位圆不仅可以获得任意角三角函数的定义，而且是一种有意义的优化的探究，使得任意角三角函数的定义与图形的联系更加直观和紧密. 其后借助单位圆及任意角三角函数的定义可以同样有效地推导同角三角函数关系式、诱导公式、和（差）角公式、三角函数的图象和性质，例如，弦函数、余弦函数的基本性质就是圆的几何性质的解析表述. 正弦型函数 $y=A\sin(\omega x+\varphi)$ 的图象和性质的研究，需要借助"标准型"正弦函数 $y=\sin x$ 的图象及性质，在图形变换思想的引导下开展学习.

（四）确定核心知识

通过前面的分析可以发现，该单元知识的生长点是任意角三角函数概念，特别是正弦函数概念.一个重要的学习支架是三角函数概念的直观模型"单位圆"，项武义在其所著的《几何基础》中指出，正弦函数、余弦函数是一对起源于圆周运动，密切配合的周期函数，并依托于三角函数概念本身的直观表达——单位圆.另一个支架则是三角函数的"图象"，许多知识学习需要借助识图和作图技能，体现的是数形结合思想和方法.因此，以"函数"大概念为引领，本单元的核心知识是三角函数概念和基本性质（特别是正弦函数概念、图象和性质）、基本三角恒等变换技能、正弦型函数 $y=A\sin(\omega x+\varphi)$ 的图象、性质和运用、三角函数建模，以及一以贯之的数学抽象、数学运算思维.

（五）学生认知分析

函数和圆的知识、相关学习经验是学生的认知基础，三角函数与其他基本初等函数相比较，三角函数对应关系"与众不同".例如，幂函数、指数函数、对数函数的对应关系都是可实施的"代数运算"，而三角函数是"α 与 x、y 直接对应".不仅函数关系及符号表示有较大差别，而且"三角函数"单元的知识点较多、名称各异，学生难以自主地把不同的知识点进行联系.因此要围绕知识的生长点、单位圆和图象脚手架明确问题的发现和提出以及分析和解决的思路，选择有利于学习者头脑中产生形象表征的形成方式，并体现与大概念群的联系.教学应围绕核心知识开展活动，合理控制学习任务的数量和难度.

（六）识别基本问题

三角函数的理解和迁移是在一般函数概念引领下以及与其他函数的比较中发展的.因此，学生的理解和探究需要关注如下一些"基本问题"：

(1) 匀速圆周运动的函数模型怎样构建？

(2) 任意角三角函数关系和符号的意义是什么？

(3) 任意角三角函数与其他函数的联系和区别是什么？

(4) 如何抽象任意角三角函数的各个性质？不同性质之间怎样联系？

(5) 怎样解释正弦型函数的图象性质与正弦函数的图象性质的关系？

(6) 三角函数建模的典型问题情境有哪些？思维路径或策略是什么？

（七）制定单元目标

"三角函数"单元素养学习目标如表 2.5 所示.

表 2.5 "三角函数"单元素养学习目标

知识技能	学生知道： 任意角和弧度制，正弦函数在$[0,2\pi]$、余弦函数在$[-\pi,\pi]$、正切函数在$\left(-\dfrac{\pi}{2},\dfrac{\pi}{2}\right)$上的性质；三角函数的周期性、奇偶性等性质；同角三角函数的基本关系式、诱导公式；……；函数$y=A\sin(\omega x+\varphi)$的图象和性质. 学生会： 进行弧度与角度的互化；求三角函数值；推导诱导公式；画出三角函数的图象；利用三角函数性质解决基本问题；简单的三角恒等变换；……
意义理解	如何借助直角坐标系和单位圆抽象任意角三角函数. 任意角三角函数关系及符号的意义. 任意角三角函数与其他一般函数的联系和区别. 任意角三角函数图象和各类性质的知识生长点以及相互联系、贯通的思想和方法. 正弦型函数与正弦函数的变换关系以及图象和性质的关系. 三角函数建模以及解决实际问题的思维策略
学习迁移	利用三角函数构建现实世界周期变化数学模型及问题解决的能力. 通过类比、特殊化、一般化等一般思维方法建构数学知识的学习能力. 发展函数关系多样性观念，深刻认识函数概念的本质. 感悟三角函数的应用和智力价值，发展对数学学习的积极情感、持之以恒的态度

▶▶▶ **案例评析** ◀◀◀

"三角函数"是《普通高中数学课程标准(2017 年版 2020 年修订)》中"函数"主题下的一个单元，在教科书中是"大章". 三角函数作为函数的下位概念，从函数关系上看有许多特殊性. 从内容上看，包括：角与弧度、三角函数概念、同角三角函数的基本关系式、诱导公式、三角函数的图象和性质、三角恒等变换、三角函数应用. 不仅内容丰富，涉及较多的作图、公式、性质和运用，而且涉及直观想象、数学抽象、运算和推理能力，如果不加强函数大概念的引领、挖掘知识之间的内在联系、确立核心知识，那么很容易使教学停留在浅层学习，成为知识点的堆砌、依靠记忆去机械运算，而不能形成对三角函数本质及其知识结构、知识运用的深刻理解.

单元素养学习目标的关键是解决单元主题下意义理解与学习迁移的问题. 在设计模型中的各个要素既具有独立性，又相互关联，协同作用才能生成关注深度理解和学习迁移的单元目标，并伴随核心知识的学习和基本问题的探究，不断寻找学生理解和实践的证据. 因为三角函数是大单元, 还可以根据大概念群划分为不同的子单元.

学习目标前期分析的目的是形成单元的核心知识, 并促进对核心知识的意义理解、学习迁移. 意义理解与学习迁移之间是相辅相成、相互促进的关系. 在认知心理学中, 理解既表现为动态形成的过程, 又表现为静态的知识表征结果. 从静态视角出发有两层含义, 理解包括"一个对象是什么"和"与其他对象如何关联"两个层面, "一个对象是什么"主要指向知识的内部, 通常包括对从知识的背景、知识的类属到知识的构成、知识的模型、知识的性质所形成的知识意义的理解, 促使知识形成一个有内核的整体对象. "与其他对象如何关联"是对知识之间逻辑关系的理解, 即理解知识与其他知识的联系和区别、知识之间的因果关系, 是形成知识图式结构的层面. 达到第二个层面才可能回答"为什么"的问题. 从动态视角出发, 主要体现在运用知识解决基本问题的技能形成、解决综合问题的基本能力形成、解决复杂新异问题的创新能力形成. 知识应用与内容知识、方法知识、策略知识密不可分, 是促进个性经验的形成、识别、概括与显化的必经之路. 因此, 意义理解涵盖了基于知识运用的数学基本技能、数学能力的形成和发展. 知识运用有不同的水平, 核心素养的学习尤其要经历知识在新情境、综合情境、非常规开放性问题、真实性复杂问题中的应用, 才能达成知识的意义理解. 意义理解既需要学习者个体的体验、实践和反思, 又需要共同体的交流、批判、协商和融创. 所以, 威金斯和麦克泰格认为, "理解"有六个表现侧面: 解释、阐明、应用、洞察、神入和自知 (格兰特·威金斯, 杰伊·麦克泰格, 2017).

第三节 单元目标制定常见问题案例评析

案例 1 "余弦定理和正弦定理"单元大概念群的确定

教师 A 的思路和分析

(一) 课程标准的内容要求

◆ 向量应用与解三角形 ◆

(1) 会用向量方法解决简单的平面几何问题、力学问题以及其他实际问题,体会向量在解决数学和实际问题中的作用.

(2) 借助向量的运算,探索三角形边长与角度的关系,掌握余弦定理、正弦定理.

(3) 能用余弦定理、正弦定理解决简单的实际问题.

(二) 命名单元主题

人教版普通高中教科书数学 A 版中将余弦定理和正弦定理安排在必修第二册第六章"平面向量"的第四节"平面向量的应用"中,意图是帮助学生借助平面向量的方法来学习和理解余弦定理和正弦定理,所以对于余弦定理和正弦定理的学习,是以平面向量为基础的,因此选择以"平面向量"为大概念的余弦定理和正弦定理的教学设计.

(三) 明确大概念群

余弦定理和正弦定理是揭示任意三角形边、角之间数量关系不变性的重要公式,是对三角形边、角关系的定量刻画.向量是沟通几何与代数的桥梁,在平面向量中,三角形的边、角都可以用其他两条边及其夹角来表示,涉及平面向量的数量积运算、向量的加法和减法运算,以及平面向量基本定理.在之前研究向量的过程中,都是采用数形结合的数学思想,同理,在余弦定理和正弦定理的学习中也要采用数形结合的思想,可以促进对定理的理解与运用.正弦定理和余弦定理,二者优势互补、相得益彰,联袂构成了"解三角形"的主要工具.综上所述,在余弦定理和正弦定理的单元学习中,应会运用向量的相关运算和向量的符号来表征和解释相关的数量关系.

综合上述分析,该单元所包含的大概念群主要有:

(1) 运算的意义,向量的加法与乘法的性质与表征;

(2) 运算与估算,向量的运算;

(3) 符号和代数,用代数和符号表征向量;

(4) 变换,坐标和向量;

(5) 函数,三角函数的相关概念.

▶▶▶ 案例评析 ◀◀◀

教师 A 将向量的应用作为一个独立的子单元,通过对余弦定理和正弦定理知识与向量知识之间联系的分析,可以发现教师 A 的认识是比较准确、深入和全面的,但是在确定大概念群时,教师 A 提出的大概念群与单元内容的组织没有建立起实质的联系,而且数量较多,似乎欲将所涉及知识对应的大概念都列举出来.

事实上,教师 A 的分析已经表明,余弦定理和正弦定理的形成与解三角形有关系(而且更容易与学生的经验建立联系),上位概念指向"二维空间的几何图形",研究三角形边、角之间的定量规律或性质.向量及其运算是作为解决三角形边、角定量问题的一种新思路和新方法,即向量及其运算体现了不同于综合几何方法的一种解题思想.因此,该主题单元的大概念可以确定为二维空间的几何图形、向量及其运算,核心子概念是三角形的性质、解三角形以及解三角形的建模,也就是以"三角形的边、角性质及其应用"作为主线.

通过该案例还可以看出树立"用教材教,不是教教材"观念的重要意义,这也正是单元教学设计需要具备的意识,同时彰显出大概念引领的价值,有利于更深入地认清教科书的组织线索与局限,从而为了促进学生学习形成更适宜的教学内容组织.

案例 2　"直线与圆的位置关系"的知识形成路径

教师 B 的思路和分析

(一) 课程标准的内容要求

◆ 图形的性质——圆 ◆

(1) 知道三角形的内心和外心.

(2) 了解直线和圆的位置关系,掌握切线的概念,探索切线与过切点的半径的关系,会用三角尺过圆上一点画圆的切线.

(3) 探索并证明切线长定理:过圆外一点所画的圆的两条切线长相等.

(二) 知识的形成路径

类比点与圆的学习经验,从生活情境进行数学抽象过程,并发现和提出"直线和圆的位置关系"的数学问题,再把它们抽象出几何图形表示出来.探索直线和圆有几种位置关系,再利用分类讨论思想探究"圆心到直线的距离 d 与半径 r 的数量关系",以及"如何用数量关系表示位置关系",并从定性与定量两方面形成结论.接下来"从一般到特殊",重点研究"圆的切线",以及由它引出的一系列知识:切线长定理、三角形的外切圆、三角形的外心、圆外切四边形等.

▶▶▶ **案例评析** ◀◀◀

教师 B 是一位熟手教师,她能提出:"经历从现实生活中抽象出点与圆、直线与圆的位置关系的过程.""通过观察、测量,探索点与圆的位置关系及 r 与 d(点到圆心的距离)的数量关系之间的联系,探索直线与圆的位置关系及 r 与 d(圆心到直线的距离)的数量关系之间的联系,掌握位置关系与数量关系的相互转化.""重点研究'圆的切线',以及由它引出的一系列知识:切线长定理、三角形的外切圆、三角形的外心、圆外切四边形等."

经过启发后,又能提出"利用分类讨论思想探究'圆心到直线的距离 d 与半径 r 的数量关系'""'从一般到特殊',重点研究'圆的切线'".

"直线和圆的位置关系"单元的内容主要包括:直线和圆的位置关系的判定和性质,切线和割线的概念,切线的性质和判定定理,切线长定理,三角形内切圆概念,会用三角尺过一点画圆的切线,直线和圆的位置关系及切线性质的应用和建模,数学图形、文字、符号语言的相互转换技能.涉及的数学思想方法有:数形结合,分类思想,等等.

作为专家教师的李庾南老师指出:

本单元中,"点与圆的位置关系""直线与圆的位置关系"都属于研究图形的位置关系(聚焦大概念).研究几何图形,首先要研究它的组成元素.位置关系一般转化为两个图形组成元素之间的关系(聚焦可以贯通的基本思想方法,也属于几何大概念).除此之外,还体现用"运动变化"的观点研究两个图形的位置关系.

第一课时:类比"点与圆的位置关系",理解"直线与圆的位置关系"的性质与判定.图形的基本构成元素是点.直线的构成元素是点,圆的构成元素也是点,研究两个图形的公共部分的情况,即研究它们有无公共点.

第二课时:从一般到特殊,理解切线的概念、性质与判定;切线的性质和判定方法的理论基石是切线的定义.

第三课时:过已知点作圆的切线,切线长定理,三角形内切圆.它们的生长点是圆的切线的性质定理和判定定理,亦即可以作为圆的切线的性质定理和判定定理的应用.

专家教师不仅关注知识点的大概念,而且非常注重思考各个新知识的生长点是什么,基本研究通法是什么,这些都是可以广泛迁移的重要知识,并通过对生长点以及思想方法的思考,达成对新知识之间联系的真实贯通. 例如,李庾南老师在知识的分析中,首先明确提出贯通单元学习的思想方法:"构成图形的基本元素是点. 研究图形的位置关系总是转化为——点与点、点与直线(找垂足)、点与圆(找圆心)、直线(找垂足)与圆(找圆心)、圆(找圆心)与圆(找圆心)的关系,探究两个图形有无公共点以及公共点的分类."

李庾南老师对于知识运用的思考则聚焦于可以解决哪些基本问题,以及解决问题的思路与方法的综合,例如,"证明直线是圆的切线的基本题型,可以概括为以下几种:已知直线与圆有一个公共点,则连结这点和圆心(作半径),再证直线垂直于这条半径(证垂直);直线与圆的公共点没有确定,则过圆心作该直线的垂线段(作垂直),再证明这条垂线段等于圆的半径(证半径)".(李庾南,2020)

熟手教师与专家教师在分析"知识形成路径"中的不同表现,实质是对"知识形成路径"的深度与价值方面认识的差别. 专家教师不仅高度重视"知识形成路径"的思考,而且在深度上表现为对于可以迁移、可以一以贯之的知识与方法的关注. 只有深度挖掘新知识之间的生长点和通法,才能为确定核心知识提供可靠的依据,更重要的,才可能促进学生发展他们的数学学科思维. "学科本质上是理解世界的独特思维方式. 不同学科相区别的核心是其思维方式的不同,但不同学科之间又存在内在联系,它们相互影响、动态互动、交叉融合,共同指向对世界的丰富而多元的理解."(张华,2019)

该案例有助于理解大概念作为内容、过程和价值的综合的观点,以及核心素养本位的单元教学,实质是学科知识、研究方法、思维逻辑体系的教学.

案例3 "轴对称与中心对称"学生认知分析

教师 C 的思路和分析

(一) 课程标准的内容要求

◆ 图形的变化 ◆

1. 图形的轴对称

(1) 通过具体实例了解轴对称的概念,探索它的基本性质:成轴对称的两个图形中,对应点的连线被对称轴垂直平分.

(2) 能画出简单平面图形(点、线段、直线、三角形等)关于给定对称轴的对称图形.

(3) 了解轴对称图形的概念;探索等腰三角形、矩形、菱形、正多边形、圆的轴对称性质.

(4) 认识并欣赏自然界和现实生活中的轴对称图形.

2. 图形的旋转

(1) 通过具体实例认识平面图形关于旋转中心的旋转,探索它的基本性质:一个图形和它经过旋转所得到的图形中,对应点到旋转中心距离相等,两组对应点分别与旋转中心连线所成的角相等.

(2) 了解中心对称、中心对称图形的概念,探索它的基本性质:成中心对称的两个图形中,对应点的连线经过对称中心,且被对称中心平分.

(3) 探索线段、平行四边形、正多边形、圆的中心对称性质.

(4) 认识并欣赏自然界和现实生活中的中心对称图形.

3. 图形的平移

(1) 通过具体实例认识平移,探索它的基本性质:一个图形和它经过平移所得的图形中,两组对应点的连线平行(或在同一条直线上)且相等.

(2) 认识并欣赏平移在自然界和现实生活中的应用.

(3) 运用图形的轴对称、旋转、平移进行图案设计.

(二) 学生的知识基础

平移、旋转、轴对称是初中数学三大图形变换,七年级学生已经学习了平移和旋转,并探索了它们的性质,已经具备了初步探索图形性质的能力. 本单元的内容是:

(1) 轴对称图形的概念和性质,两个图形成轴对称的概念和性质;

(2) 中心对称图形的概念和性质,两个图形成中心对称的概念和性质;

(3) 轴对称、中心对称在数学和生活情境中的应用.

(三) 新知识学习的难点与易错点

轴对称是现实世界中广泛存在的一种现象,而且学生已经在小学阶段学习了有关轴对称的浅显知识,接受起来比较容易. 中心对称是旋转的延伸与拓展,学生可借助旋转的性质探索中心对称的性质.

难点是轴对称性质的推导.易错点是画图不规范,并且等边三角形和平行四边形的对称性学生总是弄错,原因是没有搞清楚轴对称的概念.

(四) 突破难点策略

通过操作探究活动,加强对轴对称性质的合情推理;通过训练,强化性质的应用,培养学生的核心素养.

▶▶▶ 案例评析 ◀◀◀

学生认知分析包括三个方面:学生的知识基础、核心知识学习、理解中的难点以及突破难点的教学对策.新知识学习是建立在已有经验的基础上,认知难点的产生通常在于新的学习情境未能与之前的相关经验建立联系,新知识的"新异"缺少同化的基础.因此,在分析学生真实知识基础之后,要深入剖析新、旧知识的联系和区别,分析新知识与学生熟悉的经验的联系和区别.

以"平移"为例.

首先,平移是指在平面内,将一个图形沿某个方向移动一定的距离,这样的图形运动称为平移.平移问题的发现和提出,是从生活实物的平移现象,到一条线段、一个三角形等基本图形的平移现象,探究这样的图形运动所引起的变与不变.其中,研究对象一般有两个:图形和平移运动.核心知识包括平移概念、平移的性质和平移的运用.那么,轴对称与中心对称知识有什么异同呢?相同点仍然都表示图形的运动,但是运动的形式不同,轴对称可以看作一个图形沿某一条直线进行了翻折运动,中心对称则是将一个图形绕着中心旋转180°.在概念分析中可以发现:无论轴对称还是中心对称,它们的知识发展的逻辑脉络都与平移有区别,集中体现在先出现了轴对称图形、中心对称图形,然后是两个图形成轴对称、两个图形成中心对称.因此,虽然学生已经学习了平移,但可能其经验并不容易被直接利用,并非一句"七年级学生已经学习了平移和旋转,并探索了它们的性质,已经具备了初步探索图形性质的能力"那么简单.

其次,"图形的变化"既涉及静态的图形,又包含特殊的数学"运动",一静一动的特点与学生熟悉的静态图形的学习和探究活动有差别,而且图形变化的规律中不仅涉及原图形的要素,还有运动后的图形要素,对于规律的描述和表达都带来了新的思维挑战.

第三,"图形的变化"的基本性质都共同体现了构成图形的基本元素"点"和

"对应点"的位置关系中不变"形"的刻画.

综合上面的分析,在轴对称和中心对称的教学中,可以首先聚焦于与学生经验更接近的序列问题:一个图形经过轴对称(或中心对称)运动的过程和结果是什么?什么是轴对称(或中心对称)?它的基本性质是什么?然后再研究特殊的轴对称图形、中心对称图形的现象和概念.其次,图形在几何的学习中通常既是对象,又是很好的脚手架,在图形的变化学习中,也应该充分发挥图形的直观和图形变式的作用,帮助学生在头脑中形成形象的表征.第三,在新知识学习的过程中不断伴随与已有知识和经验的比较、与大概念群的联系.轴对称和中心对称所对应的大概念都是图形的变换,它们都属于全等变换,通过大概念的引领,可以更好地关联起平移、旋转、轴对称和中心对称的有关知识.

教学对策的提出一方面是对难点的回应,另一方面是指向如何促进学生更好地开展自主学习.

案例4　"函数性质"单元的基本问题

教师D的思路与分析

（一）课程标准的内容要求

◆ 函数——函数概念与性质——函数性质 ◆

（1）借助函数图象,会用符号语言表达函数的单调性、最大值、最小值,理解它们的作用和实际意义.

（2）结合具体函数,了解奇偶性的概念和几何意义.

（3）结合三角函数,了解周期性的概念和几何意义.

（二）明确大概念群

本单元通过函数概念和图象探究函数性质,所以,第一层次大概念是函数及符号,核心子概念是函数性质及符号.

（三）确定核心知识

确定了单元后,需要将大概念群在单元的背景下具体化,集中体现单元所学内容的核心、过程中形成的思想方法及教育价值.根据课程标准与教材分析,追问本单元的教育价值,将之前确定的"函数"这一大概念加以具体化,可以得到本单元的核心知识:学习一个函数性质的基本方法就是根据函数解析式画出函数图象;根据函数图象,可以猜测出函数的一些基本性质,比如奇偶性、单调性等;最后再根据函数解析式运用已有的知识或者定义对之前猜测的函数性质进行验证.以上过程发展了学生直观想象以及利用数形结合思想解决问题的能力.

(四) 识别基本问题

本单元的基本问题主要包括:

(1) 什么是函数性质?

(2) 如何画函数图象?

(3) 什么是函数的奇偶性、单调性、最值?

(4) 可以用几种方法来证明函数性质?

(5) 可以按照什么路径来研究一个函数的性质? 比如先画出图象,然后根据图象猜想性质,最后利用定义验证猜想得出性质.

(五) 制定单元素养学习目标

"函数性质"单元素养学习目标如表 2.6 所示.

表 2.6 "函数性质"单元素养学习目标

知识技能	能够准确画出基本函数的图象. 掌握简单函数的奇偶性、单调性、最值等性质. 结合函数的图象,理解函数图象的变化情况和性质. 会运用已有知识经验以及函数性质的相关概念验证函数性质
意义理解	认识到研究函数性质的方法就是首先画出函数图象,由函数图象猜想出函数的某些性质,最后再根据相关定义验证猜想. 能够对函数性质的产生过程形成一定的活动经验
学习迁移	经历由函数图象探究函数性质这一过程,体会数学学习中数形结合这一思想方法,提升直观想象的核心素养. 在学习到新的函数或者遇到熟悉的情境时,可以利用学习函数的活动经验进行自主探究学习. 有基本的类比推理能力,能够将知识迁移到不同情境中去,解决与数学知识相关的现实情境问题、数学内部的不同情境问题

▶▶▶ 案例评析 ◀◀◀

研究函数主要是弄清函数有哪些特征.进一步,研究函数性质,也就是基于各种函数的关系探究有哪些代表性的特征,例如,函数的有界性、函数的奇偶性、函数的单调性、函数的周期性、函数的特殊点、函数的渐近线等.利用函数性质可以快速地了解函数图象的大致轮廓,然后再通过描点法作出更精准的函数图象,为运用函数解决不同情境的问题提供有力工具.

无论是单调性还是奇偶性,都是一些函数关系具有的不同特征.函数的单调性与给定的区间密切相关,不论在定义域的一个区间上递增还是递减,都统称为这个区间上的单调函数.函数的奇偶性表现的是函数图象关于原点具有某种对称性.奇函数的图象关于原点中心对称,偶函数的图象关于 y 轴对称.

从函数学习的教育价值出发,函数性质的学习可以进一步丰富数学自然语言、符号语言和图形语言,并促进三者之间的转换,为刻画函数特征、促进应用提供更多元的途径与技术.

综合上面的分析,在"函数性质"单元需要学生深入理解和探究的"基本问题"可以是:为了掌握一类函数关系的特征,可以研究函数的哪些性质?如何研究函数的性质?怎样判定一个函数关系具有哪些性质?函数的不同性质对于问题解决有什么作用?

其次,知识创新是学习者对问题的推广与变式.许多数学问题都有可能通过变式、改变条件、类比推理等手段而产生出新的问题.生成超越教材规定内容的数学知识或者对问题进行推广与变式都可能得到一个新的问题.

"基本问题"并非从天而降,它的产生是大概念在单元主题下的具体化,是基于知识形成路径、单元核心知识的分析结果,既有深入理解的价值,又有迁移的功能,是单元具体观念的反映,并统领完整单元的学习,而教学活动、教学内容与学生体验生成应蕴含对"基本问题"的回答,并通过持续地学习和探究,不断丰富对问题的体验、理解和认识.

教师 D 对于"基本问题"的提炼较为具体、不够全面,如果能加强"函数性质"大概念的引领,并且深入分析知识形成路径与核心知识,提高问题的开放性与迁移性,就能获得全面反映"函数性质"单元的"基本问题".

案例 5 "函数的单调性"的探究过程

(一)创设情境,明确问题

问题 1 图 2.4 为某市某天 24 小时内气温随时间的变化曲线.请你根

据曲线图说说气温的变化情况.

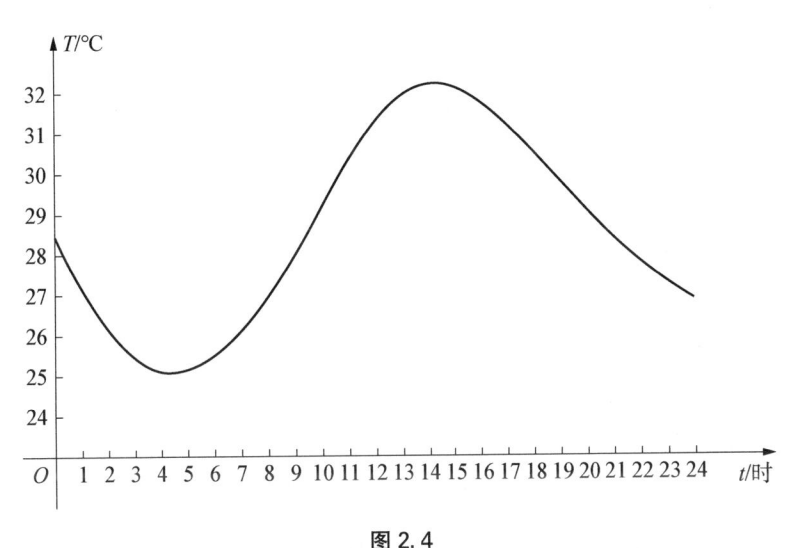

图 2.4

预设 学生直观感知气温变化,引发不同的关注点,如气温的最值、某时间段气温的升降变化等.从某时间段气温的升降变化引申到函数图象在某区间上"上升"或者"下降"的趋势,自然引入课题——函数的单调性.

问题 2 观察下列函数图象(图 2.5～图 2.7),请你说说这些函数图象有什么变化趋势?

预设 图 2.5 中,从左至右函数图象是上升的.图 2.6 中,当 $x<0$ 时,从左至右函数图象是下降的;当 $x>0$ 时,从左至右函数图象是上升的.图 2.7 中,当 $x<0$ 时,从左至右函数图象是下降的;当 $x>0$ 时,从左至右函数图象也是下降的.

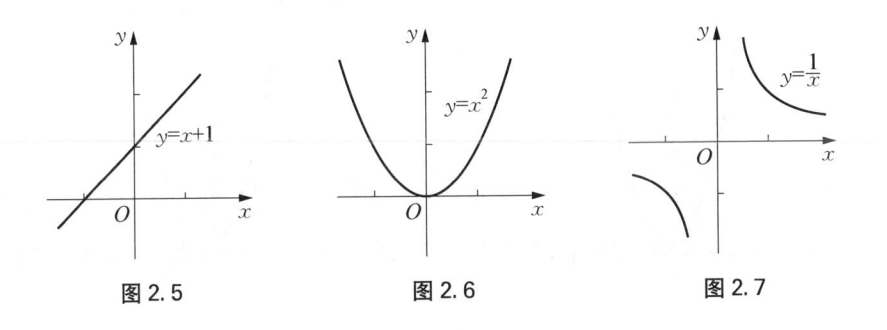

图 2.5　　　　　图 2.6　　　　　图 2.7

设计意图　从直观感知到文字描述,归纳具体函数的图象特征,准确、规范地表达"函数在某区间上具有怎样的单调性",完成函数单调性的定性刻画.

问题3　如何准确描述函数图象的"上升或下降"的变化趋势?函数图象是由点构成的,平面直角坐标系中的点由横坐标和纵坐标唯一确定.你能通过函数 $f(x)=x^2$ 的图象,思考在图象上升或下降的同时,点的坐标有什么变化规律吗?

表 2.7

x	...	-4	-3	-2	-1	0	1	2	3	4	...
$f(x)=x^2$	...										...

预设　从函数的对应关系出发,结合具体的数值,可以发现函数 $f(x)=x^2$ 的数值变化情况:当 $x<0$ 时,y 随着 x 的增大而减小;当 $x>0$ 时,y 随着 x 的增大而增大.但是这些取值只是有限个,无法全部罗列.可以借助 GeoGebra 软件动态演示,帮助分析.在函数 $f(x)=x^2$ 的图象上任取一点 A 启动动画,观察点 A 的坐标.可以发现,在 $(-\infty,0]$ 上,$f(x)$ 随着 x 的增大而减小;在 $[0,+\infty)$ 上,$f(x)$ 随着 x 的增大而增大.(如图 2.8)

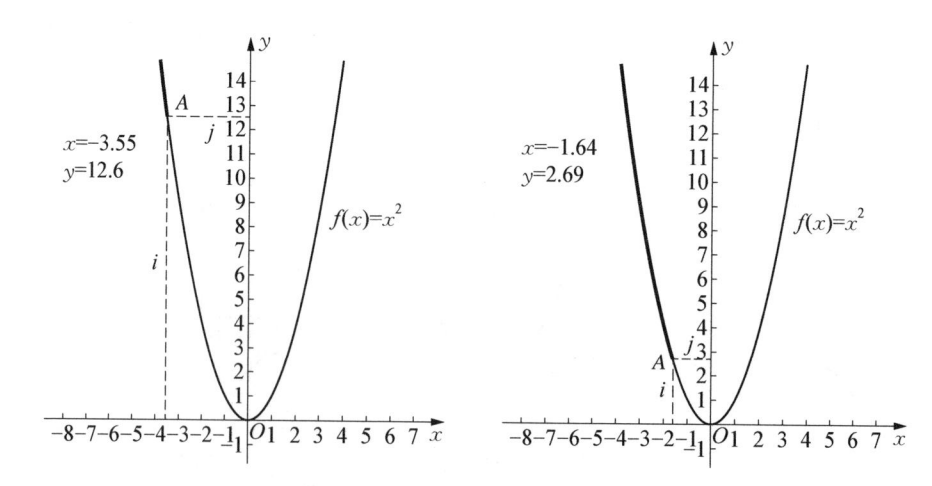

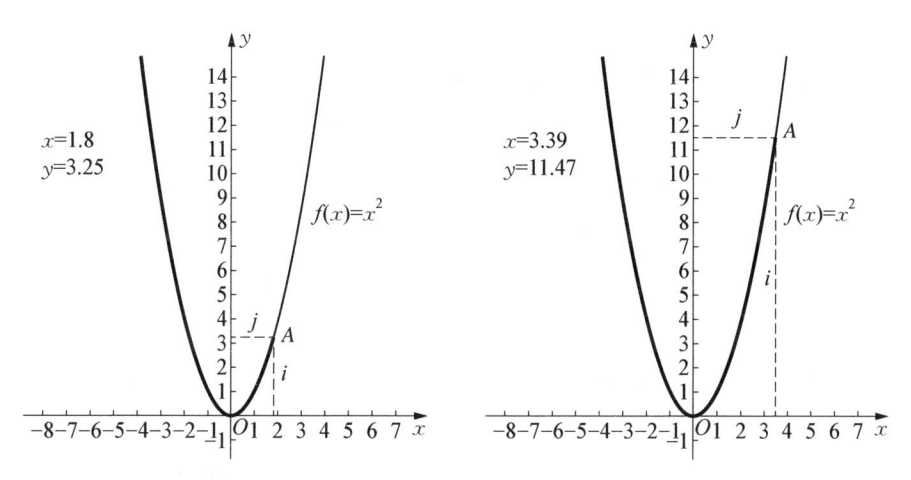

图 2.8

设计意图 通过数量刻画,用自然语言描述出函数 $f(x)=x^2$ 的变化规律,为形成认知冲突做好铺垫.

(二) 设置问题,形成冲突

问题 4 (1)图 2.9 是函数 $y=f(x)$ 的图象[以 $f(x)=0.001x+1$ 为例],你能描述出在定义域 **R** 上 $f(x)$ 随 x 的变化情况吗?

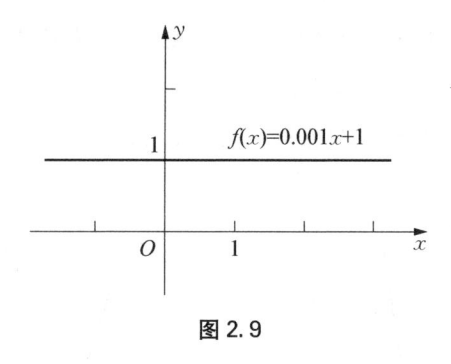

图 2.9

(2)函数 $f(x)=x+\dfrac{1}{x}$,你能描述出在区间 $(0,+\infty)$ 上 $f(x)$ 随 x 的变化情况吗?

预设 小题(1)中,若直接观察函数图象,会缺乏精确性,需要结合函数解析式;小题(2)中,仅凭函数解析式,也常常难以判断函数单调性.

设计意图 借此引发认知冲突,帮助学生意识到学习符号语言判断函数单调性的必要性,自然开始探索.

(三) 引导探索，生成新知

问题 5　怎样用符号语言描述函数 $f(x)=x^2$ "在 $(-\infty, 0]$ 上，$f(x)$ 随着 x 的增大而减小""在 $[0, +\infty)$ 上，$f(x)$ 随着 x 的增大而增大"？

预设　从自然语言到符号语言的刻画，为函数单调性定义的获得做铺垫. 突破"在 $[0, +\infty)$ 上，$f(x)$ 随着 x 的增大而增大"这一难点的方法如下：

(1) "增大"的符号化：利用不等式的性质，要作比较至少需要建立两个量的大小关系；

(2) "x 的增大"的符号化：在定义域上取两个数 x_1、x_2，满足 $x_1 < x_2$；

(3) "$f(x)$ 增大"的符号化：x_1、x_2 对应的函数值满足 $f(x_1) < f(x_2)$；

(4) "随"字的符号化：当 $x_1 < x_2$ 时，有 $f(x_1) < f(x_2)$；

(5) "在 $[0, +\infty)$ 上，$f(x)$ 随着 x 的增大而增大"的符号化：对任意的两个自变量 x_1、$x_2 \in [0, +\infty)$，当 $x_1 < x_2$ 时，都有 $f(x_1) < f(x_2)$.

关于"任意"的理解，利用 GeoGebra 软件进行数学实验，用"任意"突破"无限"，加深理解. 对于函数 $f(x)=x^2$，在 $[0, +\infty)$ 上任取 A、B 两点，保持点 A 的横坐标小于点 B 的横坐标，任意拖动 A、B 两点，引导学生观察，在 $[0, +\infty)$ 上，只要 $x_1 < x_2$，就有 $f(x_1) < f(x_2)$ 成立 (如图 2.10). 在这一过程中，可以采用举反例说明强调 (如图 2.11).

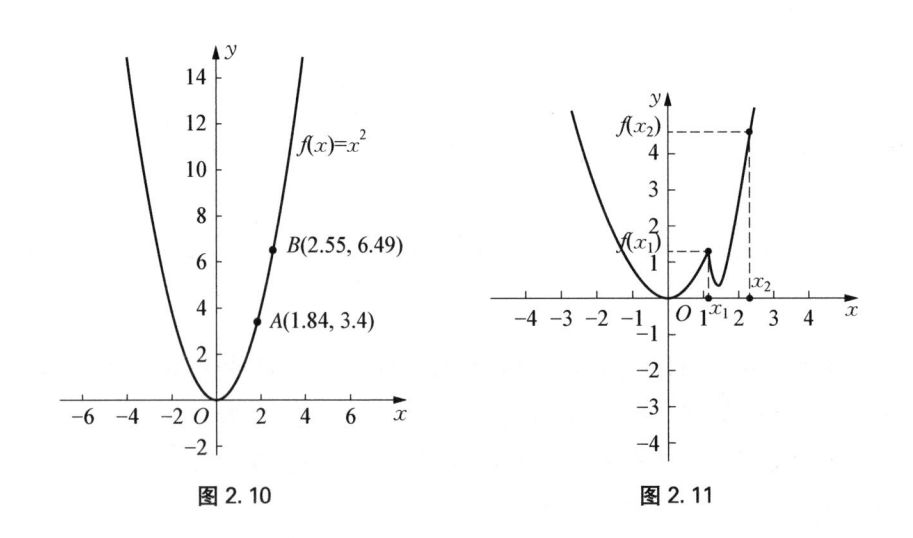

图 2.10

图 2.11

问题 6 如何用符号语言刻画函数 $y=f(x)$ 在区间 D 上单调递增?并尝试给出增函数的定义.(如图 2.12)

问题 7 类比增函数的定义,请你试着用符号语言定义函数 $y=f(x)$ 在区间 D 上单调递减,并给出减函数的定义.(如图 2.13)

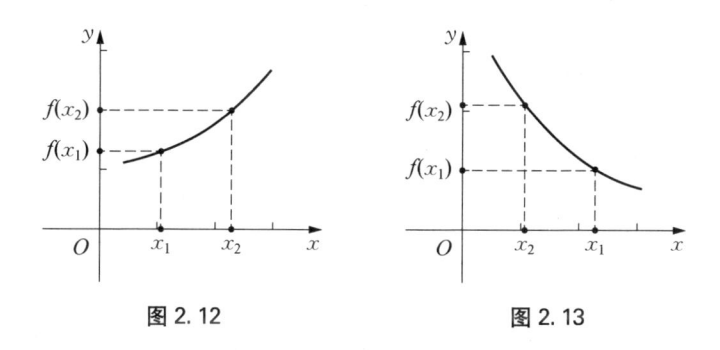

图 2.12

图 2.13

预设 学生从特殊到一般、从具体到抽象归纳出增函数的定义,并尝试类比给出减函数的定义,培养学生的数学抽象、逻辑推理等素养.值得注意的是,教科书区分了"单调递增"与"增函数"和"单调递减"与"减函数",仅把在整个定义域上单调递增(减)的函数称为增(减)函数.

问题 8 (1)设 A 是区间 D 上某些自变量的值组成的集合,而且 $\forall x_1、x_2 \in A$,当 $x_1 < x_2$ 时,都有 $f(x_1) < f(x_2)$,能说函数 $f(x)$ 在区间 D 上单调递增吗?你能举例说明吗?

(2)函数的单调性是对定义域内某个区间而言的,你能举出在整个定义域内是单调递增的函数例子吗?你能举出在定义域内的某些区间上单调递增,但在另一些区间上单调递减的函数例子吗?

设计意图 在函数单调性定义后设置问题 8,意在引导学生明确函数单调性是在给定区间上讨论的,函数在某个区间上单调并不意味着在整个定义域内都是单调的,并且强调区间上 $x_1、x_2$ 的取值具有任意性等关键问题.学生进行单调性判定,加强概念辨析,逐步深化对增(减)函数概念的理解.

(四) 学以致用,理解感悟

例 1 根据定义,研究函数 $f(x)=kx+b(k \neq 0)$ 的单调性.

例2 物理学中的玻义耳定律 $p=\dfrac{k}{V}$（k 为正常数）告诉我们，对于一定量的气体，当其体积 V 减小时，压强 p 将增大. 试对此定律用函数的单调性证明.

例3 根据定义证明函数 $y=x+\dfrac{1}{x}$ 在区间 $(1,+\infty)$ 上单调递增.

设计意图 例1是利用定义来研究一次函数的单调性，同时也是对初中利用函数图象得到的结论的严格证明. 例2是利用定义证明物理学中的玻义耳定律，特别注重培养学生数学表达的严谨性和书写过程的规范性. 例3除按定义证明外，还可以引导学生用定义探究函数 $y=x+\dfrac{1}{x}$ 在整个定义域内的单调性. 例题的设置，使学生了解定义法在讨论函数单调性问题中的作用，并掌握证明函数单调性的基本步骤，让学生体验代数推理的逻辑性，感悟数学思维的严谨性与深刻性.

（五）回顾总结，深化认识

课堂小结：

(1) 函数单调性定义为什么要有"任意"一词？

(2) 怎样研究函数的单调性？

(3) 学习函数的单调性有什么作用和意义？

(4) 你认为仍需要研究函数哪些性质对于运用函数解决问题同样有帮助？

预设 教师给出提示性问题，引导学生自主小结，再小组合作，相互补充完善，促使总结简明、到位、提升.

（六）布置作业，拓展延伸

略.

▶▶▶ **案例评析** ◀◀◀

函数单调性的教学过程的主要环节和活动是：

(1) 创设情境，明确问题（使用图形语言和自然语言描述现象，形成新问题）；

(2) 设置问题，形成冲突（为什么要学形式化定义）；

(3) 引导探索，生成新知（怎样用符号语言刻画函数的单调性）；

（4）学以致用，理解感悟（能解决什么问题）；

（5）回顾总结，深化认识（形成个体知识）；

（6）布置作业，拓展延伸（通过习题的巩固练习，学生会根据函数图象求得函数的单调区间，掌握函数单调性的判定方法，拓展增函数和减函数定义的等价形式，灵活运用函数的单调性解决问题）．

函数的单调性教学以探究模式建构"如何研究函数性质"的学习过程，遵循研究数学对象的一般规律，让学生经历函数单调性的问题发现、提出、分析、解决和基本运用的全过程．在提高的同时，以从生活的到数学的序列任务呈现教学内容，以"问题串"调节思维方向，以认知冲突任务激发学生的学习动机和兴趣，实现学生积极的课堂参与，促进学生深度的数学思考，帮助学生从"学会"到"会学"和"乐学"．

第三章　学评一致的数学单元课堂评价

第一节　核心素养本位的单元课堂评价

一、关注教育评价范式的演变和课堂评价

进入21世纪,教育评价的范式随着工业革命的发展、教育实践的批判、教育研究的进步在不断演变.工业革命的浪潮前仆后继,它在改变经济发展模式的同时也在不断向人类追问——什么是社会需要的有价值的知识和技能、什么是社会需要的人.单一以"选拔与问责"为目的的教育评估活动在实践中同样遭遇难以回应"学习与发展"需求的教育目的的问题.非智力因素、非认知能力对学生未来发展的实证研究也要求教育评价应协调学科知能、身心健康和全面发展之间的平衡.例如,由OECD统筹的国际学生评估项目(Program for International Student Assessment,简称PISA)测试近年来增加了语文、数学和科学以外的国际化能力(global competence)、解决问题的能力(problem solving skills)和创造力(creativity)评价、报告学生的幸福感和对生活的满意度等.

教育评价的内涵、体系和方法在不断发展和重构,从单纯强调"教育"作为对象的外部评价逐渐转向强调内部评价与外部评价的平衡.立足教育性理念的内部评价是指以学校内部教育活动及结果作为评价的情境和对象,由学校自身主导的一类评价(assessment),它不同于学校之外的行政部门或第三方机构实施的以问责为目的的价值判定评估(evaluation).

以课堂为中心的学生学业成就评价的理论与技术不断发展.在认识到以问责为主要目标的高风险类教育评价的不足后,英美等国家从20世纪80年代开始探索在形成性评价与总结性评价、内部评价与外部评价理论共同指导下的学业评价,并且评价的范式转向以促进学习为目的,引起以教师为主体的"促进学习"和"为了学习"的课堂评价的研究热潮,形成了对其目的与内涵、知识与技能、程序与方法、技术与工具、信度与效度的广泛探索.英美等一些国家还制定了教师评价的质量标准,出版了多种教科书.

国内研究开始得较晚,并在引介的基础上做了大量本土化的探索,特别是围绕教学任务设计、专业的课堂观察、课堂提问与话语交互、学生认知与情意等方面开发了大量技术与工具. 当前,学科核心素养本位的学习测评工具研发成为新的热点,特别是深度学习的评价、基于课程标准或教—学—评一致性的教案与学案的设计以及习题、作业与测验的评价标准等.

二、课堂评价的内涵

课堂评价实质是以课堂为中心的一类学习评价,反映的是日常教学中实施的对学生学业成就的评价,由教师在日常教学层面对本班或本校学生实施的评价(assessment),目的是用于收集学生学习的信息和发展的证据,进而为学生的学习决策和教师的教学决策提供依据. 评价活动镶嵌在课堂观察、提问、测验以及课后作业等教学活动中. 从学习评价视角出发,课堂评价的特征是:

(1) 其根本目的是给学习与教学改进提供学生学习的信息;

(2) 课堂是评价的主要情境,评价被当作教学过程之中的一个成分,和教、学一同构成三位一体的整体. 评价对象是学校教育所引起的学习活动,包括学习的过程和结果、认知的学习和情意的学习、学术性课程成绩和综合素质发展;

(3) 从评价的主体来看,课堂评价主要由任课教师和学生作为实施主体;

(4) 重视过程评价或形成性评价.

三、核心素养本位单元课堂评价的基本任务

素养本位单元课堂评价是指以素养本位单元教学活动与过程为载体,根据单元素养学习目标进行学习信息收集、解释、反馈,并形成学习和教学改进决策的教育活动,主要以教师和学生作为评价主体. 根据课堂评价活动的要素和流程,提出素养本位单元课堂评价的基本任务.

(一) 评价目的

在诊断、激励和发展的方向下,以促进学生深度学习、核心素养发展为主要目的.

(二) 评价目标

评价目标与单元素养学习目标或教学目标一致,从知识技能、意义理解和学习迁移三个方面进行信息和证据的收集和解释.

(三) 评价信息的收集与方法

核心素养本位单元课堂评价重视评价标准的制定,综合使用形成性与总结性评价技术与方法,强调知识或任务类型与评价方法的一致性,贯彻专业评价的思考方式、需要什么类型的证据、哪些行为的或作品的特征可以用来支持达到了预期的学习目标、证据与目标的一致性如何,如果评价获得的信息与学生达成学习目标的状况无关,那么这些信息就无助于学习目标的达成. 课堂评价信息收集的主要活动在日常教学之中,包括: 教师实施的课堂观察、提问和理答,作业设计、批阅与解释,测验和考试的试卷编制、批阅与解释.

(四) 信息的分析与解释

教师对收集的学习信息进行科学分析,对分析的结果进行恰当的解释.

(五) 评价的反馈与决策

核心素养本位单元课堂评价注重从评价伦理出发,例如,秉持学生发展的成长型与全人思维、尊重学生并对学生的个人隐私予以保密、减少教师个人偏见、鼓励学生参与评价. 通过有效的反馈方法,让学生理解评价结果的意义,特别是自身的学习状况和既定的学习目标之间的差距,协商学习改进的对策,并给学生留出运用评价结果去改进学习的时间.

四、提高教师评价素养

落实课堂评价,不仅要求教师能够根据课堂评价的目标,选择适合的评价方法,而且要具有自觉评价的意识以及有效评价的知识、技能、能力和伦理规范. 根据国外研究,教师评价素养概念的研究可概括为四个阶段:

第一阶段: 主要从实践方面思考评价素养的技能结构;

第二阶段: 开始注重教师作为评价主体的身份以及对评价概念、程序与技能的理解; (Lyon E G, 2013)

第三阶段: 从社会文化的观点审视评价素养,开始关注评价原则和伦理,提出面向过程的评价素养框架; (Willis J, Adie L & Klenowski V, 2013)

第四阶段: 从整体性和适应性的能力视角来考虑基于情境的评价素养的结构模型. (Pastore S & Heidi L A, 2019)

在国际教育评价范式的转换及国内第八次课程改革的背景下,国内学者对教师评价素养的概念及构成,课程、教学、专业发展与评价素养的关系,评价政策与制度保障的依据等进行了理论建构.开发的工具主要是以不同概念为框架的标准、量表与问卷.新的研究开始关注以学科教学知识为内核的学科教师评价素养的发展、不同评价信念的画像以及如何根据教师个人因素有区别地进行教育.

当前,学习评价仍然是基础教育实践中最薄弱的一个方面,理论研究与教育实践之间存在巨大偏差,以教师评价素养的发展作为学校效能改进的新突破口,并从学习科学视域下开展系统的设计研究,关注国家全面深化课程改革、落实立德树人根本任务的重点与难点问题,对于新时代教师知识更新和专业自主的提升、学习实践共同体的夯实及学校现代化都具有重要意义.

第二节 学评一致性下单元目标检测的设计与案例评析

在课堂评价的过程中,教师开发或选择的评价工具要能够有效地收集到对学生的评价信息.单元目标检测是基础教育实践中广泛应用的一种单元学习评价方式.为了提高单元检测的质量,从课堂评价的视角再次审视单元目标检测的设计,分析会给教师在设计素养本位单元目标检测时带来哪些新的思考、技术和方法,并且推广至其他数学课堂评价任务的设计中.

一、单元目标检测设计的基本原则

学评一致性是单元目标检测设计的一个基本原则,它是指学生的学习与对学生学习的评价之间的匹配程度.核心素养本位单元课堂评价是贯彻课程、学习和教学一致性的评价,是基于单元目标展开的评价实践.UbD教学设计模型同样体现了学评一致的思想,而且为了帮助教师更好地落实这一理念,提出了"逆向设计程序"理论,即在确定预期的学习结果之后,就要规划评价任务,然后再设计学习或教学活动.因此,为了突出单元学习目标的引领地位、落实学评一致性原则,将单元课堂评价及单元目标检测置于学习目标的研制之后,保障"所学即所评",由此产生的评价任务又可以作为后期教学活动设计的指南.

"学评一致性"原则要求在设计单元目标检测时应与单元学习目标一致,回答有什么证据能表明学生已经达到了预期结果,特别是意义理解和学习迁移的证据是什么?为了确定学生通过单元学习所发展的意义理解和学习迁移的程度,需要设计哪些题目或任务?

二、核心素养本位数学题目和任务的设计

《普通高中数学课程标准(2017年版2020年修订)》中指出,数学教学情境包括:现实情境、数学情境、科学情境,每种情境可以分为熟悉的、关联的、综合的. 数学问题是指在情境中提出的问题,分为简单问题、较复杂问题、复杂问题. 数学学科核心素养在学生与情境、问题的有效互动中得到提升.

马扎诺提出了适合课堂评价的三类题目(item)和任务(task),任务是指收集学生学习信息的有效方法,例如选择题、计算题、简答题等,但并非仅仅指一些传统的题型.

(1)一类题目和任务涉及基本细节与程序,检查学生对基础知识和基本技能的总体了解和运用. 例如,数学名词解释任务.

(2)二类题目和任务要求学生理解更为复杂的思想内容与程序,但不是简单回忆,需要学生关联信息,生成新的理解,但是情境是学生熟悉的. 例如,函数 $y=3x$ 与方程 $3x=0$ 是什么关系?

(3)三类题目和任务要求学生对课堂上没有教过的知识进行新的推理或运用,需要学生基于深入理解生产新的信息.(罗伯特·J. 马扎诺,2009)

进一步,他又提出课堂评价的三类主题知识,分别是信息、心理程序和心理性肌肉运动程序,类似于认知心理学中的陈述性知识、程序性知识与动作技能. 他重点讨论了三类任务在三类知识中的表现形式和认知类型,根据数学知识类型和任务阐释如下.

第一类主题知识的一类任务一般涉及数学概念和一些基本事实的细节的考查,主要是通过识别和回忆可以完成的任务. 二类任务侧重数学原理和规律的考查,"规律衍生实例""原理产生推论". 因此,考查的是举例说明的能力或预测能力. 例如,"你能再举出一些函数的例子吗?""对于两个直角三角形,除了直角相等的条件,还要满足几个条件,这两个直角三角形就全等了?"三类任务通常是关注相似点或不同点的比较、分类任务、错误分析、发现新的类比关系. 例如,"你能给下列函数的解析式(或图象)分类吗?""一个人的身高(h)可以看作他的年龄(n)的函数. 假如小刚和小军都是13岁,那么小刚的身高 h 与他的年龄 n 的函数,小军的身高 h 与他的年龄 n 的函数,这两个函数相同吗? 为什么?""一个铅球从7米高处自由下落到地面,下落过程中的时间 t 是落下距离 d 的函数. 同一个铅球从10米高处自由下落到地面,下落过程中的时间 t 也是落下距离 d 的函数. 这两个

函数相同吗？为什么？""有的同学说，函数和它的自变量的关系是，'你变，它也变'．你怎样评价这种说法呢？""有的同学说，函数和它的自变量的关系是，'你定，它一定'．你怎样评价这种说法呢？""你能对图象与函数的关系作个比喻吗？并解释你的想法．"第一类主题知识的评价又可以划分为选择式、答述式、交流式和表现式四类评价方式，对于情感倾向也可以针对评价目标选择上述相应的方式，对于设计核心素养本位数学题目、任务及评价方式都有借鉴价值．

第二类主题知识的评价任务可以看作是对数学程序性知识或过程性知识的考查．其中，一类任务一般涉及只要程序执行正确，就会产生正确答案的那种程序（单一公式或运算法则及其变化运用的策略）．例如，两个数的有理数加法或乘法的运算．二类任务涉及更为复杂的程序（数学决策、解决问题、数学实验、数学调查、数学发明），而单一的公式或运算法则等是其中的"嵌套"，同时任务又应该是学生熟悉的．例如，有理数的混合运算（涉及运算法则程序、运算律程序和常规程序）；根据表格、图象和解析式判断函数关系的基本规则对类似的问题进行决策．这些任务不仅涉及固定程序规则的提取，而且与个体如何有效运用程序有关．三类任务需要把教师教过的题目改变其中信息的形式和情境，让任务变成对于学习者的体验而言是新的．

基于知识类型与题目、任务的一致性原则，马扎诺提出选择题、书面简答、书面问答、口头回答与口头报告、演示与表演五种题型和任务，又可以划分为选择式、答述式、交流式和表现式四类评价方式．题目的设计要与目标匹配，课程与教学目标一般采用布卢姆的目标分类理论，三类题目和任务与布卢姆的目标分类体系是什么关系呢？一类题目和任务基本对应知识和领会，二类题目和任务对应运用和分析，三类题目和任务类似综合和评价，在核心素养本位目标下三类题目和任务需要进一步关注创造新理论和新问题．一般说来，一、二、三级水平的题目数量比例为 $2:2:1$ 或者 $5:4:1$ 比较合理．(喻平，2018)

威金斯和麦克泰格认为追求理解的教学应该体现"理解的六侧面"，即解释、阐明、应用、洞察、神入和自知．(格兰特·威金斯，杰伊·麦克泰格，2017)有趣的是，这"六侧面"并不强调建立在知识的阶梯发展上，更像是基于"大概念群"或核心知识系统在理解的迁移过程中所表现的由外自内的思维发展、需要基于主题进行探究的全部意义、"学习行动和绩效评估"．其中，"解释"是指通过归纳或推理，系统合理地解释现象、事实和数据；洞察事物间的联系并提供例证．"阐明"是指叙述有深度的故事;提供合适的转化;从历史角度或个人角度揭示观点和事件的含义;通过类比和模型等方式达到理解的目的."应用"是指在各种不同的真实情境中,有效地使用和调整学到的知识."洞察"是指能批判性地思考已有观点;能从宏观上思考问题."神入"是指在先前直接经验的基础上,能进行敏锐地感知,产生不同于他人的对意义、方法和价值等的认识."自知"是指显示元认知意识;察觉诸如个人风格、偏见和思维习惯等促成或阻碍理解的因素;意识到自身不理解的内容;反思学习和经验的意义.皮里(Pirie)与基伦(Kieren)两位学者于1994年提出一个数学理解发展的理论模型,不仅强调"理解是一个进行中的、动态的、分水平的、非线性的发展",而且特别指出,每个水平上的理解需要分成"活动"与"表达"两部分,这两种要素的互补是由内层向外层发展的必要条件.(鲍建生,周超,2009)

"理解的六侧面"理论的价值是,"它们可以帮助我们弄清所需的理解、必要的评估任务和最有可能促进学生理解的学习活动.……当通过设计,使概念、事实、论证或者经验既阐释事物又提出问题时,它们就有了意义,理解才会产生.主动揭示隐藏在事实背后的内容,并思考它们的意义.不仅仅要学习事实和技能,还应当探究它们的意义".(鲍建生,周超,2009)

三、核心素养本位数学关键能力的评价标准

南京师范大学喻平教授认为,核心素养本位数学关键能力的评价可以划分为三个层次,即理解层次、迁移层次和创新层次.(喻平,2018)第一个层次是理解层次,理解知识形成的结果(符号的意义、构成要素等),能使用核心知识和基本方法解决数学的基本问题.例如,通过熟悉或简单情境下的经历和体验,能初步回答函数(关系)的要素是什么或什么是函数,能区分变量、常量和自变量,会求自变量的范围和函数值.第二个层次是迁移层次,是多个知识或多种方法迁移后的综合问题,是多个旧情境中的知识共同迁移一个新情境的问题,是知识在新情境中的应用以及知识的综合应用.这一层次需要学生具备一定的类比推理能力,并且掌握知识之间的逻辑关系、知识结构以及与知识相关的数学思想方法,达到关系理解.例如,学生可以在关联的情境下洞察函数、方程和不等式的关系,利用函数、方程和不等式的知识灵活地解决问题,可以在新情境下综合运用函数知识解决问题,通过综合的或关联的新情境下的活动和体验,促进知识的深度理解.第三个层次

是创新层次,"探究知识的拓展过程和获得的结果都是知识的创新",能解决非常规的开放性问题,在问题解决之后能对问题进行推广和变式,解决推广的问题之后能反思获得新知识,能在解决问题过程中实现方法的新突破.深度反思,发展逆向的、比较的、关联的、批判的、创新的思维形式和能力.在评价题目的素养水平时,需要先识别和筛选其中的数学学科核心素养要素,然后根据三个水平的标准(见表3.1),划分能力要素在题目解答中的水平.

表3.1 数学关键能力评价指标框架

	知识理解(一级水平)	知识迁移(二级水平)	知识创新(三级水平)
数学抽象	理解基本概念、命题、规则	在情境中抽象出数学问题	抽象出新概念、命题、方法
逻辑推理	掌握推理的基本形式和规则	验证结论或发现简单结论	发现、验证、解决一些复杂问题
数学建模	掌握常规的数学模型	在情境中建立数学模型	用多种知识和方法建模
数学运算	理解基本的运算规则	多个规则的综合运算	设计运算程序、解决复杂问题
直观想象	理解基本图形的性质	利用图形探索数学问题	构建数学问题的直观模型
数据分析	掌握基本的数据处理工具	用常规方法分析情境中的数据	构建模型、方法分析数据

资料来源:喻平.基于核心素养的高中数学课程目标与学业评价[J].课程·教材·教法,2018,38(1):83—84.

类似地,知识理解水平的关键能力基本对应知识和领会,知识迁移水平的关键能力对应运用和分析,知识创新水平的关键能力可以视为综合与评价能力及其发展.

四、案例呈现与评析

案例1 初中"变量与函数"单元目标检测的设计与评析

(一)课程标准的内容要求

1. 探索简单实例中的数量关系和变化规律,了解常量、变量的意义.

2. 结合实例,了解函数的概念和三种表示法,能举出函数的实例.

3. 能结合图象对简单实际问题中的函数关系进行分析.

4. 能确定简单实际问题中函数自变量的取值范围,并会求出函数值.

5. 能用适当的函数表示法刻画简单实际问题中变量之间的关系.

6. 结合对函数关系的分析,能对变量的变化情况进行初步讨论.

通过研究课程标准的内容要求,可以发现在7~9年级学段的第一个函数单元首先聚焦于"函数是什么",具体包括:函数关系的抽象及意义的初步建构,函数关系的要素,函数关系的表示方法,如何通过函数的不同表示方法感悟实际情境的数量变化情况,利用函数模型解决简单实际问题.

(二) 大概念群

由数学大概念及核心子概念两部分组成大概念群,形成单元知识组织架构."变量与函数"单元的大概念群如表3.2所示.

表3.2 "变量与函数"单元的大概念群

大概念	核心子概念
函数	关系和函数
	函数的表征形式
代数符号	运算

(三) 基本问题

"变量与函数"单元的基本问题主要包括:

(1) 现实世界中的运动变化哪些是函数关系?如何抽象函数关系?

(2) 怎样根据不同的问题情境表示函数关系?

(3) 如果那些式子或图表都表示函数关系,那么它们为什么不相同?

(4) 怎样运用函数关系刻画实际问题中的运动变化?

(四) 单元素养学习目标

"变量与函数"单元素养学习目标如表3.3所示.

表 3.3 "变量与函数"单元素养学习目标

知识技能	(1) 知道变量、常量，能结合熟悉的实际情境识别变量、常量以及数量关系. (2) 知道函数、自变量、函数值，会求简单实际问题中的函数关系、自变量的取值范围. (3) 会求简单实际问题中的函数值. (4) 知道如何根据图象、解析式和表格判断函数关系
意义理解	(5) 能结合图象对简单实际问题中的函数关系进行分析，初步理解函数的构成要素. (6) 结合对函数关系的分析，能初步掌握变量的变化情况，初步理解函数关系所刻画的运动变化特点. (7) 理解函数不同表达形式的特点，能用适当的函数表示法刻画简单实际问题中变量之间的关系
学习迁移	(8) 在新的实际情境中，发展函数抽象和建模能力，初步形成函数的意义. (9) 结合图象对新情境中的函数关系进行分析，初步感悟函数关系的区别和多样性. (10) 能在具体情境下解释两个函数是否相同，初步理解两个函数相同和不同的意义

(五) 单元目标检测的设计

1. 高速列车由北京南站驶往相距约 120 千米的天津，如果它的平均速度是 300 千米/时，则列车距天津的路程 s（千米）与行驶时间 t（小时）之间的函数关系式及自变量 t 的取值范围是(　　).

A. $s=120-300t\,(t\geqslant 0)$　　B. $s=300t\,(0\leqslant t\leqslant 0.4)$

C. $s=120-300t\,(0\leqslant t\leqslant 0.4)$　　D. $s=300t\,(t\geqslant 0)$

题目分析　与表 3.3 中的目标(2)有关．属于熟悉的生活情境问题，需要理解函数关系和自变量取值范围的意义、基本的代数运算规则．涉及一级"知识理解"水平的数学抽象能力和数学运算能力，选择题的类型更降低了难度，属于简单问题.

2. 海水受日月的引力而产生潮汐现象，早晨海水上涨叫做潮，黄昏海水上涨叫做汐，合称潮汐．潮汐与人类的生活有密切的关系．图

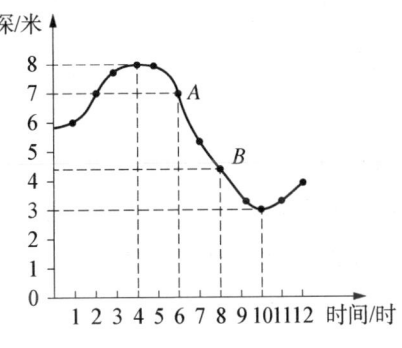

图 3.1

3.1是某港口从0时到12时的水深情况.港口最深大约在_____时,深度约为_____米.

题目分析 与表3.3中的目标(5)有关.属于熟悉的生活情境问题,需要在情境中理解函数关系和图象的基本意义.题目只要求识别出特殊点的意义,涉及一级"知识理解"水平的数学抽象能力,属于简单问题.

3. 求下列函数自变量的取值范围:

(1) $y=-\dfrac{1}{2}x^2-x+6$;

(2) $y=-\dfrac{1}{12x-3}$;

(3) $y=\dfrac{\sqrt{16x-9}}{3x-2}$;

(4) $y=2x-5$;

(5) $y=\sqrt{2-x}$;

(6) $y=\dfrac{2}{x^2-1}$.

题目分析 与表3.3中的目标(2)有关,但目标要求是在简单实际情境下.属于关联的数学情境问题,要求理解函数解析式及自变量的意义,并涉及多个规则的综合运算.涉及一级"知识理解"水平的数学抽象能力和二级"知识迁移"数学运算能力,属于较复杂问题.

4. 某天早晨,王老师从家出发,骑摩托车前往学校,途中在路旁一家饭店吃早餐,图3.2是王老师从家到学校这一过程中行驶路程s(千米)与时间t(分)之间关系的图象.

(1) 学校离王老师家多远?王老师从出发到学校,用了多长时间?

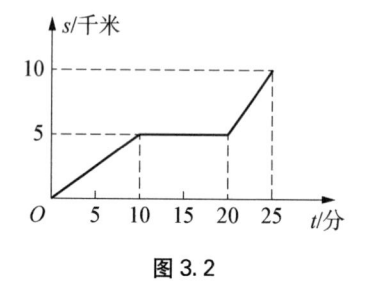

图3.2

(2) 王老师吃早餐用了多长时间?

(3) 王老师吃早餐之前的速度快还是吃早餐之后的速度快?最快速度达到多少?

题目分析 与表3.3中的目标(5)、(6)有关.属于熟悉的生活情境问题,需结合图象和符号理解函数关系的基本要素和变量的变化.涉及一级"知识理解"水平的数学抽象能力和数学运算能力,属于简单问题.

5. 已知蛇的体温随外部环境温度的变化而变化.图3.3反映了一条蛇在两昼夜之间体温的变化情况.

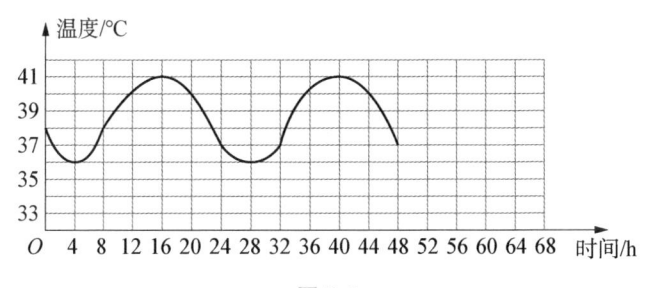

图 3.3

(1) 第一天,蛇体温的变化范围是多少?它的体温从最低上升到最高需要多长时间?

(2) y 是 x 的函数吗?请说明理由.

(3) 若用 x 表示时间,y 表示蛇的体温,将相应数据填入表 3.4 中.

表 3.4

x/h	4	12	20	28	32	40	48
y/℃							

题目分析 与表 3.3 中的目标(3)、(4)、(5)有关.属于熟悉的科学情境问题,需要结合图象判断函数关系并进行简单的分析,会观察函数值.涉及一级"知识理解"水平的数学抽象能力,属于简单问题.

6. 木材加工厂堆放木料的方式如图 3.4 所示.

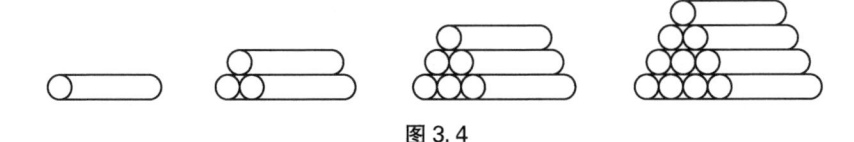

图 3.4

(1) 根据变化规律填写表 3.5.

表 3.5

层数 n	1	2	3	4
木料总根数 y				

(2) 求出 y 与 n 的函数关系式,指明自变量和函数,写出自变量的取值范围.

(3) 当木料堆放的层数为 10 时,木料总根数为多少?

题目分析　与表 3.3 中的目标(2)、(3)有关.属于熟悉的生活情境问题,需要知道图示的意义和函数,并表示出函数关系,求函数值.涉及一级"知识理解"水平的数学抽象能力和数学运算能力,属于简单问题.

7. 如图 3.5,矩形薄板的面积为 $120\ \text{cm}^2$,它的一条边长为 $x\ \text{cm}$,相邻的边长为 $y\ \text{cm}$.

(1) 在这个问题中,有几个变量?变量 x 可以取哪些数值?

(2) 请写出用 x 表示 y 的关系式. y 是 x 的函数关系吗?

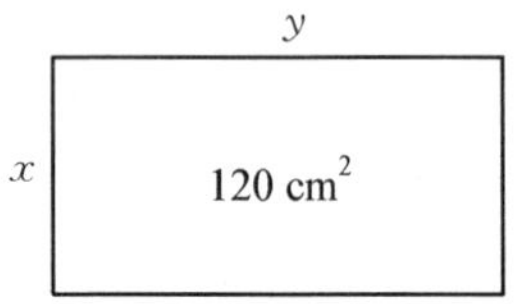

图 3.5

(3) 请任意取 x 的 6 个数值填入表 3.6,并求出相应的 y 的值.

表 3.6

x/cm						
y/cm						

题目分析　与表 3.3 中的目标(1)、(2)、(3)有关.属于熟悉的生活情境问题,需要知道变量、函数,会表示函数关系、函数值的问题.涉及一级"知识理解"水平的数学抽象能力和数学运算能力,属于简单问题.

8. 明明的蛋糕店周一打烊.从周二到周四,蛋糕店每天准备 3 块巧克力软糖蛋糕.从周五到周日,蛋糕店每天准备 5 块巧克力软糖蛋糕.

(1) 请选择恰当的方法,显示一周 7 天每天准备的巧克力软糖蛋糕的数量.

(2) 你认为每天准备的巧克力软糖蛋糕数量是一周中哪一天的函数吗?请解释你的判断.

题目分析　与表 3.3 中的目标(7)有关.属于熟悉的生活情境问题,需要理解函数关系及其表示法,能形成函数关系及其恰当的表示,并解释意义.涉及二级"数学迁移"水平的数学抽象能力和直观想象,属于较复杂问题.

9. 某学校组织学生到离校 6 km 的光明科技馆去参观,学生小明因事没能乘上学校的包车,于是准备在学校门口改乘出租车去光明科技馆,出租车的收费标准如表 3.7 所示.

表 3.7

路程	收费
3 km 以下(含 3 km)	8 元
3 km 以上每 1 km	1.8 元

(1) 写出出租车行驶的路程 x(km)($x \geqslant 3$) 与收费 y(元) 之间的函数关系式.

(2) 小明身上仅有 14 元钱,乘出租车到科技馆的车费够不够? 请说明理由.

题目分析 与表 3.3 中的目标(2)、(3)有关.属于熟悉的生活情境问题,需要知道函数概念,表示出函数关系式,函数关系本身有新的信息,并且运用函数关系做出真实情境的决策,需要抽象出数学方法.涉及二级"数学迁移"水平的数学抽象能力和一级"数学理解"水平的数学运算能力,属于较复杂问题.

10. 八(1)班同学在探究弹簧长度与砝码质量的关系时,实验得到的相应数据如表 3.8 所示.

表 3.8

砝码质量 x/克	0	50	100	150	200	250	300	400	500
弹簧长度 y/厘米	2	3	4	5	6	7	7.5	7.5	7.5

则 y 关于 x 的函数图象是(   ).

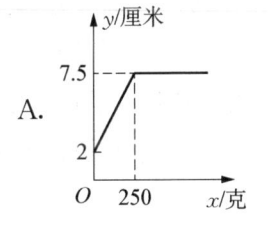

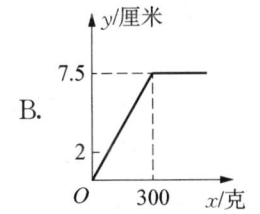

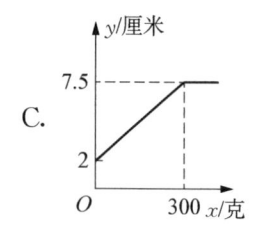

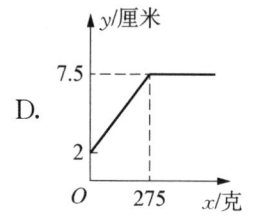

C. [图: y/厘米, 从2上升到7.5在x=300处] D. [图: y/厘米, 从2上升到7.5在x=275处]

题目分析 与表 3.3 中的目标(5)、(6)、(7)有关.属于熟悉的科学情境问题,需要理解函数关系和变量的变化,以及不同函数表示方法的用法.涉及二级"数学迁移"水平的数学抽象能力和一级"数学理解"水平的数学运算能力,选择题的题型降低了难度,属于简单问题.

11. 某超市购进一批苹果,到集贸市场零售,已知卖出的苹果质量 x(kg)与收入 y(元)的关系如表 3.9 所示.

表 3.9

质量 x/kg	1	2	3	4	5	…
收入 y/元	2+0.1	4+0.2	6+0.3	8+0.4	10+0.5	…

则收入 y(元)与卖出的苹果质量 x(kg)之间的函数关系式为(　　).

A. $y=2x+0.1(x\geqslant 0)$ B. $y=2x(x\geqslant 0)$
C. $y=2x+0.5(x\geqslant 0)$ D. $y=2.1x(x\geqslant 0)$

题目分析 与表 3.3 中的目标(5)、(6)、(7)有关.属于熟悉的生活情境问题,需要理解函数关系和变量的变化,以及不同函数表示方法的用法.涉及二级"数学迁移"水平的数学抽象能力和一级"数学理解"水平的数学运算能力,选择题的题型降低了难度,属于简单问题.

▶▶▶ **案例评析** ◀◀◀

该单元检测体现了表 3.3 中的单元目标(1)～(7),对学习迁移的目标关注不够.在 11 道题目中,有 3 道选择题、1 道填空题、1 道运算题、4 道简答题、2 道答述题,对于函数是什么、为什么的意义揭示没有给予关注.有 10 个熟悉的情境问题和 1 个关联的数学情境问题,有 4 道题目达到二级数学抽象能力,但其中有 2 道是选择题,对于学生的理解和迁移目标没有给予关照.有 8 个简单问题、3 个较复杂问题,难度较低.具体分析如表 3.10 所示.

表 3.10 "变量与函数"单元检测题目分析

题号	情境	数学关键能力水平	题型	预估难度
1	熟悉的	一级数学抽象能力、数学运算能力	选择题	简单
2	熟悉的	一级数学抽象能力	填空题	简单
3	关联的	一级数学抽象能力、二级数学运算能力	运算题	较复杂
4	熟悉的	一级数学抽象能力、数学运算能力	简答题	简单
5	熟悉的	一级数学抽象能力、数学运算能力	简答题	简单
6	熟悉的	一级数学抽象能力、数学运算能力	简答题	简单
7	熟悉的	一级数学抽象能力、数学运算能力	简答题	简单
8	熟悉的	二级数学抽象能力、直观想象能力	答述题	较复杂
9	熟悉的	二级数学抽象能力、一级数学运算能力	答述题	较复杂
10	熟悉的	二级数学抽象能力、一级数学运算能力	选择题	简单
11	熟悉的	二级数学抽象能力、一级数学运算能力	选择题	简单

学习目标体现了三个层次的发展：知识技能、意义理解和学习迁移.通过质性分析可以发现,评价的深度、关联度与学习目标都不一致.该单元目标检测更多地是对学生在熟悉情境下简单问题的考查,是对变量、函数、自变量和函数值的基本理解和运用(表示函数关系、求自变量的范围和函数值),但是没有考查学生对函数关系及表征方式意义的阐明、分析和洞察,没有关注函数大概念意义的生成.任务方式与学习目标不一致,方式不仅是单一的书面任务,而且题型的选择不利于对函数概念、函数抽象和建模的深度考察,不涉及深度的函数关系分析、熟悉情境下函数关系与方程等的比较和联系、新异情境下函数关系的抽象,也不涉及学生发现和提出问题的能力.

从学习迁移目标出发,可以增加在新异的、关联的或综合的情境下函数关系抽象、建模的题目以及函数关系分析和意义解释的题目.还可以增加不同函数关系比较的题目,但这些题目都不宜多.该单元检测设计的熟悉的生活情境下的题目较多,而且任务内容相似,可以适当删减.

有些题目的难度不符合目标的要求.例如第 3 题是"求下列函数自变量的取值范围",与表 3.3 中的目标(2)有关,但目标要求是在简单实际情境下.而该题目中有几道小题都属于关联的数学情境,知识涉及根式、分式等,对于函数、自变量的理解要求较高,因此在函数的第一个单元出现不恰当.事实上,"求函数自变量的取值范围"的题目可以螺旋上升式地设计,伴随函数的学习和发展,可以重复出现,不必一蹴而就,急于求成.

单元目标检测题和作业除了选择题、填空题、运算题和简答题、答述题之外,还要探索新的题型,以关注深度理解和学习迁移.仅仅选择书面任务一种形式难以达成学习目标,而且收集信息的方式单一.要立足课堂,从课堂观察和提问开始渗透评价活动,通过口头回答、口头报告、演示、书面简答、书面答述等多种任务方式收集学生学习的信息.

案例2 高中"函数性质"单元检测的设计

(一) 高中"函数性质"单元目标

高中"函数性质"单元目标与学习水平如表3.11所示.

表3.11 高中"函数性质"单元目标与学习水平

目标序号	核心知识单元目标描述	学习水平
(1)	理解函数单调性的概念	B
(2)	理解函数单调性的图象特征	B
(3)	会证明简单函数的单调性	C
(4)	能对函数的单调性进行解析研究	C
(5)	理解函数最大值、最小值的概念	B
(6)	理解函数最大值、最小值的图象特征	B
(7)	会求二次函数在某指定区间上的最大值或最小值	C
(8)	会求简单函数的最大值或最小值	C
(9)	能对函数的最大值、最小值进行解析研究	C
(10)	理解函数奇偶性的概念	B
(11)	理解函数奇偶性的图象特征	B
(12)	会用函数的奇偶性描绘函数的图象	C
(13)	会证明简单函数的奇偶性	C

续表

目标序号	核心知识单元目标描述	学习水平
(14)	能对函数的奇偶性进行解析研究	C
(15)	会利用函数的性质解决实际问题	C
(16)	掌握研究函数性质的方法	D
(17)	理解函数零点的概念	B
(18)	懂得函数零点存在的条件	B
(19)	理解用"二分法"求函数零点的算法思想	B
(20)	会借助计算器求函数零点的数值解	C

(二) 单元目标检测的设计

1. 填空题

(1) 已知函数 $f(x)=(x+1)(x-a)$ 是偶函数,则实数 $a=$ _____.

题目分析 与表 3.11 中的目标(10)有关.属于熟悉的数学情境问题,需要基本理解偶函数的定义、判定的基本程序,还有一些基本的运算.涉及一级"知识理解"水平的数学抽象能力和数学运算能力,属于简单问题.

(2) 函数 $y=\dfrac{x^2+2}{x}, x \in [-2,-1]$ 的最大值为 _____.

题目分析 与表 3.11 中的目标(6)、(7)、(16)有关.属于关联的数学情境问题,需要基本理解函数单调性的定义,将函数变形为两个基本函数,并根据两个基本函数的图象特征,求解函数在指定区间的最值.涉及一级"知识理解"水平的数学运算能力和二级"知识迁移"水平的直观想象能力、数学抽象能力,属于较复杂问题.

(3) 如果方程 $|x^2-1|=a$ 恰有 2 个实数解,则实数 a 的取值范围是 _____.

题目分析 与表 3.11 中的目标(12)、(16)有关.属于关联的数学情境问题,需要画出 $y=|x^2-1|$ 的函数图象,上下调整函数 $y=a$ 的图象,通过观察与函数图象的交点寻求思路,要求能够利用函数的奇偶性、单调性画出函数图象.涉及一级"知识迁移"水平的直观想象能力和数学抽象能力,属于较复杂问题.

(4) 已知 $f(x)$ 是 **R** 上的增函数,$A(0,-1)$、$B(3,1)$ 是其图象上的两个点,那么 $|f(x+1)|<1$ 的解集是_____.

题目分析 与表 3.11 中的目标(4)、(6)、(16)有关.属于综合的数学情境问题,需要利用函数单调性、函数变换研究函数 $y=f(x)$ 与 $y=f(x+1)$、$y=|f(x+1)|$ 之间图象的关系,借助函数图象分析思路.涉及二级"知识迁移"水平的直观想象能力和数学抽象能力,属于较复杂问题.

(5) 某植物园要建形状为直角梯形的苗圃,两邻边用夹角为 $135°$ 的两面墙,另两边总长为 30 米,则苗圃面积的最大值为_____平方米.

题目分析 与表 3.11 中的目标(7)、(15)有关.属于熟悉的生活情境问题,要求会利用函数的性质解决实际问题,从实际情境中抽象出数量关系,用函数模型表示出来,并求指定区间上的函数最值.涉及一级"知识理解"水平的数学运算能力和二级"知识迁移"水平的数学抽象能力,属于较复杂问题.

(6) 函数 $f(x)=\sqrt{kx^2-6kx+9}$ 的定义域为 **R**,则实数 k 的取值范围是_____.

题目分析 与表 3.11 中的目标(8)有关.属于关联的数学情境问题,需要理解二次函数的图象特征、二次函数与二次不等式的关系、分类讨论思想,利用函数图象求解函数的最小值,理解基本的运算规则.涉及一级"知识理解"水平的数学运算能力和二级"知识迁移"水平的直观想象能力,属于较复杂问题.

2. 选择题

(7) 函数 $f(x)=\dfrac{1}{x}-x$ 的图象关于( ).

A. y 轴对称   B. 坐标原点对称

C. 直线 $y=x$ 对称   D. 直线 $y=-x$ 对称

题目分析 与表 3.11 中的目标(11)有关.属于熟悉的数学情境问题,需要理解函数奇偶性概念和图象特征,并涉及简单运算.涉及一级"知识理解"水平的数学抽象能力和数学运算能力,选择题的类型降低了难度,属于简单问题.

(8) 设 $b>0$,二次函数 $y=ax^2+bx+a^2-1$ 的图象可能为( ).

A.

B.

C.

D.

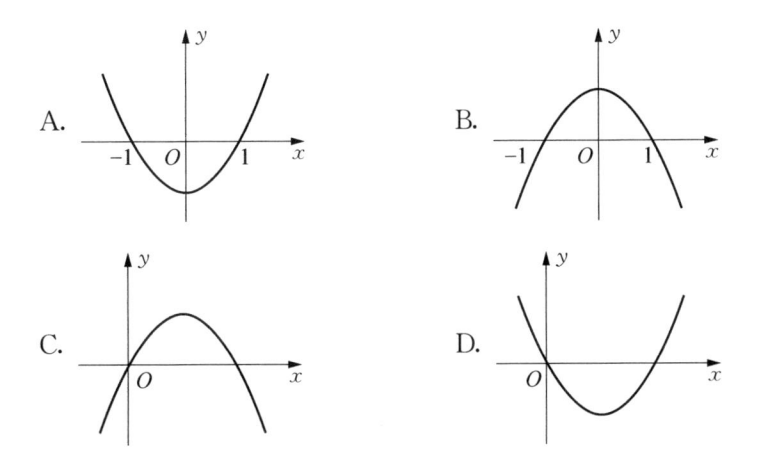

题目分析 与表 3.11 中的目标(4)有关. 属于熟悉的数学情境问题, 需要根据二次函数的单调性和图象特征进行解析研究. 涉及一级"知识理解"水平的数学抽象能力和直观想象能力, 选择题的类型降低了难度, 属于简单问题.

(9) 函数 $y=\dfrac{x}{x^2+1}$ 的值域是( ).

A. $\left[-\dfrac{1}{2}, \dfrac{1}{2}\right]$
B. $\left[-\infty, \dfrac{1}{2}\right]\cup\left[\dfrac{1}{2}, +\infty\right]$
C. $\left[\dfrac{1}{2}, 0\right]\cup\left[0, \dfrac{1}{2}\right]$
D. $\left(-\dfrac{1}{2}, \dfrac{1}{2}\right)$

题目分析 与表 3.11 中的目标(8)、(11)有关. 属于关联的数学情境问题, 需要在复合函数中结合函数的奇偶性求最值, 涉及基本的运算规则. 涉及一级"知识理解"水平的数学抽象能力和数学运算能力, 选择题的类型降低了难度, 属于简单问题.

(10) 奇函数 $f(x)$ 的定义域为 $[-6, 6]$, 当 $x\in[0, 3]$ 时, $f(x)$ 是一次函数; 当 $x\in[3, 6]$ 时, $f(x)$ 是二次函数, $f(6)=2$, 且 $f(x)\leqslant f(5)=3$, 则 $f(x)$ 所有的零点个数为( ).

A. 0   B. 1   C. 3   D. 5

题目分析 与表 3.11 中的目标(11)、(14)、(17)、(18)有关. 存在不同类型的函数, 属于综合的数学情境问题, 需要理解奇函数的图象特征, 并对函数的奇偶性进行解析研究. 涉及一级"知识理解"水平的数学抽象能力和数学运算能力, 以及二级"知识迁移"水平的直观想象能力, 选择题的类型降低了难度,属于较复杂问题.

3. 解答题

(11) 判断函数 $f(x)=\dfrac{\sqrt{x}+1}{x}$ 的单调性,并证明你的结论.

题目分析 与表 3.11 中的目标(3)有关.属于关联的数学情境问题,需要理解函数单调性的定义和验证结论.涉及一级"知识理解"水平的数学抽象能力和数学运算能力,以及二级"知识迁移"水平的逻辑推理能力,属于较复杂问题.

(12) 某村计划建造一个室内面积为 800 平方米的矩形蔬菜温室.如图 3.6 所示,在温室内沿左、右两侧与后侧内各保留 1 米宽的通道,前侧内保留宽 3 米的空地,则矩形蔬菜温室的边长分别为多少米时,可种植蔬菜的面积最大?最大种植面积为多少?

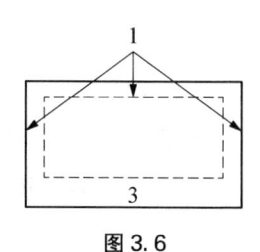

图 3.6

题目分析 与表 3.11 中的目标(7)、(16)有关.属于熟悉的生活情境问题,需要理解二次函数的图象特征,会求二次函数在特定区间上的最大值,理解基本的运算规则.涉及一级"知识理解"水平的直观想象能力和数学运算能力,题目提供了图形降低了问题的难度,属于简单问题.

(13) 已知 $a>0$,函数 $f(x)=\dfrac{1}{a}-\dfrac{1}{x}$.

① 写出函数 $f(x)$ 的单调区间,并指明函数 $f(x)$ 在该区间上的单调性;(只需写出结论,不必证明)

② 若函数 $f(x)$ 在 $\left[\dfrac{1}{2},n\right]\left(n>\dfrac{1}{2}\right)$ 上的值域是 $[1,2n]$,求 a 和 n 的值.

题目分析 与表 3.11 中的目标(2)、(8)、(16)有关.属于关联的数学情境问题,需要理解函数单调性的图象特征和求函数在指定区间上的最大值和最小值、分类讨论思想,理解基本的运算规则.涉及一级"知识迁移"水平的数学抽象能力和数学运算能力,属于较复杂问题.

(14) 已知函数 $f(x)=2mx^2-2(4-m)x+1$,$x\in \mathbf{R}$,$g(x)=mx$,$x\in \mathbf{R}$.

① 判断函数 $f(x) \cdot g(x)$ 的奇偶性;(只需写出结论,不必证明)

② 若对于任意实数 x,$f(x)$ 与 $g(x)$ 至少有一个为正数,求实数 m 的取值范围.

题目分析 与表 3.11 中的目标(9)、(10)有关.属于关联的数学情境问题,需要理解函数奇偶性的概念和基本的运算规则,能利用图象的性质探索问题.涉及一级"知识理解"水平的数学运算能力,以及二级"知识迁移"水平的直观想象能力和数学抽象能力,属于较复杂问题.

▶▶▶ 案例评析 ◀◀◀

该案例中的单元检测与单元目标的对应情况较好,题目也具有一定的挑战性,较复杂类型的问题较多,但是没有"数学创新"水平的题目,所以仍可以从题目的类型、情境以及综合性方面编制问题,适度提高试题的迁移难度,促进学生核心素养的发展.

案例 3　教师怎样促进学生建构变化率概念的意义

（一）引言

课堂评价是融教学为一体的评价方式,也就是说,教师在课堂提问、理答和追问中就可以进行对学生学习的观察和评价,而具有高水平评价素养的教师会通过高认知水平的任务和实施挖掘学生的潜能,反之,即使原本是高水平的任务,也可能在教学中失去它激发学生深度思维和理解的功能.变化率是建立数学重要概念——导数的基石,对理解导数概念及其几何意义有着重要作用.《普通高中数学课程标准(2017 年版 2020 年修订)》中对此有明确阐述:通过对大量实例的分析,经历由平均变化率过渡到瞬时变化率的过程,了解导数概念的实际背景,体会导数的思想及其内涵.教学中,可以通过研究增长率、膨胀率、效率、密度、速度等反映导数应用的实例,引导学生经历由平均变化率到瞬时变化率的过程,知道瞬时变化率就是导数.可见,变化率是一个重要的过渡性概念,是"进军"导数的必经之路.对变化率概念意义的建构直接影响导数概念的学习.那么,实际教学中,教师是怎样帮助学生建构变化率概念意义的呢?结合两节变化率的课堂教学情况做分析探讨.

（二）教师对变化率教学任务的组织和实施分析

我们依据先行组织者理论和课堂上数学任务的认知分析对两节关于变化率的课堂教学进行分析.本内容的学习从学生认知结构发展的角度来讲属于"下上位关系学习",即先行组织者为下位观念,新学习内容为上位观念.组织者类属于新学习内容.这样的教学内容在教学策略上一般采用"逐级归纳",就是说先讲包容性最小、抽象概括程度最低的知识,然后再根据包容性和抽象程度递增的次序逐级将教学内容一步步归纳,并最终归入到学习者原有认知结构的某一层次之中,并归类于包容范围更广、抽象概括程度更高的概念系统之下.

从两节课来看,教师都组织了类似的学习任务,相同的有"气球的膨胀率""高台跳水在一段时间内的平均速度",这两个任务就是学习变化率概念的先行组织者,是进一步归纳出更高抽象的形式化的变化率概念的认知"固着点".教师 A 在这两项任务之前还增加了"比较一段时间内两个人经营成果"的任务.应该说,两位教师都为学生学习变化率概念选择了很好的问题,进行了教学任务的有效组织,但是,在问题的分析处理上欠缺工夫.下面我们从任务的认知要求以及任务的实施两个方面对教学过程进行深度分析.

教师 A

主要组织了三项数学任务.

任务 1 是:"甲用 5 年时间挣到 10 万元,乙用 5 个月时间挣到 2 万元,如何比较和评价甲、乙两人的经营成果?"该任务本身没有明确所利用的算法程序,从认知要求上,可以看作一个意义有联系的程序型任务.这个问题可以较好地让学生通过解题体验评价两个人的经营成果,不仅要考虑收益的多少,而且要关注在相同时间内的收益,具体有三种比较方式:将乙用 5 个月扩大 10 倍近似看成用 5 年,而经营成果同比扩大到 20 万;将甲用 5 年缩小 10 倍,近似看成用 5 个月,而经营成果同比缩小为 1 万元,都转化为单位时间(1 年或 1 个月)挣多少钱,即估计增长率 $\frac{\Delta y}{\Delta x}$,而这正是教师设计这个问题的用意所在或所期望的回答.

教师 A 在实施这项任务时,对学生提出利用乙用 5 个月挣到 2 万的事实求出他用 5 年可以挣到 20 多万的比较方法没有给予任何评价反馈,而是直接提问"有没有其他的评价方法?"在学生提出利用每个月的所得来比较两人的经营成果的建议后,也只是以计算出结果结束任务. 这表明教师把重点从意义、概念或理解转向了答案的正确性或完整性方面,使得学生的学习过程实际下降为一项意义无联系的程序型,从而失去了一次良好的让学生利用增长率的模型建构平均变化率意义的机会. 不仅如此,教师在其后的概括总结中,这样说:"其实生活当中,这样的变化率问题是很多很多的,比如我们每天生活在校园里面,是不是每天都要去买菜? 是吗? 有没有发觉从去年下半年开始我们的菜价(生答:涨价了),油价? 肉价? 米价? 面价? 是不是价格都在这么上升啊? 其实所有的这些问题都是我们生活当中的变化问题⋯⋯"更让人无法弄清这节课是研究运动的变化呢,还是变化率,即变化的快慢. 这段总结显得非常随意,而且显示出教师对变化率概念理解的不准确. 我们这里不是想让学生感受现实生活中的变化,而是希望让学生感受变化有快慢,而衡量快慢指标的数学意义就是变化率.

任务 2 是:"吹气球过程中气球膨胀率问题."从认知要求上看,是介于做数学与程序型意义联系之间的一项任务,即任务虽然旨在寻求计算膨胀率的程序,但要求学生探索和理解所观察现象的数学本质,并建立数学关系,要求学生必须启用相关的知识和经验,并在任务完成过程中恰当使用. 总的目的是发展学生对平均变化率概念的理解.

这类问题最初容易让学生因为某种模糊不清的认知而感到不适,通常需要教师合理地搭建脚手架. 在任务实施过程中,教师的分析直接指向了操作程序:"吹的过程中,是不是体积越来越大,半径越来越大,但是气球胀大得却是越慢? 现在着重想研究的是这个半径为什么会后面增加得越来越慢? 那你能不能从数学的角度来描述一下这个问题呢?""我们有没有学过半径跟球的体积比?""那为什么会增加得越来越慢? 我们吹入的气体,一口气一口气这样地吹,体积进去的是一样的啊! 好,那么很自然地应该想到,我们应该把 r 拿出来,是吧? 那我能不能根据这个(球体积)公式把 r 等于多少 V 的式子拿出来?""在这个过程当中我们发现气球半径增加了,⋯⋯那请问这个气球的平均膨胀率为多少呢? 只要把半径的增加量,除以什么啊?

体积的增加量,是不是就是每升气体,体积增加每升的时候,它的半径大概增加……"在教师的引导下,分别计算出从开始吹(体积为 0)到体积增加到 1 时以及体积从 1 增加到 2 时的平均膨胀率,让学生从理论上确认的确是小了.最后,引导学生用一般的代数式来计算平均膨胀率.

教师 A 在处理这个教学任务时,没有引导学生根据物理现象的快慢感受"变化"有快有慢,并引导学生寻找刻画气球胀大快慢的数学表示(用膨胀率表示),而是直接从求气球胀大得越来越慢过渡到抽象的半径增加得越来越慢,使任务演变成研究"为什么会后面增加得越来越慢",在这个研究过程中教师几乎是直接告诉学生计算平均膨胀率的操作程序,使这项数学任务无形中降低为简单的程序型任务.

任务 3 是:"高台跳水问题,即求某个时间段内的平均速度."从认知要求上看,是介于记忆型和无联系的程序型之间的一项任务.任务背景中涉及变速曲线运动的位移、速度、时间等概念,是学生在高中物理学习中接触过的,因此比较熟悉,问题中也明确给出了位移和时间的函数关系式,但放在高台跳水的情境下,解决问题仍需一定的认知努力.

从现场教学看,学生在处理这个问题上几乎没有遇到任何困难,很快地计算出结果.但是,在这个问题的处理分析上,教师 A 同样没有揭示平均速度是谁的变化率.学生难以感受到变化率的意义——不同的时间段位移变化的不同.

总之,从教学过程看,教师 A 更多地关注了数学符号表达式的变形,以及如何计算平均变化率,而不是关注学生对平均变化率意义的建构,对平均变化率的几个具体模型的意义阐述也不够准确.这可从学生对教师 A 给出平均变化率定义后的问题——"我们前面讲了那么多问题,实际上是不是都在计算这个平均变化率问题啊?"的"低声细语"式的回答中看出.两点确定的直线的斜率可以看作平均变化率的几何意义,但还应联系物理等实际问题让学生了解平均变化率的意义.

这节课上影响教学任务在高水平上实施的主要因素是:

(1) 教师没有使用图象、图表等呈现方式帮助学生建立抽象概念的意义;

(2) 教师把重点从意义、概念的理解转向答案的正确性或完整性;

（3）教师对数学任务的启发和引导更多表现为直接告诉学生解答的程序.

教师 B

任务 1 也是吹气球观察其膨胀率问题,与教师 A 不同的是,教师 B 在任务实施中,面对学生对问题的不适,不是直接告诉解题的程序,而是搭建脚手架,启发学生关注函数图象进行思考.这是好的方面.

任务 1 作为一个先行组织者的角色,包含了新学习内容程序方面和概念意义方面的要素.但遗憾的是,教师没有围绕这个固着点不断进行归纳."接下去如果我在这个函数上自变量分别取两段,我们来研究一下它们的增长有什么不同.为了弄清楚这个问题,我们先来看几个数学概念."教师 B 较生硬地引入变量的增量概念,并没有体现对原有认知的归纳概括.引入变量的增量概念后,又花了较长时间分三种情形(Δx 相同;Δy 相同;Δx 和 Δy 都不同)讨论 $\frac{\Delta y}{\Delta x}$,接着又引入平均变化率的概念,在抽象概念介绍完之后又重新解决膨胀率问题,似乎没有变量增量的概念以及平均变化率的概念,这个任务就无法解决,这显然颠倒了整个教学顺序.因为没有很好地让学习者认识到当前所学内容与自己头脑中原有认知结构的哪一部分有实质性联系,没有在学生心理上营造起恰当的愤悱状态,教学组织始终感觉在牵着学生走.

任务 2 是高台跳水运动员的平均速度问题.这也是一个先行组织者,是又一次让学生同化吸收平均变化率的具体意义和算法程序的固着点.教师 B 在实施这项任务时似乎变成了验证平均变化率的算法程序.当从平均变化率概念引入瞬时变化率概念时,教师 B 没有利用从平均速度到瞬时速度的自然过渡,采取归纳的策略得出瞬时变化率,而是首先关注与瞬时变化率有关的区间的选择和形式表示"$[t_1-\Delta t, t_1+\Delta t]$",然后让学生计算当"$\Delta t$ 无限趋近于 0"时的平均变化率,即瞬时变化率.当学生计算出结果后也没有向学生明确此时的瞬时变化率就是 $t=1$ 时的瞬时速度.

瞬时变化率是一个更抽象的概念.这节课上,我们可以利用从平均速度到瞬时速度的发展和过渡,首先让学生了解为什么研究瞬时速度,以及研究问题的思想方法.利用这个具体情境,从图象上观察和从具体数值计算两个角度对问题进行研究,然后再讨论一般的瞬时变化率概念和区间的表示形式.

从先行组织者理论来分析,教师B在教学实施中的主要问题是:

(1) 没有很好地让学习者认识到当前所学内容与自己头脑中原有认知结构的哪一部分有实质性联系,反而容易让学生产生似乎没有新概念和新的符号法则认知,原来的数学任务就无法完成.

(2) 没有利用几个先行组织者充分展示平均变化率概念在不同情境下的具体意义和算法程序,因而学生虽然在这节课上学了很多新概念和运算程序,但是却不容易清楚这个抽象概念的意义.

(3) 没有突出知识背后蕴含的数学思想方法.这节课的内容包含许多重要的数学思想方法,例如数学理论发展中经常运用的抽象概括方法、"以直代曲"的转化思想、极限思想、逼近方法等. 在这节课上,这些思想方法被形式化的概念和符号掩盖了.

▶▶▶ 案例评析 ◀◀◀

教师如何促进学生建构变化率概念的意义呢?除了主动学习、不断提高评价意识以及快速分析和反馈学生思维的能力(将在第四节中探讨),通过课堂观察与理论分析,再提出如下四点建议.

(1) 增加学生进行数学交流和表达的机会,特别强调对抽象符号表示的运算关系的意义或运算结果的解释. 数学交流是学生以口头语言或书面语言的方式,建构对数学知识、思想、观念的理解和表达. 这也是保持学生在高水平思维上思考问题的有力保证. 在本课例中,我们不仅可以在3项数学任务实施过程中,让学生了解增长率、膨胀率、平均速度的数学(几何、代数)意义,而且可以在学习抽象的平均变化率概念后,让学生思考有否其他具体的事例,如物理中的密度、化学中的分解率等,促进学生对平均变化率概念的意义建构.

(2) 运用图象、表格和代数符号等多种表征方式呈现教学任务,促进学生在多种表现形式之间建立起有助于发展意义理解的联系. 在本课例中,变化率概念可以从几何意义和代数意义两个方面进行发展. 几何意义方面,可以先通过观察曲线在不同区间上的变化特征,比如有的区间上更"陡峭",有的区间上较"平直",进而渗透"以直代曲"的逼近思想,让学生明白用两点确定的直线的斜率来近似表示这段曲线在该区间上变化的快慢. 代数意义方面，教师可以在学生解决增长率、膨胀率、平均速度等具体问题后，抽象概括出平均变化率的代数符号表示，即 $\frac{\Delta y}{\Delta x}$.

（3）充分发挥先行组织者的作用. 先行组织者策略是新知识教学的一种基本策略. 先行组织者的基本作用就是搭建起新知识与学习者原有认知结构中有关知识之间的桥梁，使得学习者可以用先前学过的材料去解释、融合和联系当前学习任务中的材料，从而有效地促进有意义学习的发生和习得意义的保持. 与旧教材相比较，新教材中给教师和学生提供了更丰富的先行组织者资源，教师在备课时首先应研究这些材料与新知识的关系（例如上下位关系），然后确定基本的教学策略. 另外，教师还要根据具体的教学情况，对这些材料进行取舍或再创新.

（4）注意数学任务安排的教学顺序. 这里的观点是要依据任务的认知要求安排数学任务的教学顺序. 一般较低认知要求的任务（例如记忆型、无联系的程序型）可以先练习，目的是让学生回忆起相关的知识经验，为后面完成较复杂的任务做认知方面的准备. 例如本课例中，高台跳水运动的任务可以提前. 另外，根据 APOS（活动——过程——对象——图式）数学教学理论，当某种实践操作活动在学生头脑中已经形成为一套算法程序后，就可以引导学生抽象这些程序共性的、更本质的方面，建立概念的对象. 这种认知的发展并非始终线性前进的，在学习中，教师还应适时引导学生通过把抽象符号解构，返回到具体问题中，或者利用不同表征方式之间的联系来巩固学生对抽象概念的理解.

第三节 数学学习情感与品格的评价技术

高阶核心素养的人不仅表现为掌握核心学科知识、批判性思考和解决复杂问题、具有学术意念（academic mindsets），还体现在团队协作、有效沟通、学会学习等学习能力方面. 因此，评价核心素养的学习不仅要关注认知的深度和结果的深度，还应重视参与的深度，这通常与学生的情感投入有关系，具体表现为学生的动机、兴趣、态度、信念和毅力等，一般与学习者的"自我"系统有关.（郑东辉，2019）学习情感的教学与评价也是基础教育需要继续提升质量的方面，借鉴国内外学者的研究成果，提供一些理论框架和工具，帮助教师提高专业实践能力.

一、学习情感发展的课堂观察

学生的学习情感是影响学生学习效益的重要因素.在课堂学习中的情感主要表现在学生如何对待数学知识、数学学习和数学活动,例如,参与各种数学学习任务(预习、课堂注意力、课堂问答、作业)的主动性、注意力的持续性.主动性通常体现在较迅速地开展教师布置的学习任务,主动寻求与数学相关的内容,在遇到困难和挑战时更善于坚持完成学习任务.华东师范大学夏雪梅教授提出,从学习的动机类型、完成学习任务的主动性、注意力的持续以及情感体验的综合表现对学生的学习情感进行观察,并形成了表现性量表,如图3.7所示.

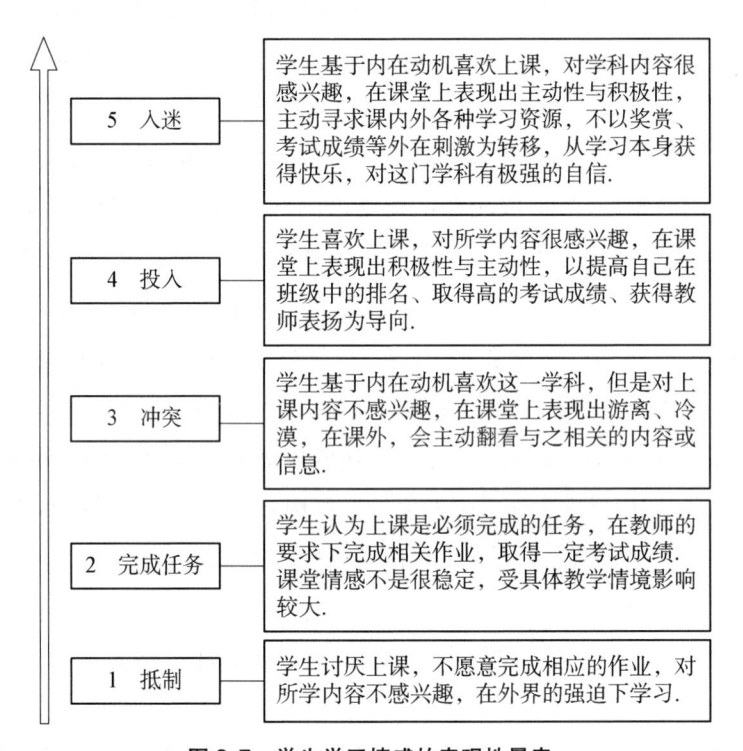

等级	名称	描述
5	入迷	学生基于内在动机喜欢上课,对学科内容很感兴趣,在课堂上表现出主动性与积极性,主动寻求课内外各种学习资源,不以奖赏、考试成绩等外在刺激为转移,从学习本身获得快乐,对这门学科有极强的自信.
4	投入	学生喜欢上课,对所学内容很感兴趣,在课堂上表现出积极性与主动性,以提高自己在班级中的排名、取得高的考试成绩、获得教师表扬为导向.
3	冲突	学生基于内在动机喜欢这一学科,但是对上课内容不感兴趣,在课堂上表现出游离、冷漠,在课外,会主动翻看与之相关的内容或信息.
2	完成任务	学生认为上课是必须完成的任务,在教师的要求下完成相关作业,取得一定考试成绩.课堂情感不是很稳定,受具体教学情境影响较大.
1	抵制	学生讨厌上课,不愿意完成相应的作业,对所学内容不感兴趣,在外界的强迫下学习.

图3.7 学生学习情感的表现性量表

资料来源:夏雪梅.以学习为中心的课堂观察[M].北京:教育科学出版社,2012:159.

学生在数学学习过程中形成的"相对稳定的积极的心理体验和感受"通常会产生积极的行为倾向,对深度学习活动的引发、维持及质量具有正向作用.教师可以运用质性评价工具通过观察、访谈以及学生的自我评价,掌握学生的数学学习情感,并分析和解释原因,师生经过交流协商共同形成改进的对策.

二、中学生数学非智力因素的调查

非智力因素及其重要性已经在第一章中进行了陈述,并且大量实证研究表明,非智力因素不仅影响调查者的学校学习,而且对于后期的学术成就、收入、身心健康等方面的发展都有重大影响.(Kim D I,Ra Y A,2015)天津师范大学王光明教授带领的团队曾先后开发和编制"高中生数学学习非智力特征调查问卷"(王光明,宋金锦,2015)和"初中生非智力因素调查问卷".(王光明,李爽,2020)表3.12呈现了数学学习非智力因子的操作性定义.

表 3.12 数学学习非智力因子的操作性定义

维度	因子	说　明
动机	认知动机	开展数学学习的原因、目的或推动力,对数学感到好奇、研究、获取数学知识的倾向
	外部动机	能够激励和指引学生进行数学学习的一种外部动力
	成就需要	使自己在数学方面获得成功、展现出数学方面的能力的需求
情绪情感	情绪稳定性	对情绪的意识及控制、调节过激情绪的能力
	学习焦虑	面对数学学习、习题或符号、公式而产生的紧张、畏惧、不安等消极情绪
	学习效能感	由对自身数学知识水平、数学学习能力的主观判断与预测而产生的乐观或消极的情感体验
态度	学习信念	体现学生自己指导数学学习方式及行为的观念
	数学观	对数学知识、数学价值的理解与态度
	学习责任感	主动承担数学学习任务,对自己数学学习负责的意识及相应行为
意志	自律性	数学学习时,能够完成必须要做的事情
	坚持性	数学学习中,能够长时间保持充沛的精力与顽强的毅力,坚持不懈,以达到预期目标
性格	质疑精神	面对公认的事实,必要时能够怀疑其真实性,拥有敢于反驳、追问、反问的品质
	好胜心	力求展现自己的数学成就,热爱竞争、超越他人的心理倾向

资料来源:王光明,李爽.初中生数学学习非智力因素调查问卷的编制[J].数学教育学报,2020,29(1):31.

以初中生数学学习非智力因素调查问卷的开发为例.在前人研究的基础上,根据初中生数学学习特点,研究将"数学学习非智力因素"界定为与智力活动有关的、除智力因素外的影响学生数学学习的其他心理因素的综合.从这一立意出发,分别设置了动机(认知动机、外部动机、成就需要)、情绪情感(情绪稳定性、学习焦虑、学习效能感)、态度(学习信念、数学观、学习责任感)、意志(自律性、坚持性)、性格(质疑精神、好胜心)5个维度,共包括13个因子(见表3.12).经过项目分析、探索性因素分析、验证性因素分析以及信度和效度检验,得到质量较高的调查问卷.

三、数学学习品格与价值观的评价指标

南京师范大学喻平教授带领的团队针对数学学科核心素养中的"必备品格与价值观"的评价进行了探究,提出了"数学学习品格与价值观"的构成要素和评价指标.(喻平,赵静亚,2020)

他们综合国家课程标准、中国学生发展核心素养等国内外研究成果,对品格和价值观的观点,列出30个关键词,并根据词语编制问题(题项),采用李克特量表,进行态度倾向问卷调查.然后根据回收的问卷进行因子分析,共析出四个共同因素,分别命名为"数学价值观念""数学思维品格""数学学习态度""学会数学学习",再分别对这4个一级指标作因子分析,提取评价体系中的二级指标.因子"数学价值观念"中析出科学价值、文化价值、育人价值3个二级指标.因子"数学思维品格"下析出理性思维、批判质疑、勇于探究3个二级指标.因子"数学学习态度"下析出乐于学习、主动学习、坚毅执着3个二级指标.对最后的6个题项做质性分析,得到因子"学会数学学习"下的2个二级指标,分别是合作交流、善于学习.从而形成较完善的评价指标体系,如表3.13所示.

表3.13 数学核心素养中品格与价值观的评价指标体系

领域	一级指标	二级指标及基本要点
品格与价值观	数学价值观念	1. 科学价值:能够认识数学是其他学科的基础,数学的广泛应用性,数学在科技、社会发展中的巨大作用,形成热爱数学、积极向上的学习态度. 2. 文化价值:能够理解数学思想方法,体会数学精神、理性思维、数学审美,并能将其转化在自己的学习行动和树立个人发展的理想信念中. 3. 育人价值:能够理解数学对人的思维发展的作用,形成刻苦训练、不畏艰难、积极向上的优良品格

续表

领域	一级指标	二级指标及基本要点
品格与价值观	数学思维品格	1. 理性思维：具有崇尚真理信念和求实精神，形成严谨的思维品质，能够理性地分析和解决问题． 2. 批判质疑：能够进行独立思考、独立判断，敢于质疑，能够用辩证的观点分析问题，作出正确的抉择． 3. 勇于探究：具有好奇心和想象力，有探究问题的意识，有不畏困难、坚持不懈的探索精神
	数学学习态度	1. 乐于学习：具有积极的学习数学动机、兴趣、自信，能够对学习结果作出正确归因，能够体会到学习的乐趣． 2. 主动学习：在数学学习中主动意识强，有积极的自主学习心态和主动学习行为． 3. 坚毅执着：具有坚持不懈学习数学的毅力、克服学习困难与挫折的勇气，并能转化为一种稳定的个人品格
	学会数学学习	1. 合作交流：养成良好的学习态度和学习习惯，形成与他人主动合作与交流的意识和行为． 2. 善于学习：具有反思习惯，善于总结经验，形成有效的学习策略，了解自己的学习风格，能有效地选择适合自己的学习方法

资料来源：喻平，赵静亚．数学核心素养中品格与价值观的评价指标体系建构[J]．课程・教材・教法，2020，40(6)：93．

四、评价方式与方法

情感与品格的评价宜采用等级量表进行质性分析和评价．在开始评价前，教师要根据调查的主题选择适切的技术和工具，可以通过课堂观察、口头测验、完成作品、实践活动等方式收集信息．例如，通过数学学习情感量表、非智力因素问卷或数学学习品格与价值观量表定期采取学生自陈、自然情境观察、任务参与等方式对学生的情感与品格现状与变化进行评价，对学生的表现区分不同等级，并用典型的特征进行描述，最后根据评价结果建立可以追踪的学生（电子）档案袋．

第四节　提高单元课堂评价的有效性

在本章第二节中以单元目标检测的设计和评价为切入点，探讨了数学课堂评价基本原则以及评价方法与目标如何匹配的问题．课堂评价中还有两个重要环节,分别是:评价的分析和解释、评价的反馈和伦理,它们同样是影响评价效果的重要方面,将在本节进行讨论.

一、学习证据的分析和解释

对于一个缺乏自我评价能力的学生来说,看到教师在作业或试卷上的分数或标注的符号(例如√、×或者√上加个点),很可能完全不知道哪里有问题,即批改的信息不能为学生所用.许多教师都认真批改每一次作业、每一次测验,但有些学生却会在某些题目上一错再错,这说明教师的评价未能对学生学习起到真实的促进作用.要改变这种现状,提高评价的质量,教师还应重视在课堂教学、作业或试卷的设计与批改过程中,加强对学生数学学习的分析、解释和诊断.下面的案例就呈现了如何收集、分析、解释和诊断学生对于"轴对称"单元的学习理解.

二、案例呈现和评析

案例 "轴对称"单元认知的分析和解释

(一)认识"数学理解"

李士锜教授利用认知结构的观点提出,所谓"理解了"应该是学习者能够将数学概念、原理及法则在心理上构建适当的、有效的认知结构,使其成为个人内部知识网络的一部分.数学理解包含以下几层意思:知识的理解必须要有一定的心理基础,选择和调动起相称的认知图式,其理解是一个信息或要素组织的过程,还需要认知结构的再组织.理解不是接受现成的结果或是获得知识的最终状态,而是一个动态的、发展的过程.学习者通过教师或教材信息认识数学对象的外部表征,寻找自己储备的相关材料,将新知识与旧知识建立联系,打破原有的认识平衡,然后通过不断练习,对心理表象加以调整、更新,重新达到新的平衡,从而达到对数学对象的理解.(李士锜,吴颖康,2011)皮里与基伦两位学者提出的数学理解模型包括8个水平,即初步了解、产生表象、形成表象、关注性质、形式化、观察评述、组织结构、发明创造.这8个水平的关系可以用8个嵌套的圆来表示,这一组嵌套的圆强调了相互关系,每一个圆包含了前面的小圆,又包含在后面的大圆中,可以逐步拓广,以表明理解是一个动态的、组织的过程.

概念形成的核心是理解.数学概念的内部表征具有不同的类型与层次,反映概念理解与数学思维中"质"的变化.人的认知结构发展较为复杂,认知对象不同则表现不同.而且,认知结构作为一个抽象概念,很难通过具体的方法来观察、测试,但是思维结构可以借助于答案的表现进行观察和测试,当学生回答某一具体问题时能够对他们思维结构处于哪一层次进行判断.

（二）评价的标准和方法

运用测试卷进行信息的收集.试卷分为6道题目,因为意图是通过各题目的测试结果反映学生对轴对称概念理解的特点和不同层次,所以制定了评价学生数学解题能力的一般标准,如表3.14所示.

表3.14　数学解题能力的一般标准

分数	说　　明
0	学生没有解答或没有任何有意义的计算、推理
1	学生只有一处有效推理
2	学生的解答中包含有效推理,但因为重要错误而没有给出正确结果
3	学生几乎正确解决了整个问题,但解答中包含符号、定理名称等错误
4	学生解答完全正确

各测试题目的设计意图和评分规则如下.

1. 判断下列图形是不是轴对称图形.如果是轴对称图形,请在图形下面的括号内打"√",并画出它的对称轴;如果不是轴对称图形,请在图形下面的括号内打"×".

平面图形：　□　▱　⬠　△
　　　　　　（　）（　）（　）（　）

设计意图　考查学生是否理解轴对称图形的实质以及能否区分轴对称与中心对称.

评分规则　0分,学生的判断至少存在一个错误;1分,全部判断正确,但没有画出对称轴或对称轴画错;2分,全部判断正确,并能正确画出部分对称轴；3 分，全部判断正确，并能正确画出全部对称轴.

2. 判断下列图形是不是轴对称图形. 如果是轴对称图形，请在图形下面的括号内打"√"；如果不是轴对称图形，请在图形下面的括号内打"×".

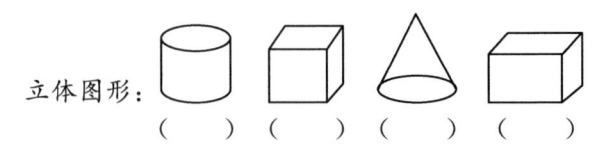

立体图形：
（　　）　（　　）　（　　）　（　　）

设计意图　考查学生是否能区分生活中的对称概念与轴对称概念.

评分规则　0 分，全部判断错误或没有解答；1 分，有部分判断正确，认为圆柱和圆锥不是轴对称图形，或者正方体和长方体不是轴对称图形；2 分，全部判断正确.

3. 如图 3.8，用笔尖扎重叠的纸可以得到下面成轴对称的两个图案. 找出它的两组对应点、两条对应线段和两个对应角.

设计意图　该题目是基本问题，考查学生能否正确依据概念找到成轴对称图形的对应点、对应线段和对应角.

图 3.8

评分规则　0 分，未作答或指出的对应点、对应线段、对应角全部错误；1 分，指出的对应点、对应线段、对应角全部正确.

4. 如图 3.9，已知 △ABC 和直线 MN. 求作：△$A'B'C'$，使△$A'B'C'$和△ABC 关于直线 MN 对称. （不要求写出作法，但保留作图痕迹）

设计意图　该题目为变式问题，考查学生是否理解对称轴是直线以及应用轴对称性质作图.

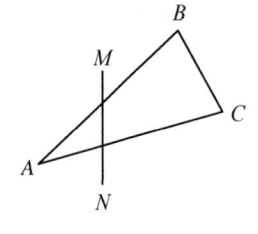

图 3.9

评分规则　0 分，未作答或解答完全错误；1 分，能够作出△$A'B'C'$，但未发现依据性质作图的痕迹，也未延长对称轴；2 分，适当延长了对称轴，能够正确作出点 C 的对应点，但不能作出点 B 的对应点，并且未显示依据性质作图的痕迹；3 分，作图准确且有明显依据性质作图的痕迹.

5. 下列图形都是对称图形，请观察并判断哪些是轴对称图形，哪些图形成轴对称，并说明理由.

☐ 轴对称图形
☐ 图形成轴对称
理由：

☐ 轴对称图形
☐ 图形成轴对称
理由：

☐ 轴对称图形
☐ 图形成轴对称
理由：

设计意图　该题目选择哪一个都是正确的,观察学生是否区分了两个概念以及如何表述理由,主要关注学生是否能正确解释轴对称图形与图形成轴对称的意义.

评分规则　0分,未作出回答;1分,作出判断,没有说明理由或理由错误,例如"中间是否有空隙";2分,针对不同的图形分别选择轴对称图形与图形成轴对称,给出的理由有合理成分,但没有抓住两者区别的本质,例如,理由同为"对折能够重合";3分,给出了轴对称图形与图形成轴对称两种判断,理由正确.

6. 如图 3.10,在四边形 $ABCD$ 中,$\angle DBC = 45°$,翻折四边形 $ABCD$ 使点 B 与点 D 重合,折痕分别交 AB、BC 于点 F、E,求 $\angle DEC$ 的大小.

设计意图　该题目的解题方法分为两类：利用全等解题或者利用轴对称概念与性质解题.

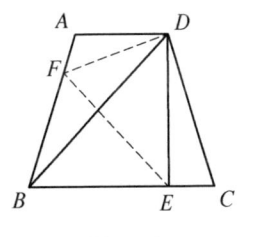

图 3.10

评分规则　0分,学生未答,只给出结果,只给出与解决本题相关的知识点或推理全部错误;1分,推理过程部分正确;2分,学生能够正确解决问题或除微小错误外其余都正确,微小错误包括术语、定理名称或符号的错误等.

（三）分析错误原因

在试卷批改中,课堂评价要求不仅记录分数,更重要的是分析错误类型和解释原因,对于错误类型可以采取编码的方法,便于描述统计.

第1题的错误类型和原因分别是：(1)平行四边形错误(PM).许多学生不仅判断错误,而且把对角线所在直线作为对称轴.(2)矩形的对称轴错误(JM).大多数学生能判定矩形是轴对称图形,但将矩形对角线作为对称轴.(3)三角形错误(SM).第1题的结果统计表明,有33.1%的学生全部判断正确,并能正确画出对称轴,约26.9%的学生没有画出对称轴或者画错.

第2题的错误类型和原因分别是:(1)全部是轴对称图形(QY).学生认为这些立体图形都是轴对称图形.(2)认为圆柱、圆锥是轴对称图形以及它们的轴是对称轴(YY).学生画出圆柱、圆锥的轴作为对称轴.(3)认为长方体、正方体是轴对称图形(CY).学生用一个平面将图形平均分割为两部分.(4)除圆锥外,其他立体图形都是轴对称图形(ZN).第2题的结果统计表明,得0分的学生约占67.7%,仅有2.3%的学生全部判断正确.

第3题只存在一种错误类型,即将平移与轴对称混淆(PZ).第3题的结果统计表明,约41.5%的学生不能正确找到成轴对称图形的对应点、对应线段、对应角,约22.4%学生所作的对应点、对应线段、对应角都是在平移中的对应关系.

第4题的错误类型和原因分别是:(1)认为对称轴是线段(DX).例如,学生能够作出点C的对应点,却不能够作出点B的对应点.(2)未掌握对称轴垂直平分对应点连线的性质(DC).学生凭借直观作图,没有利用轴对称性质.没有建立对称轴的意义是学生出现的主要错误类型.第4题的结果统计表明,约46.2%的学生能够理解对称轴是直线以及轴对称的性质,但是得0分和1分的学生仍达到43.8%.

第5题的错误类型和原因分别是:(1)解释依据直观(ZG).例如,强调"中间没有空隙".(2)混淆了两个概念的本质(BF).例如,轴对称是一个图形的性质,图形成轴对称是两个图形的关系,学生的回答恰恰相反.(3)与中心对称混淆(ZH).例如,判断理由涉及中心对称的定义.第5题的结果统计表明,得0分和1分的学生约占49.2%,得2分的学生约占30.8%.

第6题有两类解答方法,利用全等或利用轴对称的性质.其中,利用"全等"解题的主要错误是推理错误(TM).例如某学生的解答,$\angle DBC$与$\angle BDE$不属于$\triangle BEF$和$\triangle DEF$,却由$\triangle BEF \cong \triangle DEF$推出这两个角相等.采用轴对称性质解题的主要错误类型和原因分别是:(1)不说明推理的依据(MY).例如,没有说明$\angle DBC = \angle BDE$的原因.(2)符号表示方面的小错误(JM).例如,将$\angle DBC$表示为$\angle B$.第6题的结果统计表明,采用全等方法的学生较多,约占58%,但应用轴对称概念与性质解题有更高的正确率.

（四）学生轴对称认知的诊断

1. 概念表象存在错误成分

（1）混淆了轴对称与中心对称以及生活中的对称．例如，许多学生将平行四边形判定为轴对称图形，约 97.7% 的学生认为生活中的对称图形（例如对称的建筑、飞机、蝴蝶等）也是轴对称图形．

（2）认为对称轴是线段．例如，第 4 题中，当对称轴只呈现局部的一小段时，学生能够作出点 C 的对应点，但是不能通过延长对称轴作出点 B 的对应点，学生将对称轴看作一条"不能延长"的线段．

（3）混淆平移与轴对称运动下的两个图形之间的对应关系，即在表象上未能清晰区分两个活动，也不能根据性质进行推演．

2. 学生的概念认知处于低层次

根据学生在辨别、作图中的结果，大多数学生产生的概念表象仍是将非关键属性（例如中间有空隙）当作重要因素．在有提示的几何推理任务中，仍有超过一半的学生不能利用轴对称概念与性质进行推理，表明轴对称的运用还未与学生的相关经验建立紧密的联系．对于变式作图题也缺少基于性质的推理，这表明大多数学生的思维还处于记忆和模仿活动的阶段，不能脱离产生"轴对称"表象的活动而使用它．大多数学生不能区别"成轴对称"与"轴对称图形"两个概念的关系．例如，学生的判断理由多数为"图形对折能够重合"，描述中并未提及图形的个数．

3. "应用轴对称概念与性质解题有更高的正确率"值得重视

可能运用"图形变化"进行几何问题的解决有利于推理的简化，应该引导学生运用"图形变化"的思维方式解决相关问题，进一步深入研究学生对于不同思维方法的掌握和运用情况．

（五）教学改进的讨论

学生学习中的认知错误并非都是学生理解的原因，也可能是由课程设计或者教师教学所引起的．所以，在分析和解释了学生的错误表现后，也应该据此进行课程和教学的探讨，多方面查找原因．

课程标准的内容要求，包括四个方面：

（1）通过具体实例了解轴对称的概念，探索它的基本性质：成轴对称的两个图形中，对应点的连线被对称轴垂直平分；

（2）能画出简单平面图形（点、线段、直线、三角形等）关于给定对称轴的对称图形；

（3）了解轴对称图形的概念，探索等腰三角形、矩形、菱形、正多边形、圆的轴对称性质；

（4）认识并欣赏自然界和现实生活中的轴对称图形．

从课程标准中可以看出，建议的知识形成路径是：先了解轴对称概念，即经历图形的轴对称变化或运动，了解规则，建构概念．然后探究图形的轴对称性质，再根据轴对称性质探究一些简单平面图形进行"轴对称"后的图形．最后是轴对称的运用．在"平移""旋转"部分的编写中，教科书中的顺序多是：平移（或旋转）——平移（或旋转）的性质——图形与平移后（或旋转）的图形——平移（或旋转）的运用．而对于"轴对称"，教科书的编写多采用：轴对称图形——轴对称的性质——图形成轴对称——运用，许多教师在教学中把"轴对称图形"和"图形成轴对称"两个概念作为重点，而忽视了去理清知识的生长点和脉络如何更贴近学生的经验和认知．所以，对于"轴对称"的教学，改变教科书中的思路，回归简单自然的逻辑，轴对称概念——轴对称的性质——图形与轴对称后的图形——运用——轴对称图形——运用，适当淡化概念，突出主线，更符合学生的经验和认知．

教学还要关注学生关于"对称"的前概念与数学概念"轴对称"之间的区别和联系，注意观察学生思维活动与语言表达的相互关系．在"产生表象"阶段，教师可以首先呈现生活实物进行轴对称变化的运动．在"形成表象"阶段，教师可以类比"平移"的学习，从生活实物中抽象出数学图形，并引导学生认识什么是图形的"轴对称"运动，重点是认清运动的规则要素，例如，在平面内的图形、沿某条直线、翻折 $180°$．在接下来"关注性质"与"形式化"两个阶段，通过对图形的轴对称性质的探究和概括，形成轴对称概念及其性质．根据轴对称性质探究一些简单平面图形进行"轴对称"后的图形如何画，说一说有哪些特点，通过操作、观察和评述发展"图形成轴对称"的话语体系．在"观察评述"和"组织结构"阶段，进行轴对称与平移等运动、全等图形的比较活动、知识基本运用活动，使学生能确定并描述轴对称图形的特征，帮助学生将新知识内化到"图形的变化"知识结构中，逐步形成和谐的新概念图式．在"发明创造"阶段，通过变式训练活动进一步研究轴对称的运用，通过比较、类比、错误分析和设计创造等逐步发展学生的思维经验,进一步内化轴对称概念及其相关要素的本质属性、思维策略与方法.最后,探讨一类特殊的图形——"轴对称图形",并与生活中的"对称"实例、立体图形等进行比较.

"图形变化"的内容教学不能仅仅停留在概念与性质的形成,还应重视其应用,在轴对称、轴对称性质、轴对称判定等序列任务中,促进学生深入建构和理解.例如,人教版、华东师大版在"轴对称"内容中都设计了在平面直角坐标系中研究对称点的坐标,这就是很有意义的探索.在信息技术环境下学生自主学习"画轴对称图形"也有利于学生认清各要素的本质及其联系.

▶▶▶ 案例评析 ◀◀◀

该案例呈现了针对学生轴对称概念、性质和运用的理解情况,如何收集证据信息、分析和解释、反思教学的主要片段,体现了教师如何从认知角度对学生学习进行评价的主要过程,当然评价的内容以及解释的空间并不局限于认知领域,方法也不仅仅局限于测试卷.如果还能从情感角度分析学生的学习,并运用课堂观察、测试卷、问卷和访谈等多种方法,对学习结果的解释会更加全面.

三、多种方式提高评价反馈的质量

反馈活动是指教师将评价结果与学生学习相互作用的一种形式,反馈活动使得评价结果的输出成为学生新学习活动的输入部分.约翰·哈蒂在《可见的学习》中指出,反馈是由教师或者同伴、家长提供的有关学习者的表现或者理解的信息,也可以是学习者通过对个人经验或者书本的反思获得的信息.在所有可能对学业成就产生作用的影响因素的134项元分析中,反馈是对学业成就影响最大的因素,大多数效果最好的项目和方法都是基于大量的反馈.(约翰·哈蒂,2015)实践中可以发现,反馈对于学生的学习态度、学习认同、效能感等都有密切影响,如果教师只指出学生某道题目做错了,但未能指出错在哪里,学生就很可能在此类问题上一错再错.如果反馈仅关注学生的答题错误或缺点,学生就可能会认为自己没有能力学习数学.

理论与实践都已表明,反馈的正面效应不会自动产生,给予学生反馈并不会直接带来进步,即学生因反馈可能变得更努力和使用更多的有效策略,也可能想放弃、感到模糊、更加降低了目标．只有因反馈而采取正确的行动才会获得进步．所以，需要采取有效的方法提高反馈的质量．综合国内外相关研究，教师实施的有效反馈一般具有如下的特征．(Jan Chappuis，2019)

特征1：反馈要促进学生积极关注学习与发展．反馈会让学生成绩变得更好还是更差，关键在于反馈是让学生的注意力集中在自身，还是在以学习为中心的任务上．研究表明，把反馈的作用引向学生对于如何开展有意义学习的关注、信心的建立而不是"自我"常常能产生正面效应．

特征2：反馈应充分肯定学生的正面表现．学习好需要学生的自我意识和主动性，在形成学生学习全面分析的基础上，反馈要指出学生学习表现的优点．"指出优点"是指采取鼓励的、正向的、具体的描述，可以有多种方式：(1)肯定学生积极的学习情感表现和学生关系；(2)可持续的学习方法和习惯；(3)知识理解的恰当部分；(4)运用得当的解题策略或方法．

特征3：反馈应提供具体的改进策略与方法．反馈的目的和意义在于缩短学生"在哪里"（当前的理解和表现）与他们要"去哪里"（期望目标）之间的差距．高质量的反馈要回答学生三个问题："我"将要去哪里，"我"怎样去，下一步去哪里．一般包括：(1)尽可能从正面指出学习任务完成的结果或过程中存在的问题．例如，指出知识理解或解题策略中存在的问题，"你需要了解更多的根式运算法则，提高根式运算的正确率""可以看看课本上例题的推导过程，把你的思路陈述得更清晰一些"．又如，指出在完成练习或作业的过程中存在的问题，"提高课堂注意力，在学习任务开始后快一些开始行动"．(2)描述尚需努力的质量特征，使学生清晰未来的方向．(3)将需要学生订正的数量或改进的行为控制在学生能够实施的范围内．

特征4：反馈应及时．保证反馈是在学生学习期间，且有时间采取改进的行动．改进期间教师要给予提醒、检查和过程建议．

特征5：避免教师的片面理解．在分析所收集的学生学习信息时，要结合学生自我评价和同伴评价，努力超越教师个人的主观偏见，并且对于分析结果要从成长型或发展型思维去解释．

特征6：不代替学生思考．提供反馈之前先让学生进行自我评价，并与学生协商有待改进的部分、改进的方法和时间等内容，即反馈的内容应该是最终得到学生认同的，对于学生提出的问题应允许学生适度经历困惑、犹疑、探究的过程，从而发展学生自主解决问题的经验和信念．

教师对学生学习产生的影响是多方面的,例如,教学质量,教师期望,教师对教学、学习、评价和学生的观念,教师的开放度,课堂氛围,教师清晰表达的成就标准,促进努力,所有学生的参与和投入.在课堂上尤其需要教师的即时反馈,对学生的学习态度和参与的反馈,向学生表示教师正在倾听和回应他们,能减少教师和学生之间的距离,能增加学生对于学习任务的热情或投入水平,进而提高学生的认知成果.(约翰·哈蒂,2015)因此.教师需要经常监控自己的行为是否在促进学生学习,可以借助课堂表现自评量表来进行自我反思和调节(见表3.15).

表 3.15 促进学科积极情感的教师课堂表现自评表

自评指标	典 型 行 为	教师自评		
		1	2	3
沟通	1. 在课前、上课的过程中亲切地称呼学生			
	2. 课堂气氛轻松活泼,在课堂气氛沉闷或紧张的时候能够用言语、笑声、亲切的语调进行及时调整,营造安全而轻松的氛围			
	3. 在学生心情压抑或情绪低落的时候,教师能够敏锐地捕捉并适时地用语言给予激励			
	4. 教师在课堂中适当地用一些肢体语言和学生进行沟通			
学习激励	1. 在学生思考问题的时候提供足够的等待时间			
	2. 学生回答问题时总是用期待的眼神看着学生,耐心、认真地倾听,对他表示尊重和鼓励,不随意打断学生的发言			
	3. 在学生没有理解教师的指令或回答错误或不能回答的时候,采用重述问题、解释问题、转化等策略,没有侮辱性的语言			
	4. 在学生表现出正确的行为时,教师使用有意义而非评论性的口头表扬,促进学生的继续学习行为			
	5. 课堂上涉及课堂纪律的话题是正面的表述和期望			
	6. 在合作学习中,帮助学生发现获得同伴认可的策略,让学生有很强的自信心			
	7. 在和学生个别谈话的时候,采用积极对话的策略,将学生的成功归因于他们自身的能力或努力,将学生的失败归因于偶然事件或外在条件			
任务设计与反馈	1. 在教学过程中,能够使用学生感兴趣或贴近学生生活的内容来创设教学情境或设计教学活动			
	2. 在一种非评价性气氛中提供反馈(如学生第一次回答问题时或在有指导的练习开始时,可以让学生不受约束地集体回答或悄悄地回答,教师给予非评价性的反馈)			

续表

自评指标	典型行为	教师自评 1	2	3
任务设计与反馈	3. 为可能需要的学生准备个性化学习材料(如纠正性练习或拓展性练习等)			
	4. 通过不同认知方式的教学环节搭配,维持学生较稳定的注意力;在学生注意力有所下降时,使用休息、操作、练习等方式转移注意力			
	5. 在学生做课堂作业时,在整个班级巡视,提供必要的指导线索			
	6. 尽可能给学生提供合作学习或表现成功的机会			
学生表现	1. 整节课学生都保持较高的投入度,较少出现非学习性的行为;聆听教师的讲解和同伴的发言,神情与姿态流露出对教学内容的高度关注			
	2. 对课堂提问的参与度高,始终积极主动地回答教师的提问,乐于并善于表达自己的想法			
	3. 在教学内容结束后,愿意继续学习或主动练习			
	4. 主动寻求课内外各种学习资源,不以奖赏、考试成绩等外在刺激为转移,从学习本身获得快乐			
	5. 认为自己的学习成功是由于自己的能力、努力而获得的,是可以掌控的,而学习失败是由于偶然的外在因素产生的,是可以改变的,对这门学科有极强的自信			

"教师自评"部分的数字1～3分别表示:基本达成、达成度较高、达成度很高.
资料来源:夏雪梅.以学习为中心的课堂观察[M].北京:教育科学出版社,2012:167—168.

四、让学生学会自我监控与评价

好的课堂评价还要向学生示范良好的评价,帮助学生学会评价,学生通过在自我评价的任务中查找证据,从而为自我的判断提供支持,是一种有效的关于自我学习的认知途径,养成主动承担自我学习责任的习惯.许多实证研究反复表明,让学生对自己的学习进行思考,并且清晰地表达出自己理解了什么、什么地方仍需要学习,就能提高成绩.例如,有研究者将"反思评价"贯穿主题课程单元,循环进行同伴评价和学生自我评价活动.结果发现:反思评价能够极大地促进学习,尤其是对于低成就学生,与控制组相比,他们在研究项目与探究测验中的表现与高成就的学生更为接近.在课程中增加这种元认知过程对他们大有裨益."让学生体验、探索和实践如何理解自我的'认知过程'可以帮助学生在学习中学会监控和及时调整.这是自我调节学习的主要特征.""虽然自我监控是有效的,但效果不如自我评价高,因为如果学习者进一步评价他们掌握了什么,自我监控的作用就会大大增强."(Jan Chappuis,2019)培养学生评价知识和技能的有效策略通常有下面三个方面.

1. 确保学生理解学习内容所对应的学习目标

学习目标同样是自我评价的基础,教师可以根据学生的需要给予解释、澄清或者结合体例制作学生可以理解的学习目标说明书,并在学生自我评价中注重观察是否利用学习目标作为根据.

2. 帮助学生掌握评价技能

学生的评价技能涉及自我评价和同伴评价的技能.为了发展学生的评价技能和能力,应鼓励学生参与评价活动,包括：制定课堂评价目标和成就标准、收集个人学习证据.特别是,运用"样例"理论帮助学生掌握分析和反馈技能,例如,可以给学生提供匿名作业样例,指导他们根据评价量规练习评价作业样例；指导学生练习评价不同类型的匿名样例,并提供描述性反馈；指导学生按照教师给予的反馈,练习自我评价,而不仅仅是给自己一个成绩或等级.

3. 创建学生心理体验安全的评价环境

学生可能因为害怕别人认为自己过于骄傲,或因为某些文化因素,使得他们的判断偏低.另一方面,为避免在同伴或者父母面前出现尴尬,他们的判断也可能会偏高.

(1) 向学生解释什么是自我评价,为什么要进行自我评价.

(2) 承诺共同遵守的评价伦理原则.例如告知学生评价信息的使用方式,并说明除非有足够的理由且取得学生同意,不会公开相关信息,等等.

(3) 通过反馈来塑造健康的自我评价.将学生自我评价与反馈作为相辅相成的两个要素.通过教师示范有效的反馈来形成和建设绿色评价环境.正确引导学生之间不恰当的有关学习动机、学习兴趣和以成绩评论学生的言论,将关注点置于学生学习行为和态度的优化.

第四章　设计深度适切的学习活动

学习活动是学生与教师教学、学习内容或任务以及学习环境之间的相互作用. 为了获得有效的深度学习,核心素养本位的学习活动应根据学习目标,以数学大概念群为引领,以核心知识理解的基本问题为引导,系统协调地设计相关要素. 以深度学习为特征的核心素养本位的教学应服务于学习,帮助学生解决为什么学、学什么、如何学、如何评等基本问题. 因此,学习任务与活动设计的本质就是根据学习目标和学情对学习内容或学材进行教学转化,教学转化要以立德树人为方针,遵循知识逻辑、认知逻辑和学习逻辑.

第一节　单元学习活动的知识思脉转化

一、知识思脉转化

每一门学科对于学生发展都有独特的价值,教学要从学生的发展需要出发把学科价值转化、渗透在学习活动中,由"内容之知"走向"方法之知"和"意义之知". 知识思脉转化是指根据素养本位育人价值和学习目标实现的需要,重组教学内容,对学习内容及其结构和路径进行优化,帮助学生在有限的时间内从知识的宽度、深度和广度获得更有利于学生未来发展的知识系统. 借鉴华东师范大学终身教授叶澜先生的思想(叶澜,2002),第一阶段,通过明确主题、大概念群及核心知识,把学材上的知识按其内在数学逻辑体系、内容主线、知识之间的关联组成知识形成路径,并使贯穿教学的内容主线呈现结构的逐步复杂化;第二阶段,将以符号为主要载体的学科知识实现三方面沟通的转化,即数学知识与人类现实世界沟通,与学生经验世界、成长需要沟通,与发现、发展知识的人和历史沟通. 叶澜教授称此举为学科知识的重新"激活",也是核心素养本位学习所必需的知识载体;第三阶段,将教学内容转化为学习任务.

以中国的课程标准和教材为例,无论是课程标准还是教科书,有一些章节的组织还表现为突出知识点的名称,而使得知识的结构主线不清晰. 有一些知识发展的逻辑组织的途径不是唯一的,提供了从一般逻辑思维和数学思想上的不同选择,有些课程主题下教科书资源对于育人活动在教育价值和知识的深度、广度和关联度方面呈现得还不足,需要对学材进行新的知识组织和"激活",诸如此类就需要进行知识思脉转化.

《普通高中数学课程标准(2017年版2020年修订)》围绕核心素养的落实,重视以学科大概念为核心,以函数、几何与代数、概率与统计、数学建模活动与数学探究活动四条主线架构课程内容,对必修课程、选择性必修课程和选修课程进一步精选学科内容.例如,几何与代数是贯穿高中数学课程的一条主线.在必修课程中,"几何与代数"作为一个主题,将平面向量及其应用、复数、立体几何初步三个单元组织在一起,"突出几何直观与代数运算之间的融合,即通过形与数的结合,感悟数学知识之间的关联,加强对数学整体性的理解".因此,《普通高中数学课程标准(2017年版2020年修订)》与《普通高中数学课程标准(实验)》相比较,在课程结构方面发生了许多变化.

再如,"有理数"主题下一般涉及正数、负数和有理数概念、数轴、相反数、绝对值、有理数加法和减法、有理数乘法和除法、有理数的乘方、有理数的混合运算等知识点,如果运用单元教学的整体思维,通过明确大概念群(数和运算),就可以对知识点进行结构的重组和优化(见表4.1),实质是促进认知结构的优化,减轻学生信息加工的负荷.而单纯的课时教学设计很容易造成仅仅关注具体的知识点,从而造成知识之间联系的淡化和割裂.

表4.1 "有理数"的知识重组

知识点	数学大概念群	知识结构的重组
正数、负数和有理数概念、数轴、相反数、绝对值、有理数加法和减法、有理数乘法和除法、有理数的乘方、有理数的混合运算	数	有理数概念和性质(正数、负数、有理数概念、数轴、相反数和绝对值)
	运算	有理数运算(有理数加法运算法则、运算律及意义;有理数乘法运算法则、运算律及意义)

约翰·哈蒂在《可见的学习》中指出,许多有关学生学习超过$d=0.40$关节点的影响因素都是通过刻意的干预措施,旨在优化教学和学习.学校系统最大的差异之源与教师相关,教师的行为非常重要.(约翰·哈蒂,2015)教师在知识思脉转

化中的作用通常是以达成符合学生潜能的理解为目标,以课堂为中心,对数学内容知识从准确理解核心知识、知识的易错点和疏忽点、与已学习知识的关联、典型问题、常用技能方法和思维策略等结构性认识出发,进行直观化、实例化、问题或任务化、序列化的系统转化,帮助学生获得具有深广度的关联的知识建构和深度理解.

例如,一个专家型教师在初中"函数"教学中(孙维刚,2005a),首先要关注学生对知识应该达到怎样的认识,即学生对变量和常量概念、自变量的取值范围、对应法则、函数关系、函数与方程或不等式、函数建模等应该初步形成怎样的理解,接下来更有挑战性的是如何通过提供相应的学习资源促进学生学习,让目标达成. 期望学生理解"如果两个函数的自变量的取值范围不同,那么这两个函数就是不相同的",设计学生熟悉的情境和例子:一个铅球从 7 米高处自由下落到地面,下落过程中的时间 t 是落下距离 d 的函数;同一个铅球从 10 米高处自由下落到地面,下落过程中的时间 t 也是落下距离 d 的函数. 但这两个函数(或者说这两个函数关系)却是不同的. 期望学生理解"变量和常量的相对性",设计学生熟悉的情境和例子:一辆汽车用了 4 小时从北京行驶到石家庄,在 4 小时的过程中,汽车行驶过的路程是一个变量. 但在分析汽车到达石家庄的时间和它的速度之间的关系的过程中,路程则成为了常量. 同理,把一个变量叫做另一个变量的函数也是相对的. 期望学生在数学建模时理解"如何提取函数或方程知识",设计熟悉情境下的问题:(1)用 100 米长的铁丝网,一面靠墙围成一个矩形鸡场,当矩形面积最大时,矩形的长是宽的 2 倍,求鸡场的最大面积;(2)用 100 米长的铁丝网,一面靠墙围成一个矩形鸡场,当矩形面积最大时,它的长应比宽长多少? 对于(1),虽然问题涉及一个量(矩形面积)的最大值,但事实上在铁丝网长 100 米、长是宽的 2 倍的已知条件下,长和宽都不是变量,矩形面积当然也不是变量,所以,应考虑列方程加以解决. 对于(2),在所给条件下矩形的长、宽都是变量,并且它们的某组取值可以使矩形面积得到最大值,所以,应该考虑利用二次函数的最大(小)值去解决.

通过上面的例子,可以发现专家型教师是从知识习得、巩固以及知识运用层面进行整体规划、设计知识形成和发展路径."建构主义的教师角色更多地被看作提供便利,为个体学生提供机会,让他们在自己的活动、与其他学习者讨论和反思以及分享的过程中获得知识,建构意义,教师提供最小的矫正干预措施",但是约翰·哈蒂通过研究表明,那些关于建构主义教学和教师的表述几乎与那些成功的教与学的诀窍正好相反. 也就是说,不仅是"要给学生一碗水,教师须有一桶水",

而且要实现"学习对于教师是可见的"——教师必须知道学习何时是正确的或者错误的;学会监控学习,寻求学习证据,并给予具体和即时的反馈.如此便是,"教学对于学生是可见的",也是成功的教师和学生在课堂中的故事.(约翰·哈蒂,2015)

二、案例呈现与评析

案例1 知识整合视角下"锐角三角函数"教学

锐角三角函数中,正切、正弦、余弦本质都是关于在直角三角形中如果一个锐角确定,那么两条边的比值唯一确定.而且它们的思路、思想方法和形成路径都是一样的,只是命名不同,在认知难度方面没有区别.一些解三角形的问题,不一定局限于只用正切去思考,有了正弦和余弦就可以有更多的想法,使得探究更加有趣,让学生的思路更加开阔.以往都是按照学材的建议,分为两个课时,一个概念一个概念地去教学,在巩固练习环节一些本来一题多解的题目只能采取单一的思维方法,不能展现学生的多向思考,也影响了学生学习数学的兴趣.

考虑到数学知识是一个系统的整体,体现数学知识的整体性、关联性和结构性,根据冀教版义务教育教科书数学九年级上册第二十六章"解直角三角形",该章的主要内容是锐角三角函数的概念、求锐角三角函数的值,以及锐角三角函数的简单应用,将该章中有关锐角三角函数概念的内容重新整合构成一个单元.

考虑到学生学情和知识基础的多样性和差异,教学设计非常重视探究前的知识准备,旨在真正激活全体学生的相关知识基础.相似三角形的性质,特别是相似三角形对应边成比例的性质是锐角三角函数概念的知识基础.函数是锐角三角函数的上位概念,锐角三角函数的形成要经历对直角三角形中一个锐角和三边变化中的不变规律的探究,又需要运用函数思想才能理解.教学紧紧围绕两个生长点有序促进学生的思考和探究.

形成锐角三角函数与函数的联系、理解符号意义是学生学习的难点.因此,在提升学生类比推理、数形结合的数学抽象思想的同时,提供建构符号意义的任务,促进图形语言与符号语言的统一和数学表达,帮助学生将概念的构成要素形成一个整体对象.

(一) 单元教学目标

1. 了解锐角三角函数的概念,会求锐角三角函数值,能够正确应用 $\sin A$、$\cos A$、$\tan A$ 表示直角三角形中两边的比.

2. 掌握 $30°$、$45°$、$60°$ 角的三角函数值,会根据一个特殊角的三角函数值说出这个角的大小.

3. 理解直角三角形中边与边的关系、角与角的关系以及边角关系,会解直角三角形.

4. 会用解直角三角形有关知识解决简单的实际问题,形成解直角三角形问题的知识组织和策略.

(二) 教学过程设计

1. 创设问题情境

如图 4.1,轮船在 A 处时,灯塔 B 位于它的北偏东 $35°$ 的方向上,轮船向东航行 $5\ km$ 到达 C 处,灯塔在轮船的正北方,此时轮船距灯塔多少千米?

设计意图　以实际情境下抽象出的解三角形问题作为新知识学习的背景.

2. 知识准备

(师生共同交流)

上面的问题可以转化为一个与解直角三角形有关的问题.解直角三角形就是根据条件求直角三角形中未知的边长或角的大小.

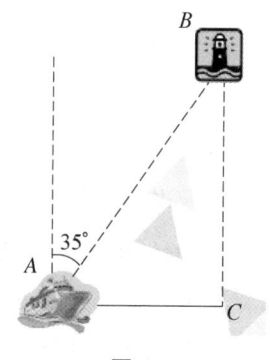

图 4.1

关于直角三角形,我们已经知道要素之间的哪些数量关系呢?

(1) 勾股定理:直角三角形两直角边的平方和等于斜边的平方;

(2) 推论:直角三角形的两个锐角互余;

(3) 直角三角形斜边中线定理:直角三角形斜边上的中线等于斜边的一半;

(4) 推论:在直角三角形中,如果有一个锐角等于 $30°$,那么它所对的直角边等于斜边的一半.

这些知识的推断依据主要是三角形和全等三角形的性质.已有的直角三角形知识缺乏沟通边和角之间关系的规律,都难以解决当前的问题.

前面刚刚学习过相似三角形的有关知识,主要采用叠合法的思想,证明了相似三角形的判定定理,并且推导出"斜边和一条直角边对应成比例的两个直角三角形相似".此后,我们又由相似三角形的边和角的性质推导出相似三角形的对应角相等、对应边成比例性质,并据此推导出其他性质.

如果两个直角三角形相似,那么直角三角形的对应角相等、对应边成比例.边和角之间还存在其他关系吗？今天就来探究一下.

如图 4.2,$\triangle ABC \backsim \triangle A_1B_1C$,那么

$\angle CA_1B_1 = \angle A$,$\angle CB_1A_1 = \angle B$,$\dfrac{A_1C}{AC} = \dfrac{B_1C}{BC} = \dfrac{A_1B_1}{AB}$.

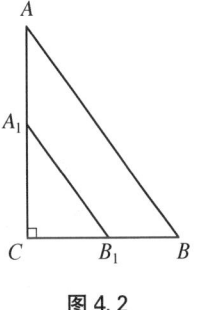

图 4.2

也就是, $\dfrac{A_1C}{B_1C} = \dfrac{AC}{BC}$,$\dfrac{A_1C}{A_1B_1} = \dfrac{AC}{AB}$,$\dfrac{B_1C}{A_1B_1} = \dfrac{BC}{AB}$.

3. 探索新知

(1) 这组等式的意义是什么？如果直角三角形的两个锐角不变,即保持直角三角形之间的相似关系,使它的三边长相应地变化,在这个过程中还有不变的关系吗？如图 4.3,以锐角$\angle B$为例进行观察,例如,

$$\dfrac{A_1C_1}{BC_1} = \dfrac{A_2C_2}{BC_2} = \dfrac{A_3C_3}{BC_3},$$

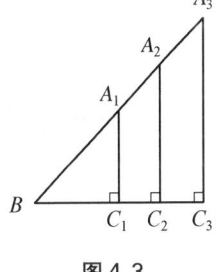

图 4.3

你还发现了哪些不变规律？说一说你的发现和依据.

(2) 如果改变锐角$\angle B$的大小呢(依然保持直角三角形之间的相似关系)？例如由原来的$30°$变化为$40°$时,再变化直角三角形的三边长.(教师利用几何画板进一步增加角度变化后的图形直观以及相应边的比值的计算演示)

可见,在 Rt$\triangle ABC$ 中,当锐角$\angle B$的大小变化时,每取一个确定的值,无论怎样变化直角三角形三边的大小,都仍然满足 $\dfrac{A_1C_1}{BC_1} = \dfrac{A_2C_2}{BC_2} = \dfrac{A_3C_3}{BC_3}$,也就是$\angle B$的对边与邻边的比值仍相等,可以说有唯一确定的比值与 $\angle B$

对应.同时可以发现,当锐角 ∠B 的大小变化时,每取一个确定的值,它的对边与斜边的比值仍相等,它的邻边与斜边的比值仍相等,Rt△ABC 的三边 a、b、c 中任意两边的比值都唯一确定.

(3) 由函数的定义：在某一变化过程中有两个变量 x、y,当 x 每取一个确定的值时,y 都有唯一确定的值与它对应,y 叫做 x 的函数,x 叫做自变量.从上述过程可以发现,∠B 是自变量,$\dfrac{b}{a}$ 可以看作 ∠B 的函数.

同理,$\dfrac{b}{c}$ 也是 ∠B 的函数,$\dfrac{a}{c}$、$\dfrac{c}{a}$、$\dfrac{c}{b}$、$\dfrac{a}{b}$ 都是 ∠B 的函数.

4. 初步形成概念

定义 如果把 ∠B 作为 Rt△ABC 的一个锐角,如图 4.4,则：

比值 $\dfrac{AC}{BC}$ 为锐角 ∠B 的正切函数,记作 $\tan B$,即

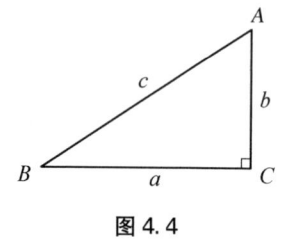

图 4.4

$$\tan B = \dfrac{\angle B \text{ 的对边}}{\angle B \text{ 的邻边}} = \dfrac{AC}{BC}.$$

比值 $\dfrac{AC}{AB}$ 为锐角 ∠B 的正弦函数,记作 $\sin B$,即

$$\sin B = \dfrac{\angle B \text{ 的对边}}{\text{斜边}} = \dfrac{AC}{AB}.$$

比值 $\dfrac{BC}{AB}$ 为锐角 ∠B 的余弦函数,记作 $\cos B$,即

$$\cos B = \dfrac{\angle B \text{ 的邻边}}{\text{斜边}} = \dfrac{BC}{AB}.$$

阐明符号的意义.例如,解释 $\tan B$ 符号是一个整体,它的意义是锐角 ∠B 的正切,也就是 $\dfrac{\angle B \text{ 的对边}}{\angle B \text{ 的邻边}}$.

5. 完善概念

(学生独立思考和探究)

如果将直角三角形中的锐角 ∠B 换成锐角 ∠A,那么锐角 ∠A 的正切

函数、正弦函数和余弦函数存在吗？如果不存在，请说明理由．如果存在，请你根据前面学习的经验，也给锐角∠A 的正切函数、正弦函数和余弦函数下定义，并用符号命名和表示．同学们独立探究，并解释交流你们的思考．

∠B 的正切、正弦、余弦统称∠B 的锐角三角函数．

∠A 的正切、正弦、余弦统称∠A 的锐角三角函数．

6. 巩固练习

（1）如图 4.5，分别求出图中∠A、∠B 的正切函数值、正弦函数值和余弦函数值．

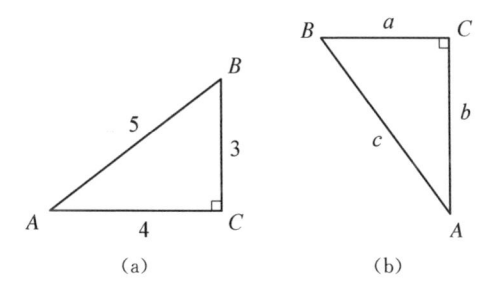

图 4.5

规范书写：例如，sin B、cos B、tan B 都是一个完整的符号，单独的 "sin" "cos" "tan" 没有意义，其中∠B 前面的 "∠" 一般省略不写，但是若一个角用三个大写字母表示时，则不能省略 "∠"．

（2）在等腰△ABC 中，AB＝AC＝13，BC＝10，求 sin B、cos B、tan B．

（3）分别画一个锐角（例如∠A）是 30°、45°、60° 的直角三角形，并求 30°、45°、60° 的锐角三角函数值，填入表 4.2 中，根据函数值表概括归纳结果．

表 4.2

∠A	30°	45°	60°
sin A			
cos A			
tan A			

7. 反思总结

（师生共同交流）

同学们能用自己的话说一说什么是锐角三角函数吗？求锐角三角函数值的策略是什么？

锐角三角函数的实质是在直角三角形中，当一个锐角确定时，边与边的每一个比值也就唯一确定了．每一个比值都是这个角的一个函数，这个角是自变量．

自此，关于直角三角形的边和角的性质更加丰富了．请同学们整理 Rt△ABC 的六个元素(三条边和三个角)，除直角 C 以外其余五个元素之间的关系，怎样分类，分别包含哪些原理？

同学们对于单元起始的问题会解决了吗（作为课后作业的一个题目）？一些现实生活和数学问题常常可以归结为求一个直角三角形的边长或角的大小，在直角三角形中由已知元素求未知元素的过程叫做解直角三角形．后面将继续探究如何解直角三角形以及解三角形的问题．

▶▶▶ **案例评析** ◀◀◀

大多数教科书的编写以及教师教学都采取对正切函数、正弦和余弦函数分步学习的设计，也就是引导学生首先认识对于任意的直角三角形，当一个锐角的大小一定时，这样的直角三角形都相似，它们的对应边成比例，因此不管直角三角形大小如何，这个锐角的对边与邻边的比值一定是一个定值，并将该锐角的对边与邻边的比值定义为这个锐角的正切．然后，类比认识正切的方法，再去认识正弦和余弦函数。

本节课的设计从单元整体入手，合理整合教科书内容，考虑到正切函数、正弦和余弦函数具有相同的形成路径、知识基础和思想方法，因此可以整体进行研究，并且能更好地帮助学生把握三个锐角三角函数的共性，领悟知识内在的联系和规律．在充分激活学生相关知识基础的条件下，引导学生有序思考、步步深入，体验发现、建构联系，并学习思辨地应用．

案例 2　促进理解的知识形成路径

——"诱导公式"的教学设计

（一）理解学生，有效突破难点

学生的已有经验主要包括：函数学习的过程与方法、任意角的三角函数概念、圆的对称性及其坐标表示等.

学生学习新知识的难点主要有:

(1) 公式有多个,增加了学生认知的负担,容易遗忘和记忆不准确;

(2) 学生难以独立地从函数性质的角度提出诱导公式的问题、研究思路与方法;

(3) 在以往的学习中,对直角坐标系中关于直线 $y=x$ 对称的两点间的关系没有进行过透彻研究.

因此,突破难点的策略主要是:

(1) 在认识与结构上,将"诱导公式"作为"三角函数的性质",围绕如何探究"圆的对称性的解析表示"设计知识形成和思维路径,体现"变换的观点". 也就是说,知识形成路径是根据任意角三角函数的定义来设计的,从角的终边(自变量)的对称性发现和提出问题,研究三角函数值的变化规律,形成"一以贯之"的思维链.

(2) 在五组诱导公式的发现教学中,根据对称性关系的难易,采取不同的教学方式,通过教师的指导加以调控.

(3) 引导学生经历"从角的终边(自变量)的对称性到函数值的关系"的探究过程,并通过观察、思考角的终边与单位圆交点坐标等有向线段的变化规律,概括公式.

(二) 教学过程设计

1. 复习回顾,明确问题

问题1 函数的学习是按照"概念——性质"的研究路线,主要利用函数的图象与解析式来研究函数的性质.前面学习了三角函数的概念以及诱导公式一.以正弦函数为例,它的自变量、定义域分别是什么?借助直角坐标系中的单位圆,你能描述角的变化与正弦函数值之间的对应关系吗?

归纳概括 利用单位圆来定义任意角的三角函数,我们建立了角的变化与单位圆上点的变化之间的对应关系,进而利用单位圆上点的坐标(或坐标的比值)来定义三角函数.

问题2 我们是怎样发现诱导公式一的?诱导公式一体现了三角函数的什么性质?

归纳概括 诱导公式一揭示了终边相同的角的同名三角函数值相等,

也就是角 α 的终边每绕终边旋转一周, 函数值就重复出现, 三角函数值有"周而复始"的变化规律. 发现公式的过程启发我们, 应注意观察在角的变化过程中, 它的终边与单位圆交点坐标的变化规律.

三角函数还有哪些性质呢? 我们利用任意角三角函数的定义、直角坐标系与单位圆继续探究. (利用几何画板展示角 α 在单位圆上的运动变化)

设计意图　激活学生函数学习的经验与方法, 为学生后面的自主探究明确方向.

2. 依据对称性, 探究三角函数的性质

问题 3　对称性是圆最典型的图形特征, 如图 4.6, 给出一个任意角 α, 你们能否结合圆的对称性, 想一想与角 α 终边有对称性的角有哪些? 能利用这种对称关系, 用 α 表示出这些角的数量吗?

图 4.6

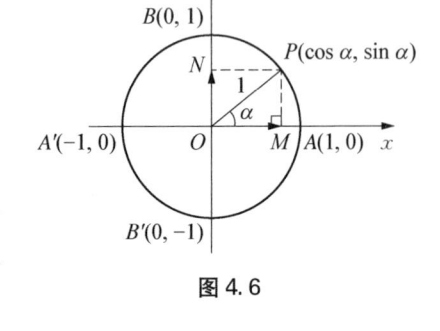

请学生填写表 4.3.

表 4.3

与角 α 的终边关于 x 轴对称的角	与角 α 的终边关于 y 轴对称的角	与角 α 的终边关于原点对称的角	与角 α 的终边关于直线 $y=x$ 对称的角	与角 α 的终边关于直线 $y=-x$ 对称的角

师生活动　分小组探究. 教师在巡视指导时应注意调控各小组的思考方向. 例如, 若学生分象限讨论, 可以建议首先考虑 α 在第一象限内. 讨论后组织汇报不同的结果, 再集中讨论, 相同的结果不再反馈.

问题 4　设角 α 的终边与单位圆交点的坐标是 (x, y). 如果角的终边具有某种对称性, 那么这两个角的三角函数值有什么关系? 你是怎样发现的? 如何用三角关系式表示你的发现?

师生活动　教师巡视指导, "关于直线 $y=-x$ 对称的角"可以视学生情况暂不讨论. 对于用坐标解释的学生, 教师可以指导学生继续用正弦线、余弦线、正切线进行验证. 教师组织各小组汇报交流结果,并针对典型的错误问题进行分析讨论. 若有学生问 $\tan\left(\dfrac{\pi}{2}-\alpha\right)$ 怎样表示,可以回答,但不必集中呈现. 各组依据问题展示汇报,教师最后呈现结果(表 4.4).

表 4.4

角 α 与角 $\pi+\alpha$	角 α 与角 $-\alpha$	角 α 与角 $\pi-\alpha$	角 α 与角 $\dfrac{\pi}{2}-\alpha$
$\sin(\pi+\alpha)=-\sin\alpha$ $\cos(\pi+\alpha)=-\cos\alpha$ $\tan(\pi+\alpha)=\tan\alpha$	$\sin(-\alpha)=-\sin\alpha$ $\cos(-\alpha)=\cos\alpha$ $\tan(-\alpha)=-\tan\alpha$	$\sin(\pi-\alpha)=\sin\alpha$ $\cos(\pi-\alpha)=-\cos\alpha$ $\tan(\pi-\alpha)=-\tan\alpha$	$\sin\left(\dfrac{\pi}{2}-\alpha\right)=\cos\alpha$ $\cos\left(\dfrac{\pi}{2}-\alpha\right)=\sin\alpha$

3. 诱导公式的反思与感悟

问题 5 同学们已经有了许多发现,但是为了使前面的发现过程更有意义,请各小组综合本组以及其他组的汇报,反思公式发现的路径是什么?应用了哪些知识点?发现公式的关键点是什么?你个人评价一下自我表现如何?

设计意图 厘清研究路径:对称性——终边关系——坐标关系——三角函数值关系. 明确圆的对称性与三角函数定义如何应用于诱导公式的发现.

问题 6 各组公式有什么特征?你能用简洁的语言正确表述各组公式吗?

师生活动 分组讨论,生生互评,教师巡视指导:诱导公式一、二、三、四左右两边是同名三角函数,诱导公式五、六是把正弦转化为余弦,余弦转化为正弦.

问题 7 这五组诱导公式都反映了圆的某种对称性. 那么各组诱导公式之间有什么关系吗?请大家尝试把诱导公式二中的 α 用 $-\alpha$ 替换,把诱导公式五中的 $-\alpha$ 用 α 替换,你有新的发现吗?

$$\sin\left(\dfrac{\pi}{2}+\alpha\right)=\cos\alpha,\ \cos\left(\dfrac{\pi}{2}+\alpha\right)=-\sin\alpha.$$

设计意图 提出诱导公式之间的联系的问题,并通过对诱导公式二与诱导公式五的具体研究,促进学生对诱导公式之间关系的感悟,同时得出诱导公式六.

4. 诱导公式的初步应用

问题8 利用诱导公式一可以将任意一个角转化为 $0\sim 2\pi$ 范围内的角. 若角 α 是锐角,请大家思考上面的公式可以实现角的哪些转化? 并利用你的发现尝试探究下列问题.

例1 利用诱导公式求下列三角函数值:

(1) $\cos 225°$; (2) $\sin\dfrac{11}{3}\pi$; (3) $\sin\left(-\dfrac{16\pi}{3}\right)$.

师生活动 先独立思考,再小组讨论,教师巡视指导,追问有无其他方法,并最后呈现规范的解答过程与结果.

设计意图 让学生在尝试探究中获得"把任意角的三角函数转化为锐角三角函数"的活动经验与方法.

问题9 请大家根据上面的解题经验思考,求一个任意角的三角函数值的一般步骤是什么?你能用一个框图表示你的想法吗?

师生活动 先独立思考,再小组讨论,教师巡视指导.最后让学生阅读教科书,教师统一解决仍存在的疑问.

设计意图 促进学生从特殊到一般地整理概括自己的活动经验,形成求一个任意角的三角函数值的一般步骤.

5. 情感升华

问题10 有了诱导公式,求三角函数值的问题就可以通过把角转化为锐角等再进行运算.而且诱导公式就是我们熟悉的"圆"的对称性质的代数语言表现,你能分享一下今天的探究活动以及结果有哪些价值吗?你对自己和其他同学的表现有什么评价?

设计意图 在学生体验和实践之后,通过师生共同交流协商,引导学生把学习活动与自我、社会等产生关联,感悟数学学习的价值,升华情感,同时学习认识自己和他人.

▶▶▶ **案例评析** ◀◀◀

"诱导公式"体现的是"圆函数"——三角函数丰富的对称性,是三角函数性质的重要内容.本节课以高立意引领知识转化,聚焦数学大概念群,体现数学学科特有的思维方式.具体是以"函数"作为大概念引导学生根据任意角三角函数概念与"圆的对称性"之间的联系探究三角函数性质,习得知识.同时,教师持续引导学生感悟数学知识之间的关联、建构数学理解、学习数学思考,并通过反思和评价来促进知识的内化、转化和升华.

案例3 高中"频率与概率"的知识转化

（一）教学内容分析

1. 知识的产生背景与固着点分析

本节是人教版普通高中教科书数学A版必修第二册第十章第三节的内容.频率的稳定性是概率论的理论基础,它说明随机现象的规律是客观存在的,事件发生的可能性大小是可度量的.现实生活中有大量随机事件不能像古典概型那样直接计算事件的概率,需要用频率来估计.本节的内容也是初中"频率与概率"内容的直接延续和拓展,进一步加深学生对概率意义的深层次理解.

2. 知识的生长过程与生长阶段分析

对于频率与概率的关系的认识可以划分为以下五个层次：第一个层次,直观认识频率与概率的意义；第二个层次,通过试验认识频率的稳定性；第三个层次,认识频率与概率的本质区别；第四个层次,通过具体的计算或计算机模拟认识频率的稳定性；第五个层次,认识大数定律.其中,第三个层次和第四个层次是高中对于频率与概率的要求.

3. 知识建构的思维方法和数学思想方法分析

概率论是研究随机现象数量规律的数学分支.通过构建概率模型解决实际问题,提高用概率方法解决问题的能力.本节内容主要蕴含了数据分析的思想方法以及从特殊到一般、从具体到抽象的逻辑思维方式.

4. 知识间的联系与结构分析

在高中通过较复杂的模拟试验探究频率的随机性和稳定性,是对频率与概率之间关系的深入阐释和运用,为后面将要学习的数学期望、正态分布和独立性检验等知识奠定基础.

5. 知识的要点与本质分析

事件的概率与事件的频率是两个不同的概念,它们之间既有联系,又有本质的区别.频率是描述事件发生的频繁程度,概率是对事件发生的可能性大小的度量.对于确定的事件,其概率是客观存在且唯一确定的一个常数,而事件的频率具有随机性和稳定性.随着试验次数的增大,频率偏离概率的程度会缩小,即频率逐渐稳定于概率,这就是频率的稳定性.因此,可以用频率估计概率.

6. 知识的学科意义与教学价值分析

根据实际问题,进行动手操作试验和计算机模拟试验,对在试验中获得的数据进行分析,利用折线图进行直观感知,认识频率的随机性和稳定性;在解决实际问题的过程中,进一步认识频率的稳定性以及频率和概率的联系及本质区别,发展学生的数据分析、数学抽象和直观想象的核心素养,进一步感悟概率理论的应用价值.通过回顾"大数定律"发现的数学历史,升华学习意义,培育学生的探究人格.

(二) 学情分析

1. 学生认知起点分析

学生在初中阶段已经学习了概率初步,了解用频率估计概率,对频率与概率的关联有一定的认识,已经接触了频率的概念,并了解了大量重复试验的频率可视为随机事件发生概率的估计值.在上一节课中学习了古典概型,对于样本点等可能出现的试验,能利用古典概型公式进行计算,为本节课提供了知识和技能基础.

2. 学生认知潜能和认知障碍分析

学生具备用频率估计概率解决简单问题的经验,并且高中学生具备一定的合作交流和自主探究能力.但在较复杂的随机试验中用数据分析思维发现以及用概率语言刻画频率的随机性与稳定性、理解频率的随机性与稳定性是如何辩证统一的,对学生来说比较困难.

3. 学生认知差异分析

由于学生的探究能力和元认知水平存在较大的差异,因此预设多数学生以教师指导下的试验探究方式获取频率的稳定性与随机性,预设部分学生以听教师讲解或自学教材等方式理解并掌握频率的两个特点.除此之外,还可以进行合作交流,同伴互助,加强对薄弱小组和学生的个别指导.

(三) 教学目标

1. 教学目标

(1) 经历重复试验,收集、整理试验数据,利用图表表示试验数据,通过观察、比较发现频率的稳定性,发展直观想象和数据分析的核心素养.

(2) 在试验活动中进行数据分析,直观认识频率与概率的意义,掌握频率与概率的联系与区别.在归纳与抽象的过程中体会从特殊到一般、从具体到抽象的数学思想方法,发展数据分析和数学抽象的核心素养.

(3) 能够结合具体实例,依据频率的稳定性来估计概率.体会用频率估计概率模型的合理性,建立概率理论模型.

2. 评价目标

(1) 知道随机事件发生的频率既具有随机性,又具有稳定性.会依据"当试验次数较少时,用频率估计概率的误差较小的可能性较小;当试验次数较大时,用频率估计概率的误差较小的可能性较大"解释频率的稳定性.

(2) 能说明频率与概率的联系与区别.知道频率是描述事件发生的频繁程度,概率是对事件发生的可能性大小的度量.随着试验次数的增大,频率逐渐稳定于概率.知道事件发生的频率具有随机性,试验的次数不同,其频率也可能不同,即使试验的次数相同,不同的试验频率也可能不同.

(3) 知道当重复试验的次数较大时,可以用频率来估计概率,能用概率的意义解释生活中的事例,会根据频率的稳定性计算概率.

(四) 教学内容主线

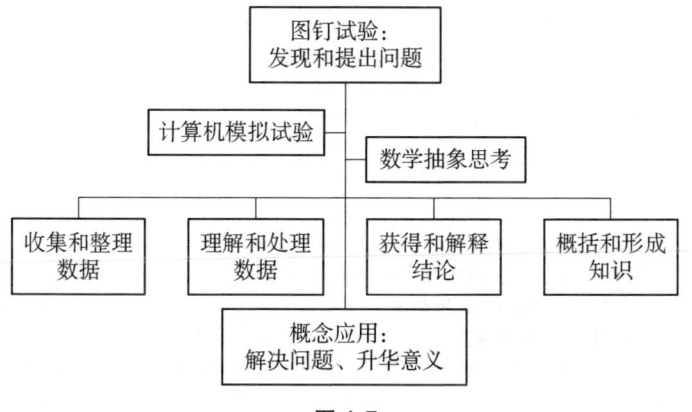

图 4.7

（五）教学过程设计

教学过程设计如表 4.5 所示.

表 4.5　高中"频率与概率"教学过程设计

教师活动	学生活动	设计意图
创设冲突，发现问题 　　**试验引入**　同学们，我们来做一个试验，现在抛掷一枚图钉，请大家思考图钉正面朝上的概率是否可以用古典概型来计算？ 　　根据生活经验我们知道，图钉顶尖朝上和顶尖朝下的可能性是不相等的，也就是样本点不是等可能的，根据上节课的学习可以判断无法用古典概型来计算. 　　**问题 1**　你还能想出其他求概率的方法吗？ 　　**问题 2**　在初中，我们已经初步体验过用频率来估计概率，但为什么可以用频率来估计概率？也即频率与概率之间是什么关系？本节课就借助计算机模拟试验来探究. 　　在试验的过程中，我们将经历：收集和整理数据、理解和处理数据、获得和解释结论、概括和形成知识四个阶段.	观察并根据生活经验进行思考，全班交流. 全班交流.	通过试验，了解到现实中存在不能直接计算概率的事件，与已有经验产生冲突，认识到频率估计概率的必要性. 提出本节课的主要问题以及探究路径和方法，为学生合作探究奠定知识的准备.
试验探索，数据分析 　　要想得到频率与概率的关系，我们选择一个已知概率的试验，来观察频率与概率的关系. 　　**试验设计**　利用计算机模拟抛掷两枚硬币的试验，重复试验次数为 20 100 2 000 时各做 5 组试验，观察并记录事件 A＝"一枚硬币正面朝上，一枚硬币反面朝上"的频率 $f_n(A)$，将其与概率 $P(A)$ 进行比较，观察其中的规律. 　　先计算事件 A 的概率 $P(A)$. 　　教师进行试验模拟演示，请学生观察：当试验次数为 20 时，事件 A 的频率为多少？再次进行重复操作，观察：两次试验频率相同吗？为什么？ 　　**反思**　发现试验次数相同，频率可能不同，这说明随机事件发生的频率具有随机性. 　　**阶段一　收集和整理数据** 　　下面学生以小组为单位借助手中的工具开始模拟试验，并进行数据的收集和整理. 　　**阶段二　理解和处理数据** 　　在整理的过程中，小组合作探究随着试验次数的增加，频率的波动幅度有什么变化规律？	 学生独立实践. 全班交流. 小组合作探究、经历模拟试验和数据分析过程.	通过经历计算机模拟试验，体验和探究问题，促进学生理解本节课的重难点. 借助计算机这一工具，得到大量试验数据，在这一过程中着重培养学生收集和整理数据

续表

教师活动	学生活动	设计意图
重点辨析 随着试验次数的增加,频率的波动幅度一定是在逐渐减小吗? 　　下面再继续进行模拟试验,请学生观察随着试验次数的增加,频率的波动幅度将如何变化. 　　**阶段三　获得和解释结论** 　　试验次数 n 相同,频率可能不同,这说明随机事件发生的频率具有随机性. 　　从整体上看,频率围绕概率波动,随着试验次数的增加,波动幅度较大的可能性较小,频率逐渐稳定在概率附近. 　　**阶段四　概括和形成知识** 　　一般地,随着试验次数 n 的增大,频率偏离概率的幅度会缩小,即事件 A 发生的频率 $f_n(A)$ 会逐渐稳定于事件 A 发生的概率 $P(A)$. 我们称频率 $f_n(A)$ 的这个性质为频率的稳定性. 因此,我们可以使用频率 $f_n(A)$ 估计概率 $P(A)$. 　　**概念辨析** 下面哪种说法更准确? 　　(1) 用频率估计概率,重复试验次数越多,估计的结果就越精确. 　　(2) 当试验次数较大时,用频率估计概率的误差较小的可能性较大. 　　**简要插入数学史:** 　　瑞士数学家雅各布·伯努利被公认为概率理论的先驱,他第一个发现了著名的大数定律. 大数定律阐述了随着试验次数的增加,频率稳定在概率附近. 在17、18世纪时,还没有电脑来模拟试验,先前的数学家们做了大量重复试验,他们这种执著的钻研精神非常值得我们学习.	小组讨论发现:当试验次数较少时,波动幅度较大;当试验次数较大时,波动幅度较小. 在试验中重新观察思考:不是试验次数越多,频率的波动幅度越小,而是波动幅度小的可能性较大. 全班交流. 学生独立思考、全班交流.	的能力. 在这一阶段通过观察频率的数据变化,分析频率与概率的关系. 在这一阶段着重培养学生的总结与归纳能力、数学语言的表达能力. 将探究的结论概括成知识,体会从特殊到一般的过程. 在概念辨析的过程中促进对概念的理解,体会频率的随机性在频率估计概率中的影响. 了解频率估计概率的历史,学习数学家的钻研精神.
实际应用,形成素养 　　1. 你能用模拟试验来估计图钉正面朝上的概率吗? 　　2. 新生婴儿性别比是每100名女婴对应的男婴数. 通过抽样调查得知,我国2014年、	小组合作模拟试验、计算和推理判断.	1. 通过模拟试验解决课前的问题. 2. 从决定新生儿性别的遗传理论

续表

教师活动	学生活动	设计意图
2015年新出生的婴儿性别比分别为115.88、113.51. （1）分别估计我国2014年和2015年男婴的出生率（新生儿中男婴的比率，精确到0.001）. （2）根据估计结果，你认为"生男孩和生女孩是等可能的"这个判断可靠吗？ 3.一个游戏包含两个随机事件A和B，规定事件A发生则甲获胜，事件B发生则乙获胜.判断游戏是否公平的标准是事件A和B发生的概率是否相等. 在游戏过程中甲发现：玩到第10次时，双方各胜5次；但玩到第1000次时，自己才胜300次，而乙却胜了700次.据此，甲认为游戏不公平，但乙认为游戏是公平的.你更支持谁的结论？为什么？	独立实践，根据频率的稳定性推测甲、乙获胜的概率.	看，生男孩和生女孩是等可能的，但用频率验证这个假设，旨在培养学生敢于质疑的能力. 3.根据频率的稳定性，推断两个事件的概率是否相等，游戏是否公平.
归纳总结，理清结构 **频率的性质：** （1）在任何确定次数的随机试验中，一个随机事件A发生的频率具有随机性. （2）一般地，随着试验次数n的增大，频率偏离概率的幅度会缩小，即事件A发生的频率$f_n(A)$会逐渐稳定于事件A发生的概率$P(A)$. 我们称频率的这个性质为频率的稳定性. 在试验过程中，我们还体验了数据分析的思维方式：收集和整理数据、理解和处理数据、获得和解释结论、概括和形成知识. **思考** 通过学习，你对频率与概率的关系有了哪些新的认识？频率的随机性和稳定性对于你解决生活中的随机事件有什么意义？你如何评价个人和同伴的学习表现？	全班交流.	通过反思对知识内容进行整理，完善认识.通过自我和同伴评价提高自我学习监控的意识和技能水平.

▶▶▶ **案例评析** ◀◀◀

该案例对知识逻辑的转化体现在将新知识"频率的随机性和稳定性""频率与概率的关系""用频率估计概率"转化为主线清晰的知识形成路径，从知识基础的准备、研究问题的发现，到形成研究方法和程序步骤、概括新知识，等等，教学以一种关联和序进的方式组织和呈现，不仅着眼于帮助学生形成"用频率估计概率"的知识结构,而且组织了不同的典型运用场景,有利于学生巩固和转化知识,形成自觉运用知识的意识和策略,发展对随机现象的数学抽象和数据分析素养.在内容上实现了与现实世界的沟通、与学生经验世界和未来成长的沟通、与发现知识的人和历史的沟通,"数学教学对于学生发展的独特价值,不仅仅是数学知识本身的掌握,更为重要的是,既要帮助学生提升思维品质和数学素养,又要帮助学生学会用抽象的符号表达并提高数学语言表述的水平;既要帮助学生建立猜想发现和判断选择的自觉意识,更要帮助学生形成主动学习和研究的心态,建构起一种唯有在数学学科的学习中才有可能经历、体验和形成的思维方式,从而实现数学教学与学生生命成长的双向转化和双向建构".(吴亚萍,2016)"每个学科对学生的发展价值,除了一个领域的知识以外,从更深的层次看,至少还可以为学生认识、阐述、感受、体悟、改变这个自己生活在其中并与其不断互动着的、丰富多彩的世界(包括自然、社会、人,生活、职业、家庭、自我、他人、群体,实践、交往、反思,学习、探究、创造,等等)和形成、实现自己的意愿,提供不同的路径和独特的视角、发现的方法和思维的策略、特有的运算符号和逻辑;提供一种唯有在这个学科的学习中才可能获得的经历和体验;提升独特的学科美的发现、欣赏和表达能力"(叶澜,2002),使教学展现出更丰富的、多层次的学科意蕴和价值内涵.此外,该案例还具有以下特点.

(1) 尊重学生的自主性.在教师指导下小组模拟投掷两枚均匀硬币的频率试验,引导学生经历发现问题、提出问题、分析问题和解决问题的过程,在合作中发现,在体验中探究,在探究中收获,同时发展学生的协作和交流能力.

(2) 突出知识形成主线和专家思维.从学生已有经验出发引发认知冲突、提出问题并协商思路方法,然后以试验模拟、数据分析过程贯通知识形成,体现从具体到抽象、从特殊到一般的逻辑思考方法.

(3) 注重数学学科核心素养的培育.该课题的学习需要数据分析和数学抽象的关键能力,通过让学生经历和体验收集和整理数据、理解和处理数据、获得和解释结论、概括和形成知识的思维方式,探究数学规律的概括过程,感悟数学家发明创造的精神,发展核心素养.

(4) 将信息技术深度融入数学学习和教学活动之中,让技术成为学生体验和实践数学规律抽象过程的一个载体,为提高教学的有效性服务.

第二节　单元学习活动的认知思脉转化

一、认知思脉转化

事实上,大概念理论本身的演变正是从单纯的强调学科结构向学科结构与认知的平衡演变,促进数学知识系统与数学认知和理解的联通.在学校教育环境下,认知思脉转化是指根据对于数学核心知识的内容分析,以促进学生对知识信息的注意和激活、重组与重构、提取和转化为目的,对知识在心智层面的信息加工过程进行有利于理解性、迁移性和创造性发展的系统优化.

华东师范大学皮连生教授根据广义知识观以及目标导向教学的理论与实践,提出"六步三段两分支"教学模型,其中,"三段"是指学生在学科学习中一般需要经历的由陈述性知识向程序性知识再向策略性知识不断转化的过程,分别对应知识习得、知识巩固与转化、知识提取与运用三个阶段,"三段"构成完整的教学过程;"六步"是指三个阶段认知过程所要求的教学活动及顺序.根据模型,第一阶段(知识习得)主要涉及图中的前四步,包括:"引起注意与告知目标""提示学生回忆原有知识""呈现有组织的信息""阐明新旧知识关系,促进理解".图4.8中第五步代表第二阶段,即知识的巩固或转化阶段,主要教学步骤是"对复习与记忆提供指导""引出学生的反应,提供反馈与纠正".第六步代表第三阶段,即知识的提取与运用阶段,主要教学步骤是"提供提取知识的线索""提供技能应用的情境,促进迁移".(皮连生,2009)

完整的教学过程必须符合"六步三段两分支"模型,若缺少任何一步,则学习不能发生,或者学习虽然发生,但不能转化或持久保持.根据三段的主要学习目标,"六步三段两分支"教学模型可以分别用于新知课(参考图4.8中左侧教学步骤1~6步)、练习课(参考图4.8中右侧教学步骤1~6步,需要更多的变式练习)、复习课(参考图4.8中第三阶段)三种课型.

现代学习理论的一条原则就是不同类型的学习目标需要不同的教学方法."六步三段两分支"教学模型可以视为"学与教交互"的一般认知过程模型,反映了陈述性知识、程序性知识和策略性知识分类学习的思想.自第五步开始,学与教分为两支,左边的一支代表陈述性知识的学与教,右边的一支代表程序性知识的学与教.不同类型的知识要求学生作出的反应不同,因此需要不同的任务以及不同

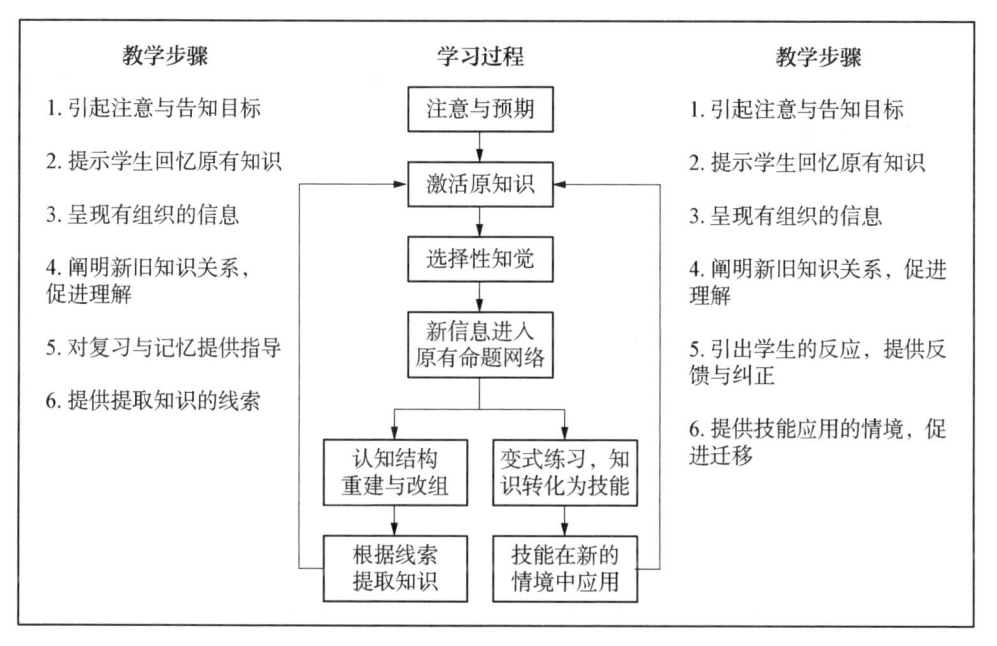

```
     教学步骤              学习过程              教学步骤
1. 引起注意与告知目标      注意与预期         1. 引起注意与告知目标
2. 提示学生回忆原有知识        ↓             2. 提示学生回忆原有知识
3. 呈现有组织的信息        激活原知识         3. 呈现有组织的信息
4. 阐明新旧知识关系,          ↓             4. 阐明新旧知识关系,促
   促进理解               选择性知觉            进理解
5. 对复习与记忆提供指导        ↓             5. 引出学生的反应,提供
6. 提供提取知识的线索      新信息进入            反馈与纠正
                         原有命题网络       6. 提供技能应用的情境,促
                              ↓               进迁移
                    认知结构      变式练习,知
                    重建与改组    识转化为技能
                         ↓              ↓
                    根据线索      技能在新的
                    提取知识      情境中应用
```

图4.8 "六步三段两分支"教学模型

资料来源：皮连生.学与教的心理学[M].上海：华东师范大学出版社,2009：227.

的学与教方式."六步三段两分支"教学模型提供了认知思脉转化的一种途径.它重视在新的学习开始时要激活学生相关知识和经验,在新知识学习过程中要加强新知识的组织、新旧知识的比较和关联,帮助学习者理解所学内容,而不是获得彼此不相关联的事实和技能,在新知识的运用和迁移中注重变式练习,等等.虽然研究表明学习者是运用他们现有的知识来建构新知识的,但也应注意到有时候学习者的现有知识是在支持新的学习,有时候现有知识却阻碍新知识的获得.

下面是一位教师在"锐角三角函数"第一课时中设计的任务.

(1) 画一画：画一个 $\angle A = 20°$,在角的边上任意取一点 B,作 $BC \perp AC$ 于点 C；

(2) 量一量：量出邻边 AC 和 $\angle A = 20°$ 的对边 BC 的长度.

量一量：量出斜边 AB 和 $\angle A = 20°$ 的对边 BC 的长度.

量一量：量出斜边 AB 和 $\angle A = 20°$ 的邻边 AC 的长度.

(3) 算一算(结果精确到 0.01 cm)：

$\dfrac{BC}{AC} = $ ————,$\dfrac{BC}{AB} = $ ————,$\dfrac{AC}{AB} = $ ————.

分析任务会发现,因为任务开始之前没有激活相关的知识基础,没有完成知识和思想方法的准备,使得任务的出现显得极不自然,而且封闭的任务不能发挥促进探究、促进生成、促进关联、促进迁移的作用.

二、案例呈现与评析

案例 1 熟手教师与专家教师"等腰三角形"教学的比较

熟手教师 A 的教学设计

（一）教学内容解析

1. 内容

人教版八年级上册第十三章第三节"等腰三角形",包括:等腰三角形的有关性质及其运用.

2. 内容解析

等腰三角形是一种特殊的三角形,它除了具有一般三角形的所有性质以外,还具有许多特殊的性质,正因为如此,使它比一般三角形应用更为广泛.等腰三角形的性质为证明两个角相等、两条线段相等、两条直线垂直提供了方法,也是后续学习等边三角形、菱形、正方形、圆等内容的重要基础.

因为等腰三角形是轴对称图形,所以可以借助轴对称来研究等腰三角形的一些特殊性质,这也正是教科书把等腰三角形的相关内容安排在了轴对称之后的原因.教科书通过设置"探究""思考"栏目,让学生剪出等腰三角形,并进一步思考其中相等的线段和相等的角,进而发现等腰三角形的性质.接下来,从上面的操作过程中得到启发,通过作出等腰三角形的对称轴,得到两个全等的三角形,从而利用三角形的全等证明等腰三角形的这两个性质,将实验几何与论证几何有机地整合在一起,使学生经历了一个观察、实验、猜想、论证的研究几何图形问题的全过程,完成由实验几何向论证几何的过渡.

等腰三角形的性质是证明线段和角相等的重要依据,特别是这两条性质所提供的转化线段和角的方法在后续的学习中应用非常广泛.

（二）学情分析

主要从认知风格、潜能以及学习新知识之前的知识基础进行分析. 刚进入八年级的学生, 从年龄特点方面看：好奇心强, 思维活跃, 喜欢动手操作, 厌倦枯燥乏味的传统教学；从知识储备方面看：已经掌握了三角形的有关知识, 如三角形的内角和、三角形的三边关系、三角形有关的线段(三角形的中线、三角形的高、三角形的角平分线)及全等三角形的性质与判定, 也已初步掌握了轴对称的有关知识, 如对称轴的确定、轴对称的性质等；从学习能力方面看：已经初步具备了自主探索能力、合作交流能力.

（三）学习目标

1. 知识与能力目标

（1）探索并证明等腰三角形的两个性质.

（2）能利用性质证明两个角相等或两条线段相等.

（3）结合等腰三角形性质的探索与证明过程, 体会轴对称在研究几何问题中的作用.

2. 过程与方法目标

（1）让学生体验等腰三角形是一个轴对称图形.

（2）经历操作、发现、猜想、证明的过程, 发展逻辑思维能力.

3. 情感、态度、价值观目标

通过对图形的观察、发现, 激发好奇心和求知欲, 并在运用数学知识解决问题的活动中获取成长的体验, 建立学习的自信心.

（四）教学过程

1. 创设情境, 引入新知

展示图片：埃及金字塔、上海世博会馆、乡村住宅、宏伟建筑.（投影显示）

师：我们生活在多姿多彩的图形世界里. 埃及的金字塔、上海世博会馆、古老的乡村住宅、宏伟的建筑, 从中都能发现我们所熟悉的图形, 老师手中的三角板也是大家熟悉的几何图形, 它的这两条边是什么关系？

师：那么它一定是什么形状的图形？

师：等腰三角形是一种特殊的三角形, 它除了具有一般三角形的性质外, 还具有哪些特殊的性质呢？今天这节课我们就来探究等腰三角形的性

质.(板书课题)

2. 动手实验,探索新知

活动一 拼一拼(投影显示)

要求:(1)两人一组,合作完成;

(2)从两副规格相同的三角板中选取合适的两个,拼成新的等腰三角形.

思考 能拼出多少种等腰三角形?

师:首先请同学们按照屏幕上的要求进行活动,两人一组,看哪个小组的同学拼得又快又好,现在开始.

师:为什么是等腰三角形?

生:因为选取的两块三角板的斜边是相等的,所以是等腰三角形.

师:复习等腰三角形的有关概念(腰、底、顶角、底角),你拼出的这些等腰三角形的两个底角相等吗?

师:为什么?

生:因为选取的两块三角板是全等的.

师:实际上,我们将选取的两块三角板沿着重合的直角边翻折,两旁的部分能够重合,那么同学们能不能将一张白纸通过对折剪出一个等腰三角形呢?请大家两人一组按照屏幕上的要求进行活动,现在开始.

活动二 剪一剪(投影显示)

步骤:(1)把长方形白纸按图4.10中虚线对折;

(2)剪去阴影部分,把它展开.

思考 (1)得到的图形是等腰三角形吗?

(2)它的两个底角还相等吗?

师:为什么是等腰三角形?

生:因为这两边是一刀剪出来的,所以这两边是相等的.

图 4.10

剪纸过程(投影显示)

师:它的两个底角还相等吗?

生:相等,因为它们对折以后能重合.

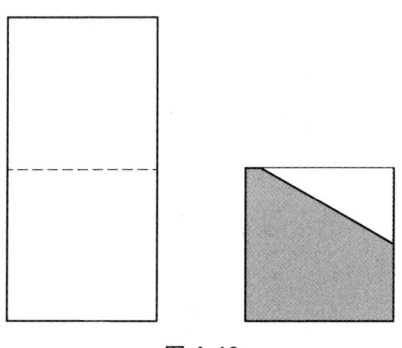

设计意图 为学生提供参与数学活动的时间和空间,调动学生的主观能动性,激发好奇心和求知欲,并为进一步探究等腰三角形性质提供现实模型.

师:不管是用三角板拼,还是用剪刀剪,得到的等腰三角形的两个底角都是相等的,由此,我们可以大胆地猜想等腰三角形的两个底角相等.

活动三 猜一猜(投影显示)

猜想 等腰三角形的两个底角相等.

师:这个猜想是我们通过拼、剪活动得到的,需要用严谨的证明来说明它的正确性.那么又怎样证明这个文字命题呢?

师:在前面我们已经学过证明一个几何命题首先应明确命题的题设和结论,这个命题的题设是"一个三角形是等腰三角形",结论是"它的两个底角相等",然后画出图形,用数学符号写出已知和求证,最后证明.

活动四 证一证(投影显示)

猜想 等腰三角形的两个底角相等.

已知:如图 4.11,在 $\triangle ABC$ 中,$AB=AC$.

求证:$\angle B = \angle C$.

师:怎样证?

生:作底边上的高 AD,证明左、右两个直角三角形全等就可以了.

作底边上的高 AD 的证明方法.(投影显示)

师:为什么作底边上的高?

(以下略)

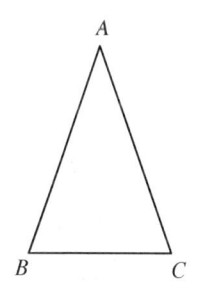

图 4.11

专家教师 B 的教学设计

(一) 教学目标

1. 体会轴对称性在研究图形性质中的应用.

2. 在实验操作获得对等腰三角形性质的感性认识的基础上,通过推理论证培养学生的理性精神,提高他们的推理论证能力.

3. 掌握等腰三角形的性质,丰富学生的学习感受,激发学习兴趣.

(二) 教学重点

等腰三角形的性质.

（三）教学难点

将实验操作获得的感性认识进行理性概括.

（四）教学过程

1. 回顾旧知

（1）在轴对称的学习中，我们懂得了轴对称图形被对称轴分成的两部分全等，这两部分关于对称轴对称. 如果两个图形关于某直线对称，那么对称轴是对应点连线的垂直平分线；对应线段或其延长线如果相交，则交点在对称轴上.（投影显示）

（2）有两边相等的三角形叫做等腰三角形.

2. 探究性质

（1）动手操作（给每个学生提供一个等腰三角形纸片）.

请同学们通过折叠，根据轴对称图形的定义、性质探讨等腰三角形的性质.

（在个人操作研究的基础上，小组交流）

（2）全班交流研究结果

等腰三角形是轴对称图形，对称轴是底边的垂直平分线，也就是顶角的平分线、底边上的高、底边上的中线所在的直线.

如图 4.12，直线 AD 是等腰 $\triangle ABC$ 的对称轴.

研究结果 1

由轴对称性质，可得 $\triangle ABD \cong \triangle ACD$，所以 $\angle B = \angle C$，$\angle ADB = \angle ADC = 90°$，$\angle BAD = \angle CAD$，$BD = CD$.

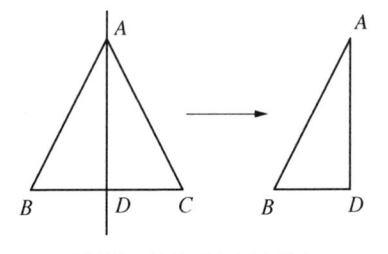

（投影，并演示翻折变换）

图 4.12

即等腰三角形的两个底角相等，等腰三角形的顶角平分线、底边上的中线、底边上的高相互重合.

研究结果 2

若在腰 AB 上任取一点 E，点 E 在 AC 上的对称点为点 F，由轴对称性质，可得 $AE = AF$，$BE = CF$，$DE = DF$，$\triangle AED \cong \triangle AFD$，$\triangle EBD \cong \triangle FCD$，两对全等三角形中的对应边、对应角相等.

BF、CE 的交点 Q 在 AD 上，$BF=CE$，$QE=QF$，$BQ=CQ$，连结 EF，图中有等腰 $\triangle QBC$、$\triangle QEF$、$\triangle AEF$……

研究结果 3

等腰 $\triangle ABC$ 的对称轴上的任一点与两腰上的对称点（其中特殊点是腰上高的垂足、腰的中点、底角平分线与腰的交点）的连线都分别相等.

研究结果 4

以上猜想都源自等腰三角形的本质特征——轴对称图形，对称轴是底边的垂直平分线，也就是顶角的平分线、底边上的高、底边上的中线所在的直线. 因而我们通过作出等腰三角形的对称轴，得到两个全等的三角形，从而利用全等三角形的性质证明等腰三角形的这些性质.

（3）在实验操作获得对等腰三角形性质的感性认识的基础上，推理论证，概括等腰三角形的性质定理.

已知：如图 4.13，在 $\triangle ABC$ 中，$AB=AC$.

求证：$\angle B=\angle C$.

思路分析 方法 1：作顶角平分线 AD，则 $\triangle ABD \cong \triangle ACD$.（SAS）

方法 2：作底边上的高 AD，则 $\triangle ABD \cong \triangle ACD$.（HL）

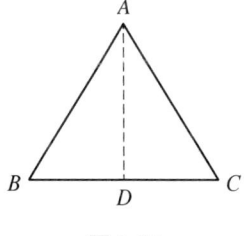

图 4.13

方法 3：作底边上的中线 AD，则 $\triangle ABD \cong \triangle ACD$.（SSS）

由全等三角形的性质可证得等腰三角形的两个底角相等.

（以下略）

▶▶▶ 案例评析 ◀◀◀

无论熟手教师还是专家教师，对新知识形成路径的分析都十分相似，即利用轴对称的定义和性质及其思维方式，也都采取了发现式教学理念. 他们的区别主要体现在认知路径的设计上.

熟手教师采用两次学生操作活动"拼一拼"，让学生小组合作利用三角板拼出不同的等腰三角形，目标是调动学生的学习兴趣，激活等腰三角形的知识基础，同时复习等腰三角形的有关概念. 通过在"拼一拼"中获得的发现——选取的两块三角板沿着重合的直角边翻折，两旁的部分能够重合，为接下来的"剪一剪"活动提供经验基础.教师布置"剪一剪"活动,并提出两个思考问题:(1)得到的图形是等腰三角形吗?(2)它的两个底角还相等吗?在学生展示他们剪出的"等腰三角形"并回答"因为这两边是一刀剪出来的,所以这两边是相等的""相等,因为它们对折以后能重合"之后,教师总结:"不管是用三角板拼,还是用剪刀剪,得到的等腰三角形的两个底角都是相等的,由此,我们可以大胆地猜想等腰三角形的两个底角相等."

虽然熟手教师关注了学生的兴趣、告知了主要目标(仅仅强调了探究等腰三角形的性质),但是在接下来的"复习旧知识"活动中,只是涉及等腰三角形的相关概念,而没有激活轴对称的相关知识.在本该"呈现有组织的新信息"环节,教师设计的"剪一剪"活动,只是关注了"剪出了什么",不仅操作活动浅尝辄止、探究空间封闭狭小、支持性知识信息缺乏结构性,而且没有形成新知识探究的"先行组织者".

专家教师将复习轴对称图形的性质和等腰三角形概念、动手操作以及探究等腰三角形性质的活动更加紧密和结构化地联系在一起.在学生开始探究等腰三角形性质之前,教师提出:"请同学们通过折叠,根据轴对称图形的定义、性质探讨等腰三角形的性质."任务设计既为学生探究提供了开放的空间,同时又明确了思维方向,即"有向开放".结果是学生通过个人操作研究、小组交流之后,在全班交流环节碰撞出"丰硕的探究成果".接下来又该如何聚焦于学习目标"等腰三角形的性质"呢?专家教师再次展示出调控学生认知的深厚功力,将学生的生成顺势作为促进新知识内部以及新旧知识理解的学习资源,"以上猜想都源自等腰三角形的本质特征——轴对称图形,对称轴是底边的垂直平分线,也就是顶角的平分线、底边上的高、底边上的中线所在的直线.因而我们通过作出等腰三角形的对称轴,得到两个全等的三角形,从而利用全等三角形的性质证明等腰三角形的这些性质",寥寥数语,就把活动自然地引向证明环节,同时指引了思维方向,证明活动又成为学生主动发展的场域.

上述分析,有利于理解为什么熟手教师的课堂上虽然学生活动较多,但是生成很少、目标达成不高.真正尊重学生的主体性,不仅仅是让学生参与活动,更重要的是尊重学生的知识经验、认知特点和风格,真正激活学生的相关知识和经验,新知识的有关信息以结构化或序列关联的形式进行组织,同时在明确方向的前提下给予学生探究的空间、指导学生反思和重组知识.

三、重视学习任务的认知水平和呈现方式

在认知思脉转化中,还应重视学习任务的认知水平,避免纯粹的高水平或低水平任务、重复性任务,使得任务不仅涉及由低至高的认知水平,而且彼此具有密切的联系.国内外学者针对学习任务认知分类提出了不同理论框架,但是划分的理论基础相似,在本书第三章中也有介绍.本章再介绍学者豆雨松和杨向东在研究中应用的学习任务认知分类框架供教师学习和参考(见表4.6).(豆雨松,杨向东,2012)

表4.6 数学认知任务的层次框架

认知水平		描述	示例
低认知水平	1. 记忆	记忆水平指向学生直接从长时记忆中提取信息便能解决的问题	以下各个多面体分别是几面体?
	2. 简单领会	简单领会涉及信息的简单转换,一般只需要一到两步的认知操作	说出圆锥、球的三视图各是什么图形.
	3. 简单应用	简单应用指能将学过的知识应用于新的具体情境中,解决一些简单的问题	观察如下图所示的首饰盒,它是一个怎样的多面体?这个多面体与直四棱柱有什么关系?(单位:cm)
高认知水平	4. 复杂领会	复杂领会涉及信息的复杂转换,一般需要两步以上的认知操作	由5个相同的小立方块搭成的几何体如下图所示,请画出它的三视图.

续表

认知水平		描述	示例
高认知水平	5. 推理	推理在这里取一个比较宽泛的定义,指根据已有的信息进行归纳、比较、推断,得出一个新的结论	直棱柱的侧棱数、棱数、顶点数、面数之间有什么关系呢? 		侧棱数	棱数 (E)	顶点数 (V)	函数 (F)	|---|---|---|---|---| | 直三棱柱 | | | | | | 直四棱柱 | | | | | | 直五棱柱 | | | | | | 直六棱柱 | | | | | | … | | | | | | 直 n 棱柱 | | | | |
	6. 综合应用	综合应用指将学过的知识综合应用于新的情境中,灵活解决一些较复杂的问题,表现为对知识作横向联系,对要解决的问题各组成部分的辨认、分析,并综合应用	在一个边长为 4 m 的正方体的房间里,一只蜘蛛在 A 处,一只苍蝇在 G 处,试问:蜘蛛去抓苍蝇需要爬行的最短路程是多少?

资料来源:豆雨松,杨向东.教师课堂评价任务的设计和实施情境——一种理论驱动的分析模式[M]//杨向东,崔允漷.课堂评价:促进学生的学习和发展.上海:华东师范大学出版社,2012:249—250.

奥苏贝尔认为有意义学习由低至高分为符号表征学习、概念学习、命题学习、概念与命题的运用以及解决问题和创造五种类型. 加涅提出智慧技能的习得表现由低至高要经历识别、具体概念、定义性概念、规则和高级规则. 认知的发展类似 SOLO(Structure of the Observed Learning Outcome)理论所揭示的, 根据思维结构的发展脉络划分为 5 个层次, 由低至高分别为前结构、单点结构、多点结构、关联结构以及拓展抽象结构, 与线性结构、平面结构直至立体结构的发展过程描述相契合. 需要指出的是, 一方面, 并非低层次就无用, 它是组成高阶知识的成分, 更是高阶发展的基础; 另一方面, 人的认知在从低阶向高阶的发展过程中, 需要不断地加工、重组和重构信息, 同时必须将冗余的非本质和非关键信息压缩掉.

表征的原意是信息在头脑中的呈现方式, 由于外部信息的呈现方式与内部信息加工有密切联系, 因此可以区分为信息的内部表征和外部表征. 理论和实践均已表明, 如果学生对于抽象的数学知识只能获得一个实例或事实、一种模型或类比、一种语言体系、一个知识点下的推导, 那么面对变式的或复杂的情境时, 就会出现知识提取的困难, 不利于学习迁移. 因此认知思脉转化还包括将数学符号或形式化语言表征的数学知识进行多元表征, 促进学生深入理解和有效学习.

四、案例呈现与评析

案例 2 "数学归纳法"的教学表征

表征是认知心理学的一个重要概念. 有效的数学教学不仅需要充分的数学学科内容知识, 而且需要丰富地表现各种数学观念与关系的呈现方式的知识, 促进学生理解. 教学法的表征是指教师和学生在课堂中应用的所有表征, 它们作为数学知识的各种外部表示帮助解释一些概念、关系、联系或问题解决的过程.

本设计在数学归纳法知识解析, 以及学生学习问题诊断的基础上, 利用知识表征理论突破难点, 促进学生有效地进行数学抽象概括.

（一）教学内容解析

在本模块下, 我们从数学、数学史、教材编排等不同角度分析授课内容, 试图明确数学归纳法教学的重点.

数学归纳法是人教版普通高中教科书数学 A 版选择性必修第二册第四章"数列"第四节的内容.在等差数列和等比数列的学习中,通项公式的推导用的是不完全归纳法,其正确性还有待用数学方法证明.因此,数学归纳法也是数列学习的深化和发展.

数学归纳法的一般形式是:(1)证明当 n 取第一个值 n_0 时命题成立;(2)假设当 $n=k(k\in \mathbf{N}^*,k\geqslant n_0)$ 时命题成立,证明当 $n=k+1$ 时命题也成立;由(1)(2)可知,命题对于从 n_0 开始的所有正整数 n 都成立.因此,数学归纳法是证明与无穷的自然数集有关的数学命题的通法.最简单和常见的数学归纳法是证明当 n 属于所有自然数时的一个表达式成立,在高中数学中常用来证明等式成立和数列通项公式成立.

数学归纳法不是解决与自然数有关的命题的"算法".数学归纳法所处理的问题虽然都与自然数有关,但命题各异.这导致"归纳递推"步骤对计算机来讲并非"明确",从"假设当 $n=k(k\in \mathbf{N}^*,k\geqslant n_0)$ 时命题成立,推出当 $n=k+1$ 时命题成立"的"推理过程"在方法上不具有通性和一般性,常常因题而异.

另一方面,数学归纳法作为一种数学演绎证明的思想方法,同时也蕴含了"算法思想".这体现在"归纳递推"步骤的形成中.归纳递推是对许许多多"由上一项成立推导出下一项成立"的"重复"过程抽象概括得到的,这是在由"解法"向"算法"的发展过程中必然要经历的.从理论上说,数学归纳法提供了证明与自然数有关的某个命题成立的一般性的思想方法.

从历史角度看,像许多涉及"无穷"的数学概念一样,数学归纳法也经历了从萌芽到成熟的曲折漫长过程.数学归纳法的萌芽时期一般认为在公元前 6 世纪.最初的表现形式是一种用于归纳猜想的发现手段.所以,数学归纳法起源于不完全归纳法.数学归纳法的形成期是在 10—14 世纪,主要特征是递归推理思想逐渐产生,使之成为一种跨越无限的证明方法(尽管不甚严密).成熟期则是在 16 世纪末与 19 世纪期间.17 世纪,由于法国数学家、物理学家帕斯卡(B. Pascal,1623—1662)、瑞士数学家 J. 伯努利(Jakob Bernouli,1654—1705)等人的工作,形成了现代形式的数学归纳法思想、符号表示及名称.1898 年,意大利数学家皮亚诺(Giuseppe Peano,1858—1932)建立自然数的公理体系时,把数学归纳法思想作为自然数的公理之一

(归纳公理)确立起来,这才为数学归纳法提供了必要的理论依据.所以有人说,人类文明花了 2000 年才认识到"从当 $n=k$ 时命题成立,证明当 $n=k+1$ 时命题成立"这一步骤的重要性.

数学归纳法的历史也是人类思维方式不断进步的过程.当面对无穷多项的自然数 n 不知从何着手时,可以先从几个特例观察,再"归纳"它们的形式,最后利用严格的数学方法证明结论成立.

因此,数学归纳法的教学也是培养与发展学生逻辑推理能力的好题材.学生不仅要经历"观察——归纳——猜想——数学证明"的数学思考过程,而且可以领会涉及"无限"问题时,人们如何思考和解决问题.当然,数学归纳法的思想及形式也又一次体现了数学思维独特的美——求真、求简、求统一.

以上述知识解析为基础,在教学设计时突出数学归纳法形成的思维过程,特别是递推思想的作用,使学生不仅掌握一种新的证明方法,而且能理解它的实质.

(二) 教学目标

教学要有明确的教学目标,教学活动应该围绕教学目标来展开.数学归纳法教学的重心应是让学生领会数学的思维方式,体味方法的"精髓",而不仅仅是记住解题的程序.因此,本节课的教学目标就是要让学生:

(1) 感悟与正整数有关的一类命题仅用不完全归纳法等合情推理思想解决问题的局限性;

(2) 通过典型问题,抽象概括出数学归纳法的基本步骤,即用数学归纳法证明与正整数 n 有关的命题 $p(n)$ 成立需要做哪几件事;

(3) 理解数学归纳法的思想方法,即为什么做了这几件事就能证明命题 $p(n)$ 对一切正整数 n 都成立,特别是让学生感悟递归推理的本质和必要性,为今后逐步熟练地运用这一方法奠定基础.

(三) 教学问题诊断分析

菲施拜因(Fischbein)等学者调查了学生对理解数学归纳法原理的心理困难,结果表明约有 50% 的学生对数学归纳法原理的"归纳假设"存在理解上的困难.学生弄不清楚为什么可以随便假设 $P(n)$ 成立,学生的思想往往被阻断在想要检验归纳假设这个前提上.按照杜宾斯基(Dubinsky)、勒温(Lewin)的分析,数学归纳法认知图式涉及三个基本前提,即函数图式、逻辑图式、利用归纳法原理的证明方法的图式(见图 4.13).前两个是关于原理本身的要素,最后一个是应用问题.学生的心理困难从根本上讲与理解"蕴含关系"存在密切的关系.数学归纳法的"归纳递推"步骤关注的不是 $P(n)$ 与 $P(n+1)$ 是否分别成立,而是 $P(n)$ 与 $P(n+1)$ 之间是否存在蕴含关系.(李士锜,2001)

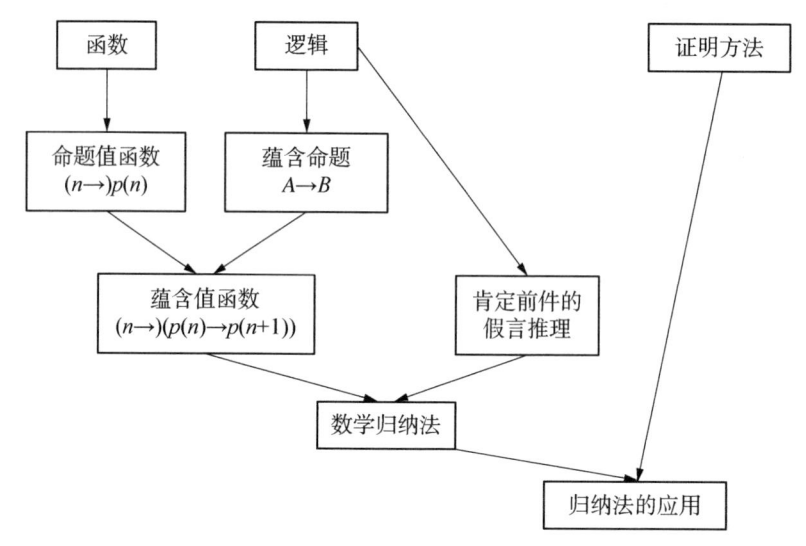

图 4.13 数学归纳法认知图式

首先,需要建立关于正整数的命题值函数的概念.其次,命题值函数的图式须与蕴含演算的逻辑图式协调,构造出蕴含值函数,即 $Q=[P(n) \to P(n+1)]$ 这一蕴含命题.其中的难点是,蕴含命题的成立与否不是由 $P(n)$ 或 $P(n+1)$ 成立与否来决定,而是由 $P(n) \to P(n+1)$ 整体来决定.

所以,对 $Q=[P(n) \to P(n+1)]$ 的理解在认知上要求三个方面的思考领会:将蕴含过程压缩,使之不再是一个过程,而是一个认知、反省的对象,并落在函数的值域内;函数概念推广到蕴含值函数,$Q=[P(n) \to P(n+1)]$ 这一蕴含命题将有一个函数值,即逻辑真值;从以正整数为定义域的命题值函数到它的对应的蕴含值函数的转变过程.

(四) 教学过程

1. 创设问题情境,激发学生的认知需要

问题 1 我们前面学习了数列.已知数列 $\{a_n\}$ 的第 1 项 $a_1=1$,且 $a_n=\dfrac{a_n}{1+a_n}(n \in \mathbf{N}^*)$,请大家思考:$a_n$ 的通项公式是什么?

问题2 $a_n = \dfrac{1}{n}$？你是怎样发现这个规律的？（显示图 4.14）

$$a_1 = 1;$$
$$a_2 = \frac{a_1}{1+a_1} = \frac{1}{2};$$
$$a_3 = \frac{a_2}{1+a_2} = \frac{1}{3};$$
$$a_4 = \frac{a_3}{1+a_3} = \frac{1}{4}.$$

猜想：$a_n = \dfrac{1}{n}$.

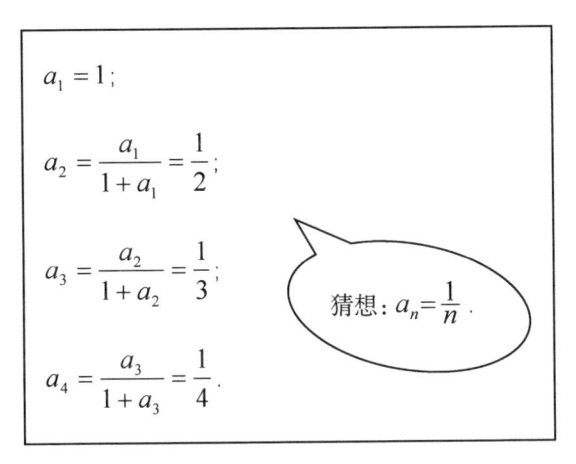

图 4.14　基于特例的归纳

设计意图　这个问题本身难度适宜，建立在学生已有知识的基础上，学生易于观察规律，得出猜想，使得学生的注意力集中于对证明方法的探寻.

问题3　大家刚才的发现是根据有限的特例得出的.这个结论可靠吗？这个结论有什么特点呢？（显示图 4.14）

设计意图　突出观察——归纳——猜想——证明的思考方式.通过让学生反思猜想的过程，明确所应用的方法是基于特例的不完全归纳法.同时利用命题值函数的表征(图 4.15)，促进学生思考所猜想命题的特点，即当 n 属于全体自然数时，结论是否对于任意一个自然数都成立？

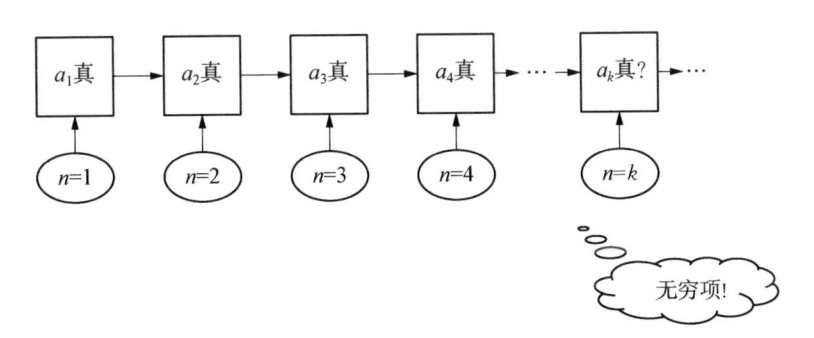

a_1真 → a_2真 → a_3真 → a_4真 → ⋯ → a_k真？ → ⋯

$n=1$　　$n=2$　　$n=3$　　$n=4$　　$n=k$

无穷项！

图 4.15　命题值函数的表征

问题 4 请大家先来看下面的问题：对任意自然数 n，$f(n)=n^2+n+41$ 的值是否为质数？

设计意图 这是数学家欧拉的一个例子．当 $n=1,2,3,\cdots,39$ 时，$f(n)$ 确实都是质数，但当 $n=40$ 时，$f(40)=40^2+40+41=41^2$ 为完全平方数，并非质数．一般说来，学生不会逐一验证到 $n=40$ 的情形，他们会根据少数几个特例作不完全归纳，说 $f(n)$ 是质数．当教师举出反例时，他们在惊诧之余对不完全归纳法的可靠性有了完整的认识，对猜想与证明的关系有了更深刻的认识，更重要地，能够激发起学生寻求有效证明方法的期望和需要．

教师小结 根据几个少数特例归纳出的结论是不可靠的．如果能一一验证各项命题都成立，则结论当然可靠，但遗憾的是，这个等式包含了无穷多项命题，逐一证明不可能实现．我们继续探究．

2. 探寻数学证明的方法

问题 5 （显示图 4.14）刚才，我们根据这几个特例得出猜想．反思：你是如何证明 $a_2=\dfrac{1}{2}$？如何证明 $a_3=\dfrac{1}{3}$？如何证明 $a_4=\dfrac{1}{4}$？它们具有类似的过程吗？如果要你验证当 $n=9$ 时，$a_9=\dfrac{1}{9}$ 是否成立，你怎样做呢？

设计意图 引导学生在反思的基础上，把新的证明过程进一步"步骤化"，使其结构逐步清晰，并依次用自然语言、图形语言等刻画．

预设 第一步，$a_1=1$，命题对 $n=1$ 成立；

第二步，把 $a_1=1$ 代入 $a_2=\dfrac{a_1}{1+a_1}$，得出 $a_2=\dfrac{1}{2}$，命题对 $n=2$ 成立；

第三步，把 $a_2=\dfrac{1}{2}$ 代入 $a_3=\dfrac{a_2}{1+a_2}$，得出 $a_3=\dfrac{1}{3}$，命题对 $n=3$ 成立；

第四步，把 $a_3=\dfrac{1}{3}$ 代入 $a_4=\dfrac{a_3}{1+a_3}$，得出 $a_4=\dfrac{1}{4}$，命题对 $n=4$ 成立；

……

第九步，把 $a_8=\dfrac{1}{8}$ 代入 $a_9=\dfrac{a_8}{1+a_8}$，得出 $a_9=\dfrac{1}{9}$，命题对 $n=9$ 成立．

问题 6 同学们，请思考上述推理过程，你们认为哪些步骤保证了命题为真,是重要的?

设计意图 引导学生概括关键步骤:"$a_1=1$,命题对 $n=1$ 成立",以及"$a_1 \to a_2$"真,"$a_2 \to a_3$"真,"$a_3 \to a_4$"真,……,"$a_8 \to a_9$"真.

问题 7 这些步骤还能简化吗?(呈现图 4.16)

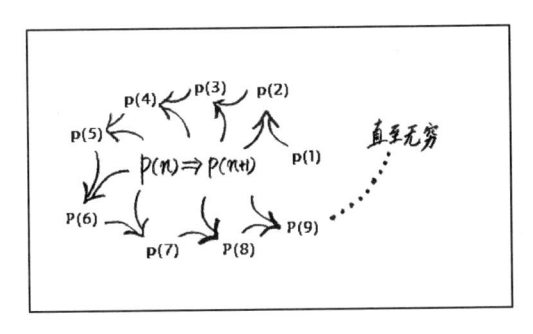

图 4.16 数学归纳法的逻辑直观图

问题 8 怎样证明命题 $a_n = \dfrac{1}{n}(n \in \mathbf{N}^*)$ 对所有自然数都成立呢?

预设 第一步,当 $n=1$ 时,a_1 成立;

第二步,对任意自然数 k,如果当 $n=k$ 时命题 a_k 成立,一定可以推出当 $n=k+1$ 时命题 a_{k+1} 成立.

设计意图 强调"对任意自然数 k",使学生明确通过这两步就可以证明命题对所有自然数都成立.

教师小结 我们要证明的命题不仅与正整数有关,而且要证明的新命题成立需要充分利用上一次的结果,把这次的推理建立在上一次的结果之上,前后两个步骤存在着逻辑联系.这种思想在数学中就称为"递推"思想.这主要体现在证明问题的"第二步"中,因此这一步骤称为归纳递推.第一步"a_1 成立"在证明中起到奠基的作用,因此称为"归纳奠基".这种证明问题的方法就称为"数学归纳法".

问题 9 有了这两步,就证明了命题对所有自然数都成立吗?请大家先交流,然后尝试用自己的语言解释.

问题 10 大家在生活中看到过多米诺骨牌游戏吗?(演示游戏过程)请同学们自己概括一下保证多米诺骨牌游戏完成的条件是什么.你能否把两者(多米诺骨牌游戏的条件与数学归纳法证明问题的思想)作一比较呢?

表 4.7　多米诺骨牌游戏与数学归纳法的类比

骨牌	通项公式
第一块已经倒下	证明当 $n=1$ 时,公式正确
条件"如果前一块倒下,则后一块也跟着倒下"一定满足	证明命题"如果当 $n=k$ 时公式正确,那么当 $n=k+1$ 时公式也正确"是真命题
满足上面两个条件,所有骨牌一定都倒下	做了以上两件事(证明),通项公式对一切正整数 n 都成立

设计意图　引导学生联想多米诺骨牌游戏活动的条件,丰富学生对数学归纳法表象的认识,促进理解.同时通过表格(表 4.7),让学生容易进行类比.在表格的设计中,我们用"证明命题'如果当 $n=k$ 时公式正确,那么当 $n=k+1$ 时公式也正确'是真命题"促进学生将蕴含过程压缩,使之不再是一个过程,而是一个认知、反省的对象.

为了帮助学生理解数学归纳法的思想,这里依次运用图形语言、数学符号语言等进行描述,特别是"命题值函数"与"归纳递推",在表征设计中既有多米诺骨牌的形象,又有数学的形式.在形象解释命题值函数的基础上,加上命题式的"推出符号"更易理解命题与命题之间的"蕴含"关系以及"归纳递推"步骤的"任意性"和"无穷性"本质.

3. 数学归纳法的形成

问题 11　已知数列 $\{a_n\}$: $a_1=1$, $a_{n+1}=\dfrac{n}{n+2}a_n$,求 a_n.

设计意图　让学生采用合作交流的方式继续体验观察——归纳——猜想——证明的思维方式,并尝试用数学归纳法证明.学生在数列学习中已经掌握"$1+2+3+\cdots+n=\dfrac{n(n+1)}{2}$",通过前四项的计算、概括,应归纳出猜想: $a_n=\dfrac{2}{n(n+1)}$.

问题 12　从前面两个问题看,数学归纳法适宜处理哪些问题?这些问题有什么特点?数学归纳法怎样证明命题成立?

问题 13　一般地,对于命题 $P(n)(n\in \mathbf{N}^*)$,请你说一说应用数学归纳法思想该如何证明.

设计意图 引导学生针对一般的与正整数有关的命题 $P(n)$,再次抽象概括数学归纳法,使学生逐渐脱离具体的问题情境.

4. 巩固练习

问题 14 已知数列 $\{s_n\}$: $s_1=1$, $s_{n+1}=s_n+(2n-1)(n\in \mathbf{N}^*)$,请你猜想 s_n 的一般规律,并证明.

5. 反思与拓展

问题 15 (1) 如果要证明命题 $P(n)(n\geqslant 3,n\in \mathbf{N}^*)$ 成立,你能应用数学归纳法思想进行证明吗?

(2) 如果要证明命题 $P(n)(n$ 是正偶数$)$ 成立,你能应用数学归纳法思想进行证明吗?

预设 让学生明确小题(1)中,要证明的命题是:$P(3)$,$P(4)$,$P(5)$,$P(6)$,$\cdots$,$P(n)$,$\cdots$;小题(2)中,要证明的命题是:$P(2)$,$P(4)$,$P(6)$,$P(8)$,$\cdots$,$P(2k)$,$\cdots$,并对数学归纳法思想进行改造和重组,促进学生对数学归纳法思想不断概括,深刻理解其思想实质.

设计意图 这里探讨的是数学归纳法常规证明题的两个基本变式问题,并且采用更一般的命题符号语言描述题目,对学生具有挑战性,目的是检验学生对数学归纳法核心思想是否可以迁移.为了适合学生的思维,在问题分析中适度具体化——"要证 $P(3)$,$P(4)$,$P(5)$,$P(6)$,$\cdots$ 都成立".

6. 回顾与小结

今天我们学习了用数学归纳法证明一些与自然数有关的命题,数学归纳法证明的结论可靠吗?为什么?

教师小结 这张图片的标题是"想飞的蜗牛",从图片上看,请同学们想一想,想飞的蜗牛怎样才能沿着天梯登上云端呢?(投影显示,此处图略)

虽然天空很高,离蜗牛很远,但是只要先爬上第一级,再努力爬到上面一级,不断努力,从下至上一级一级不断攀登,那么蜗牛就能爬得更高,就会离云端更近.希望大家也像这只蜗牛一样,志向高远,不断攀登.

设计意图 通过教师指导学生总结与反思,促进学生对学习过程的不断概括和对已有知识的重组.知识的获得不仅具有活动性、建构性、社会性,还具有情境性、默会性.通过学生对学习过程的反思,以及寓言故事和图片生动形象的展示,再次促进学生对抽象概念的理解以及学习意义的概括.

▶▶▶ 案例评析 ◀◀◀

许多学生和教师都反映数学归纳法"难",但是却不深入分析原因,只是加大题目练习数量,旨在通过死记硬背与简单模仿解决学习困难,效果却是事倍功半. 该案例是对"数学归纳法"单元认知的整体规划,根据构建的知识形成路径图,综合相关研究以及教学经验准确诊断学生学习难点. 数学归纳法教学的难点主要体现在两个方面:

(1)"归纳递推"的概括与内化;

(2) 数学归纳法的运用以及证明问题的思想实质,即为什么经历了这些步骤过程,就能证明对所有命题都成立.

根据学生的学习难点,教学过程设计方面突出考虑了三个方面:

(1) 如何让学生产生认知的需要,即导入问题的设计. 要达到激发兴趣和动机的目标,首先要让学生产生"问题冲突",即由已有经验或常识进行"逐一验证"无法解决问题,"局部验证"存在不完备、不可靠的局限,从而自然引出新的具体问题: 能否找到一种可靠的方法,并且通过有限步骤证明一个有关任意自然数 n 的命题? 并且问题与新知识构成联系紧密的结构. 有的教师用"摸球"的方式引入,有的教师利用"多米诺骨牌"游戏引入,虽然简单易操作,或者形象直观,但要概括出数学归纳法思想并不自然,而且降低了学生的认知水平. 有的教师采用"反例",例如: 对任意自然数 n, $f(n) = n^2 + n + 41$ 的值是否为质数? 这个例子说明经验归纳不可靠很恰当,但并非应用数学归纳法的典型问题,所以也不适合单独作为引入问题.

(2) 让学生明确命题值函数的特点,进而探寻证明一个命题值函数的策略和方法. 对此,教师设计了一些教学法表征(例如图 4.14～4.16 和表 4.7)融合在任务学习中,用形象的表征体现命题值函数的特点和数学归纳法证明问题的核心思想,其中,既有直观的图示,又包括用多米诺骨牌游戏活动和类比活动,一方面可以丰富学生对数学归纳法的理解,促进认同,另一方面,有利于数学归纳法本质和关键信息的压缩,形成认知结构.

(3) 数学归纳法学习的核心目标是形成数学归纳法运用的智慧技能和策略,因此,教学中不是通过单一的解释活动来促进学习,而是始终伴随具体的数学问题,师生共同探究和反思数学归纳法适宜解决什么样的问题、怎样解决问题、可以解决哪些问题以及如何在不同的问题情境下调整方法等一系列任务来展开. 体现了不同的学习目标和知识类型用于不同的学习任务.

第三节　单元学习活动的学习思脉转化

一、学习思脉转化

认知心理学家一般将学习解释为"由经验引起的能力或行为倾向的相对持久变化". 鉴于学习科学的形成和发展(本书第二章中有讨论)、定义学习的复杂性,学习可以笼统地定义为"主体与环境相互作用所引起的能力或行为倾向的相对持久变化". 根据美国科学院和教育部资助的一项研究,改变学习观的五个主题分别是:(皮连生,2009)

(1) 记忆和认知结构. 记忆不只是简单联想;认知结构表征知识和意义. 要查明支配有效理解和思维的、有组织的知识的本质,必须知道学生是怎样形成和发展融会贯通的知识结构的.

(2) 问题解决与推理的分析. 心理学对当代学习的最重要影响是有关专家学习的基础研究. 新手习得的解题技能与在某一领域熟练的专家的专长之间存在明显的差异.

(3) 早期基础. 由于研究方法的改进,新的研究表明婴幼儿具有比以往所知的更大的学习潜能. 因此,教育者必须重新思考幼儿入学前所具有的原有知识和技能对于入学后的新学习的影响.

(4) 反省过程和自我调节的能力. 研究表明,可以教会儿童调节自己的行为,并且这些调节活动能管理和控制自己的行为表现. 这些活动包括如下策略:预期结果、事先计划、安排自己的时间、自我解释以改进理解、注意理解失败和激活背景知识等.

(5) 文化经验和参与社会实践. 儿童的发展过程实质上是儿童社会化的过程. 通过学习,儿童接受社会文化的规范、规则和价值观. 他们的个性和才能的发展必须适应社会的广泛限制和需要. 所以,参与社会实践是学习的基本形式.

影响学习效果的路径有多条,有些甚至很复杂. "六步三段两分支"教学模型不能解释学生的道德品质的学与教,未涉及情感领域的教学,并且对于复杂的真实情境下数学问题解决也需要考虑特殊的过程和条件. 所谓学习思脉转化就是为了获得有效学习,既基于知识和认知,又超越知识和认知,从更广阔的视角对学习过程进行干预. 已有研究表明,学习环境理论有四种视角,即以学习者为中心的、以知识为中心的、以评价为中心的、以共同体为中心的学习环境. 本节学习思脉转化从核心素养本位的课堂学习环境建设方面进行探讨,当然,在学生的发展目标方面应该是与学校的育人目标一致的.

核心素养本位学习环境自然是尊崇学习者的主动发展.努力做到教学始于学习者的现有知识、他们的生活实践、他们的信念以及他们对学科内容的掌握程度.帮助学生将他们已有的相关知识与当前的学习任务联系起来,有计划地了解每个学生的性格、兴趣和长处,以及他们的已有知识和信念是如何影响他们对新信息的解释、他们对自我认知过程的意识和调控如何影响他们的学习.高阶数学思维能力和解决问题的能力需要组织良好的、能在适合的情境中自觉提取和应用的知识,需要接受式学习、参与式学习和迁移式学习的有效组合.

素养本位的学习环境自然是尊重知识学习和创生的,将学科知识转化为承载教育价值的情境、任务和活动,而不是停留于琐碎的知识、形式化的符号、简单或重复的问题,同时又会遵循教学始于学习者现有知识和能力的原理,并让学生从一个吸引点或一个挑战开始学习.当学生能够掌握更为复杂的概念时,需以恰当的方式将这些概念呈现给学生,通过对知识的加工、组织和协调,应用、反思、质疑和创造获得其内隐的思想、价值和意义.

评价问题也是核心素养本位学习环境设计的一个重要内容.学生的有效学习以及素养发展还需要形成性评价,因为形成性评价能够为学生提供回顾与改进他们思维和学习的机会.大量例证也表明,有效反馈对学生学习有显著的正面影响.所以立足于单元的整体内容,考虑课程标准的要求,从评价的视角设计学习任务,赋予学习任务评价功能,基于生活的、数学的、科学的复杂情境评价学生综合运用已有知识进行学习迁移的表现.评价作为学校和课堂都薄弱的领域,教师亟待提高评价的知识、意识和能力,学习根据评价结果来调整或改变教学策略和方法.

核心素养本位学习环境的建设需要秉持对不同视角整合的观念.一些教师在谈论个人的课堂变革时,会说运用了合作学习、为理解而教、重视数学问题解决、运用了形成性评价,等等.但是,合作学习也许被用于简单问题,成为促进数学事实或陈述性知识记忆的方法;为理解而教或者数学问题解决也许只是某个数学课题才去做的事情;形成性评价也许针对的是一些与高阶目标无关,或者与后续的数学学习毫无关联的知能.也就是说,一些所谓的变革活动事实上彼此之间往往缺乏协调或者质量不高.设计核心素养本位的课堂学习环境需要一种系统的思想和规划来协调各种活动,从而在实践中以它们之间相互支持的方式加以联合.(约

翰·D. 布兰思福特,等,2013)

在《追求理解的教学设计》一书中,威金斯和麦克泰格提出了"WHERETO"学习或教学过程设计法,目的是在教学设计中系统地提示一些关键的思考.(格兰特·威金斯,杰伊·麦克泰格,2017)

W 代表两个含义,分别是方向(where)和原因(what). 这个步骤要确保学生了解所学单元的目标和原因.

H 代表两个含义,分别是吸引(hook)和保持(hold). 这个步骤要从一开始就吸引学生并保持他们的注意.

E 代表四个含义,分别是准备(equip,记作 E1)、体验(experience,记作 E2)、探索(explore,记作 E3)和使能(enable,记作 E4). 这个步骤是为学生提供必要的经验、工具、知识和技能来实现学习目标,并且为了迁移目标的实现,强调学生要在体验中探索,"教师,特别是高中和大学教师,往往不能充分考虑学生先前经验的不足,并且错误地认为学生需要的是更多的知识. 只有通过精心设计的体验、对体验的反思、针对体验和目标的教学等方面的迭代过程,理解才能得以发展".

R 代表三个含义,分别是反思(reflect,记作 R1)、重新考虑(rethink,记作 R2)和修改(revise,记作 R3). 这个步骤是为学生提供大量机会来重新思考数学大概念群,反思数学活动和过程进展,并修改自己的想法."我们会很自然地发现以内容为线索开展线性教学是行不通的. 如果学生只遇到这些内容一次,他们如何掌握复杂的概念和任务? 除非我们重新回顾先前的理解,否则理解不会变得明确,事物的本质也不会变得清晰."

E 代表评价(evaluate,记作 E5). 这个步骤将显示"元认知"的关键作用,为学生评估进展和自我评估提供机会,旨在明确未解决的问题,帮助学生对个人已经学习的内容、需要进一步探究和改进的方面作出判断,设定未来的目标和新的学习方向,同时发展学生元认知的意识、知识、技能和策略.

T 代表个性定制(tailor). 这个步骤是面向学生差异,适当根据学生个体的天赋、兴趣、风格和需求,思考教学设计如何体现学习过程的个性化与多样化.

O 代表合理组织(organize). 这个步骤是安排学习任务和活动的合理顺序,以保障学生获得深刻理解,而非肤浅了解.

WHERETO 学习设计法描述了一个通过强调注意、体验和探究、反思、评价和元认知等要素促进学生对知识信息的挑选、强调、调整、组织和协调的深度学习环境.在下面第二部分"案例呈现与评析"中,通过"相似三角形的判定"教学设计阐释该设计法的理念.

二、案例呈现与评析

案例 1 "相似三角形的判定"的学习环境要素

"相似三角形的判定"的学习环境要素如表 4.8 所示.

表 4.8 "相似三角形的判定"的学习环境要素

活动元素	活动内容	教师指导
W+H+E1	(一)聚焦问题,启发思路 (全班学习) 师生共同回顾三角形全等的判定定理,根据教师启发的思维方向,引发学生对相似三角性判定的思考. 设计意图 激活学生相关知识和经验,任务明确,并为新任务提供思维方向,全面应对挑战性问题.	已经研究了全等三角形的定义、判定和性质.在这个基础上,又研究了相似三角形的有关概念,明白了全等三角形是相似比为1时的相似三角形.如果能判定两个三角形全等,那么它们一定相似.但是判定相似不需要这么多条件,因为相似三角形只要求形状相同,不要求大小相等.现在研究如何把条件简化到能保证三角形相似的最少情况——三角形相似的判定.
E2+E3+ E4+R1+ R2+R3	(二)探索问题的猜想 (独立学习、小组合作、全班交流) 三角形相似的判定命题: (1) 两边对应成比例且夹角相等的两个三角形相似. (2) 两边对应相等的两个三角形相似. (3) 三边对应成比例的两个三角形相似. (4) 斜边和一条直角边对应成比例的两个直角三角形相似. 设计意图 在学生能动的前提下,充分发挥学生的主动性,经历数学发现的核心环节.通过系列反思,使学生的猜想更贴近相似三角形判定规律的发现.	教师对学生个体和小组学习展开个别指导,了解学习情况和进展.

第四章 设计深度适切的学习活动

续表

活动元素	活 动 内 容	教师指导
E1＋R1＋H	（三）整理命题验证的知识前提 （全班学习） (1) 相似三角形的定义； (2) 预备定理：平行于三角形一边的直线和其他两边（或两边的延长线）相交，所构成的三角形与原三角形相似． 设计意图　引导学生反思、复习，激活学生相关知识基础．	指导学生调整命题的顺序，推进探究活动．4个命题是真命题吗？能否作为判定三角形相似的依据呢？要对这4个命题进行证明．回忆一下，现在判定三角形相似已有哪些依据了？
E2＋E3＋E4＋R1＋R2＋R3	（四）探究命题的证明 1. 命题(1)的证明 研究如何转化？ 学生独立实践、自行总结思路：先作"平行"，再证"三角形相似"． 全班交流与概括证明步骤和原理，获得判定定理(1)：如果两个三角形的两边对应成比例，并且夹角相等，那么这两个三角形相似． 全班交流定理的图形语言和符号语言． 设计意图　命题(1)的证明可以为其他命题的证明提供思路、方法（叠合法）和语言的支持． 2. 命题(2)的证明 让学生阅读教科书中的证明方法和规范化的表达． 设计意图　根据学生数学活动经验的发展，变化学习方式． 3. 命题(3)的证明 作为学生课后作业． 设计意图　根据学生数学活动经验的发展，变化学习方式． 4. 命题(4)的证明 先个人思考，再全班交流讨论不同的证明方法． 设计意图　命题(4)在教科书中是例题，因为该定理有新的证明方法及较多的应用，所以采用课堂学习，并交流反思．	指导学生观察"预备定理"中图形的特征，研究如何将命题(1)转化为符合"预备定理"的条件，从而可以用"预备定理"判定三角形相似． 指导学生把思路与操作用数学语言描述出来． 怎样发现证明方法？你对于定理的证明方法和过程有哪些新的认识？你在探究中有哪些修改？

续表

活动元素	活动内容	教师指导
E2＋E3＋ E4＋R1＋ R2＋R3	（五）练习和议论 不仅有用于巩固定理知识的基本运用题，即"判定△ABC与△A′B′C′是不是相似，并说明理由""如果相似，写出表示式"和命题（4）的基础运用题，而且设计了非常规的开放题，即"3. 要做两个形状相同的三角形框架，其中一个三角形框架的三边的长分别为4、5、6，另一个三角形框架的一边长为2，怎样选料可使这两个三角形相似？" 在学生独立实践之后，全班交流讨论思路、步骤和策略． 设计意图　巩固定理知识，促进知识记忆、理解和转化．	教师个别观察、指导，了解学习情况与进展．
R1＋R2＋ R3＋E5	（六）总结、反思和评价 （全班交流讨论） 相似三角形的定义→判定三角形相似的"预备定理"→三角形相似的判定定理． 总结　不仅研究了相似三角形的判定定理，而且运用了类比推断的思想方法，又将类比全等三角形判定得到的相似三角形判定的结论进行了证明，才把它们当作三角形相似的判定定理．类比的思想方法是获取新知识的一种重要方法． 至今已经学习了三角形的许多知识，不仅可以解决数学问题，还可以帮助我们解决现实生活问题．这些知识都是国内外先贤探索出来的，请同学们在课下搜集与三角形知识发明有关的人和故事，想一想对我们有哪些启发． 设计意图　通过引导学生反思，突出"叠合法"在4个命题证明中的贯通地位和作用．通过建立知识的联系促进知识在头脑中的"压缩"．	引导学生思考怎样获得相似三角形的判定定理？ 怎样记忆4个定理？ 学习了相似三角形判定的知识，可以解决哪些问题？ 你个人在学习过程中有哪些体会或感受？怎样评价自己的学习和同伴的学习？

▶▶▶ 案例评析 ◀◀◀

该案例参考了李庚南老师对"相似三角形的判定"的教学设计，并进行了修改．整体设计呈现以下特点：

（1）运用相似三角形和全等三角形之间的内在联系作为新知识形成的主线，利用"叠合法"作为解决问题的基本方法一以贯之,事实上也是学生记忆知识的方法.

（2）学习任务有层次序列发展,既体现出对少量核心知识的深度探究和理解,又与学生的数学经验世界、现实世界、历史时空以及自我和同伴都建立了联系.不单纯追求方法的多样,而是重视方法背后的知识关联.

（3）根据学生的多样性、差异和任务的特点,设计了个人学习、小组合作、全班讨论和交流等多种学习方式,既满足了个性需求,又实现了群体发展.

（4）在思维和认知的关键点,教师总是及时干预,适度点拨.

（5）通过反思和评价等活动,促进学生在心智中内化和转化知识、显化意义,提高自我学习监控能力、升华学习意义.

有学者提出深度学习具有五个要素:(刘月霞,郭华,2018)

（1）联想与结构.该要素是指经验与知识的互相转化阶段,需要教师进行唤醒和改造学生以往经验的活动,联系李庾南等专家教师的教学实践,更容易洞察其中的意义.

（2）活动与体验."活动"是指以学生为主体的主动活动,"体验"是指学生在活动中生发的内心体验.活动和体验是学生的学习机制.此时,需要在教师的带领下主动活动,通过听讲、实验、探索等方式去弄清生活的或数学的事实、现象中所蕴含的数学关系和规律.

（3）本质与变式.该要素是指对学习对象进行深度加工,不断把握数学知识的本质,从而提高迁移和创造能力.

（4）迁移与应用.该要素解决的是知识向学生个体经验转化的问题,即将所学知识转化为学生综合实践能力,促进学生对学习结果的外化.

（5）价值与评价.教师帮助学生将成长的隐性要素明晰化.例如,使学生自觉思考所学知识在知识系统中的地位与作用、优势与不足、用途与局限,对所学知识及学习过程主动进行质疑、批判与评价.通过让学生养成习惯从而主动和能动地形成正确的价值观,成为有助于学生发展的核心素养.

可见,中外学者和专家教师从理论和实践两个基本途径都阐明了素养本位深度学习的教学环境要素,其中既有知识的演变和挑战、学生主体性和能动性的迸发,也包含教师参与学习的示范和引领、学习共同体的互动和协商、意义和价值的反思与升华.

案例 2　"函数概念与表示法"单元学习任务设计的过程研究

（一）数学单元学习的三个阶段

核心素养本位单元学习需要知识习得、巩固和转化、提取和运用三个阶段的相互配合，在不同阶段提供有意义的学习任务和活动，促进理解深化、知识转化以及策略生成（见表4.9）。

表4.9　知识学习三阶段

教学阶段	主要教学方法或技术	预期的学习目标
知识习得 （新知课）	讲述、板书或由问题引入等告知目标. 提问、小测验等复习相关旧知识	指引注意，激发兴趣，激活原有知识
	通过以下方法，有组织地呈现新知识. (1) 设计先行组织者、图表； (2) 教师讲授； (3) 指导学生自学； (4) 提供直观材料等	选择性知觉新信息
	通过以下方法，促进新知识的理解. (1) 比较新知识内部的异同； (2) 比较新知识与相关的原有知识的异同； (3) 运用类比等	使新知识进入原有认知图式，理解新知识
知识巩固和转化 （练习课）	(1) 布置思考题，让学生带着问题复习、讨论等； (2) 对学生的复习、记忆方法提供指导； (3) 促进知识巩固、反思和评价的题目	巩固新知，形成基本技能，学会记忆和复习的方法
知识提取和运用 （复习课）	(1) 设计关联的或综合的情境变式练习，指导学生练习和反思； (2) 及时提供反馈，纠正练习中的错误	促进知识转化为复合技能、能力和认知策略

（二）单元大概念群

"函数概念与表示法"主题单元的大概念群包括函数关系、函数表示法、代数（或函数）符号和运算．

（三）形成单元学习评价目标和学习任务

单元设计被视为落实素养目标的重要载体，其实质是知识的整合，这种整合意味着需要统整地设计学习活动，即以大的学习任务来统领小的学习活动. 邵朝友基于单元教学设计提出了"核心学习任务"概念,即在教——学——评一致性的视角下,把教学和评价基于目标整合为有限的几条学习任务,并由此规划、架构单元教学. 核心学习任务内在地包含了目标、教学与评价,目的是明确单元最重要的学习活动及其序列.(邵朝友,陈体杰,杨宇凡,2021)核心学习任务应该包括学科认知任务、反思任务和自我评价任务.

如何产生核心学习任务呢?为了更贴合教师的实践,从教师熟悉的经验开始,采取逆向的自下至上的建构方式,从一个个基础的、从属的、具体的目标和任务进行类化和聚焦,直至核心的意义理解和迁移的评价目标与任务.

1. 知识与技能评价目标

(1) 能根据集合语言或区间语言描述的解析式、图象或表格识别函数关系.

(2) 会求关联的数学情境下函数和复合函数解析式的函数值.

(3) 会用换元法和待定系数法求函数解析式.

(4) 会求关联的数学情境下函数解析式的定义域.

(5) 会推断同一函数与非同一函数.

(6) 会求熟悉的数学情境下函数解析式的值域.

(7) 能根据函数图象求函数的定义域和值域.

(8) 能用区间表示函数的定义域和值域,能在熟悉的数学情境下进行集合语言与区间语言的相互转化.

(9) 会根据熟悉的数学情境下的函数解析式作出函数图象.

(10) 在关联的数学情境下会通过代数符号运算求函数和复合函数的解析式.

(11) 会求关联的数学情境下分段函数和复合分段函数解析式的值.

(12) 会作出关联的数学情境下分段函数的图象,能根据图象求其值域.

2. 学习任务示例

例1 下列集合 A 到集合 B 的对应关系 f 是函数的是(　　).

A. $A=\{-1, 0, 1\}, B=\{0, 1\}, f$: A 中的数平方

B. $A=\{0, 1\}, B=\{-1, 0, 1\}, f$: A 中的数开方

C. $A = \mathbf{Z}$, $B = \mathbf{Q}$, f：A 中的数取倒数

D. $A = \mathbf{R}$, $B = \{x \mid x \geqslant 0\}$, f：A 中的数取绝对值

评价目标 能识别函数关系.

例 2 设 $M = \{x \mid 0 \leqslant x \leqslant 2\}$, $N = \{y \mid 0 \leqslant y \leqslant 2\}$, 给出下列四个图形：

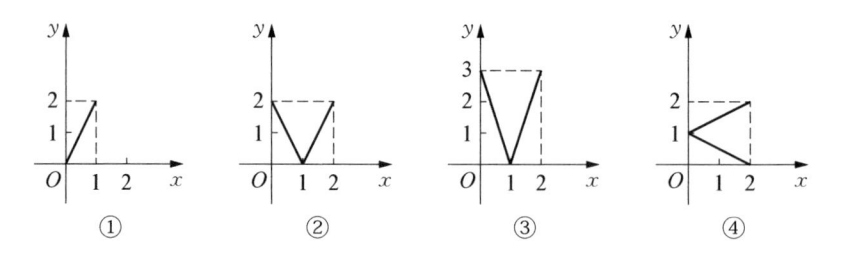

其中,能表示从集合 M 到集合 N 的函数关系的个数是(　　).

A. 0　　　　B. 1　　　　C. 2　　　　D. 3

评价目标 能根据图象识别函数关系,理解函数的意义.

例 3 已知集合 $M = \{-1, 1, 2, 4\}$, $N = \{1, 2, 4\}$, 给出下列四个对应关系,其中能构成从 M 到 N 的函数的是(　　).

① $y = x^2$;　② $y = x + 1$;　③ $y = x - 1$;　④ $y = |x|$.

A. ①　　　　B. ②　　　　C. ③　　　　D. ④

评价目标 能根据集合语言和函数解析式识别函数关系,理解函数的意义,求函数值.

例 4 若 $f(x) = 2x^2 + 2$, $g(x) = \dfrac{1}{x+2}$, $h(x) = \dfrac{1-x}{1+x}(x \neq -1)$, 求：$f(2)$, $f(a+3)$, $g(a) + g(0)(a \neq -2)$, $h(0)$, $h(1)$, $h(1-a)(a \neq 2)$.

评价目标 会求关联的数学情境下函数的函数值.

例 5 求下列函数的定义域：

(1) $y = 3 - \dfrac{1}{2}x$;

(2) $f(x) = \dfrac{\sqrt{1-3x}}{x}$;

(3) $y = \dfrac{\sqrt{5-x}}{|x|-3}$;

(4) $f(x) = \dfrac{\sqrt{x+1}}{\sqrt{-x^2-3x+4}}$.

评价目标 会求关联的数学情境下函数的定义域.

第四章 设计深度适切的学习活动

例 6 有下列各组函数：

① $f(x)=\dfrac{x^2-x}{x}$，$g(x)=x-1$；

② $f(x)=\dfrac{\sqrt{x}}{x}$，$g(x)=\dfrac{x}{\sqrt{x}}$；

③ $f(x)=\sqrt{x+1}\cdot\sqrt{1-x}$，$g(x)=\sqrt{1-x^2}$；

④ $f(x)=\sqrt{x+3^2}$，$g(x)=x+3$；

⑤ 汽车匀速运动时，路程与时间的函数关系 $f(t)=80t(0\leqslant t\leqslant 5)$ 与一次函数 $g(x)=80x(0\leqslant x\leqslant 5)$.

其中，表示同一个函数的是_____.（只填序号）

评价目标 会推断同一函数与非同一函数.

例 7 求下列函数的值域：

(1) $y=2x+1$，$x\in\{1,2,3,4,5\}$；

(2) $y=\sqrt{x}+1$；

(3) $y=x^2-4x+6$，$x\in[1,5]$；

(4) $y=\dfrac{3x+2}{x-1}$.

评价目标 会求熟悉的数学情境下函数的值域.

例 8 (1) 已知函数 $y=f(x)$ 的图象如图 4.17ⓐ 所示，则其定义域为_____.

(2) 已知 $f(x)$ 的图象如图 4.17ⓑ 所示，则 $f(x)$ 的值域为_____.

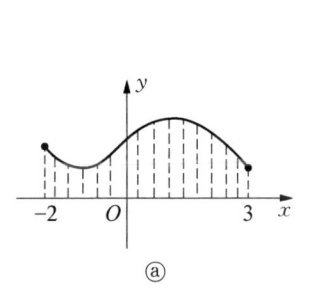

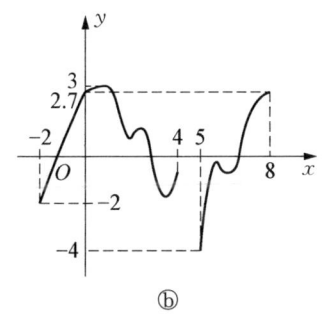

图 4.17

评价目标　能根据函数图象求函数的定义域和值域.

例 9　集合 $\{x \mid x < -2\}$ 表示的区间是 _____；区间 $[1, 2)$ 表示的集合是 _____；函数 $f(x) = x^2 + 1$ 的值域表示的区间是 _____.

评价目标　能在熟悉的数学情境下进行集合语言与区间语言的相互转化.

例 10　作出下列函数的图象,并根据作出的函数图象求其值域：

(1) $y = 2x + 1$, $x \in [0, 2]$;

(2) $y = \dfrac{2}{x}$, $x \in [2, +\infty)$;

(3) $y = x^2 + 2x$, $x \in [-2, 2]$.

评价目标　会根据熟悉的数学情境下的函数解析式作出函数图象.

例 11　(1) 已知 $f(\sqrt{x} + 1) = x + 2\sqrt{x}$,求 $f(x)$.

(2) 已知 $f(x)$ 为二次函数,且 $f(x+1) + f(x-1) = 2x^2 - 4x$,求 $f(x)$.

(3) 已知函数 $f(x)$ 对于任意的 x 都有 $2f\left(\dfrac{1}{x}\right) + f(x) = x (x \neq 0)$,求 $f(x)$.

评价目标　会通过代数符号运算求函数的解析式.

例 12　已知函数 $f(x) = \begin{cases} x + 1, & x \leqslant -2, \\ 3x + 5, & -2 < x < 2, \\ 2x - 1, & x \geqslant 2, \end{cases}$ 求：$f(-5)$, $f(1)$, $f\left(f\left(-\dfrac{5}{2}\right)\right)$.

评价目标　会求关联的数学情境下分段函数和复合分段函数的函数值.

例 13　设 $x \in \mathbf{R}$,作出函数 $y = 2|x-1| - 3|x|$ 的图象,并根据作出的图象求其值域.

评价目标　会作出关联的数学情境下分段函数的图象,能根据函数图象求其值域.

例 14　设 $f(x) = 2x^2 + 2$, $g(x) = \dfrac{1}{x+2}$, $h(x) = \dfrac{1-x}{1+x}(x \neq -1)$.

(1) 求 $g(f(2))$ 的值;

(2) 求 $g(f(x))$ 的值;

(3) 求 $h(h(2))$ 的值.

评价目标 会求关联的数学情境下复合函数的函数值.

3. 反思和评析

许多优秀数学教师对该单元的基础知识和技能都非常熟悉,这对数学问题或任务设计很有帮助.但是如果仅仅停留于此就会发现,一方面,如此多的知识技能背后是琐碎的知识点,据此形成的学习任务也必然是繁多和重复的,所要求的理解必然是浅表的;另一方面,如果不上升知识的理解层次,这样的学习就会既让学生付出沉重的认知加工和记忆负担,又浮于浅表的学习,不利于迁移,使得学生学习新知识和解决新问题的效益低下.

4. 意义理解和迁移的评价目标

一方面,要观察学生在关联的、综合的或复杂的数学问题解决中对于知识整合以及他们的知识与新情境互动的表现.另一方面,学生能解释函数内部要素的意义,能解释函数符号的意义,能洞察一个数量关系或对应关系表示为函数关系的策略,能洞察通过代数符号运算进行函数相关运算的策略;能洞察函数建模的策略;了解函数知识及其学习的价值意义.

5. 学习任务示例

◆ 概念理解辨析题示例 ◆

例 1 思考辨析,判断正误.

(1) 根据函数的定义,定义域中的任意一个 x 可以对应着值域中不同的 y;(　　)

(2) 任何两个集合之间都可以建立函数关系;(　　)

(3) 函数的定义域必须是数集,值域可以为其他集合;(　　)

(4) 在函数的定义中,集合 B 是函数的值域.(　　)

◆ 逆向思维的变式练习题示例 ◆

例 2 设 $f(x)=2x^2+2$, $g(x)=\dfrac{1}{x+2}$,若 $f(a+1)=g\left(-\dfrac{3}{2}\right)+a+1$,求 a 的值.

例3 已知函数 $f(x)$ 是一次函数,若 $f(f(x))=4x+8$,求 $f(x)$.

例4 已知函数 $f(x)=\begin{cases} x+1, & x\leqslant -2, \\ 3x+5, & -2<x<2, \\ 2x-1, & x\geqslant 2. \end{cases}$

(1) 若 $f(a)=3$,求实数 a 的值;

(2) 若 $f(x)>2x$,求 x 的取值范围.

◆ **真实情境的函数建模问题示例** ◆

例5 在对口扶贫活动中,为了尽快脱贫(无债务)致富,企业甲将经营状况良好的某种消费品专卖店以 5.8 万元的优惠价格转让给了尚有 5 万元无息贷款没有偿还的小型企业乙,并约定该店经营的利润,首先保证企业乙的全体职工每月最低生活开支 3 600 元后,逐步偿还转让费(不计息).在甲提供的资料中有:①这种消费品的进价每件 14 元;②该店月销售量 Q(百件)与销售价格 P(元)的关系如图 4.18 所示;③每月需各种开支 2 000 元.

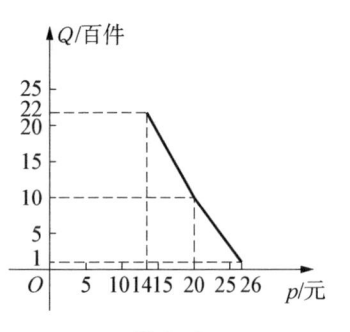

图 4.18

(1) 当这种消费品的售价为每件多少元时,月利润扣除职工最低生活开支的余额最大?求最大余额.

(2) 企业乙只依靠该店,最早可望在几年后脱贫?

6. 一些反思感悟

(1) 判断一个对应关系是否为函数的方法,如图 4.19 所示.

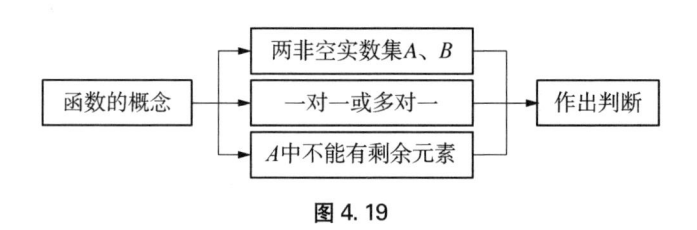

图 4.19

(2) 求函数值的方法.

① 已知 $f(x)$ 的表达式时,只需用 a 替换表达式中的 x,即得 $f(a)$ 的值.

② 求 $f(g(a))$ 的值应遵循由里往外的原则.

(3) 求函数定义域的方法.

初步感悟：

求函数的定义域就是求使函数表达式有意义的自变量的取值范围.

① 要明确使各函数表达式有意义的条件是什么.

② 不对解析式化简变形,以免定义域变化.

③ 当一个函数由两个或两个以上代数式的和、差、积、商的形式构成时,其定义域是使得各式子都有意义的自变量时公共部分的集合.

深度感悟：

① 已给出函数解析式时：函数的定义域是使函数表达式有意义的自变量取值的集合.

② 解决实际问题(如生活的、物理的或几何的情境)时：求函数的定义域既要考虑函数表达式有意义,还应考虑使实际问题有意义.根据函数表达式求出一个自变量的取值集合,再根据问题实际意义的要求,剔除不合要求的部分.

③ 解决复合函数问题时：

(i) 若 $f(x)$ 的定义域为 $[a,b]$,则 $f(g(x))$ 的定义域应由 $a\leqslant g(x)\leqslant b$ 解出；

(ii) 若 $f(g(x))$ 的定义域为 $[a,b]$,则 $f(x)$ 的定义域为 $g(x)$ 在 $[a,b]$ 上的值域.

(4) 求函数解析式的常用方法.

初步感悟：

① 换元法：设 $t=g(x)$,求出 x,代入 $f(g(x))$,求 $f(t)$ 的解析式即可.

② 配凑法：对 $f(g(x))$ 的解析式进行配凑变形,使它能用 $g(x)$ 表示出来,再用 x 代替两边所有的" $g(x)$ "即可.

③ 待定系数法：若已知 $f(x)$ 的解析式的类型,设出它的一般形式,根据特殊值确定相关的系数即可.

④ 方程组法(或消元法)：当同一个对应关系中的两个函数值有互为相反数或互为倒数关系时,可构造方程组求解.

深度感悟：

求函数解析式最常用的方法是换元法和待定系数法.

① 已知形如 $f(g(x))$ 的解析式求 $f(x)$ 的解析式,使用换元法或配凑法. 应用换元法求函数解析式时,务必保证函数在换元前后的等价性.

② 已知函数的类型(往往是一次函数或二次函数),使用待定系数法.

③ 含 $f(x)$ 与 $f(-x)$,或含 $f(x)$ 与 $f\left(\dfrac{1}{x}\right)$,使用方程组法.

(5) 判断两个函数为同一个函数.

① 定义域、对应关系都相同就是同一个函数,两者只要有一个不相同就不是同一个函数. 即使定义域与值域都相同,也不一定是同一个函数.

② 函数是两个数集之间的对应关系,所以用什么字母表示自变量、因变量没有限制.

③ 在化简函数解析式时,必须是等价变形.

(6) 求函数值域的方法.

① 观察法：对于一些比较简单的函数,其值域可通过观察得到.

② 配方法：此方法是求"二次函数类"函数值域的基本方法,即把函数通过配方转化为能直接看出其值域的方法.

③ 分离常数法：此方法主要是针对有理分式,即将有理分式转化为"反比例函数类"的函数形式,便于求值域.

④ 换元法：对于一些无理函数(如 $y=ax\pm b\pm\sqrt{cx\pm d}$),通过换元把它们转化为有理函数,然后利用有理函数求值域的方法,间接地求解原函数的值域.

(7) 分段函数求值的方法.

① 先确定要求值的自变量属于哪一段区间.

② 然后代入该段的函数解析式求值,直到求出值为止. 当出现 $f(f(x_0))$ 的形式时,应从内到外依次求值.

③ 已知分段函数的函数值求对应的自变量的值,可分段利用函数解析式求得自变量的值,也可先判断每一段上的函数值的范围,确定函数解析式再求解.

(8) 分段函数图象的画法.

① 对含有绝对值的函数,要作出其图象,首先应根据绝对值的意义去掉绝对值符号,将函数转化为分段函数,然后分段作出函数图象.

② 作分段函数的图象时,分别作出各段的图象,在作每一段图象时,先不管定义域的限制,作出其图象,再保留定义域内的一段图象即可,作图时要特别注意连接点处"点的虚实",保证不重不漏.

(9) 函数建模的策略.

初步感悟:

① 如果一个应用问题中涉及量的最大值或最小值,并且另外的量在它(们)的可取值范围内选择取值时,影响前一个量得到最大(小)值,那么应考虑利用二次函数去解题;否则,考虑列方程加以解决.

② 先考虑设 y,把涉及有最大(小)值的量设为函数 y.如果题目是计算使函数 y 得到最大(小)值的另一个变量的取值,并且易于找到这个变量对函数 y 的表达式,那么设这个变量为 x,同时写出它对 y 的表达式,即所需要的二次函数解析式.

③ 如果对于上述的第二个变量,不易立即找出它对函数 y 的表达式,或题目只是要求计算函数 y 最大(小)值,那么可以先依题意列出有关的量对函数 y 的表达式,然后把表达式中的变量代换统一为一个变量,并且形成函数解析式.

深度感悟:

① 审题——弄清题意,分清条件和结论,理顺数量关系,初步确定函数模型.

② 建模——将自然语言转化为数学语言,将文字语言转化为符号语言,利用数学知识建立相应的函数模型.

③ 求模——求解数学模型.

④ 还原——将数学结论还原为实际问题.

(10) 函数学习方法.

把函数解析式和图象结合起来进行思考,互相解释、互相补充是函数学习的重要思想方法.

① 直角坐标平面上的点和有序实数对是对应的,即直角坐标平面上的任何一个点,都代表也只代表了一组有序实数对(它的横、纵坐标数);任意

一组有序实数对,都表示了坐标平面上的一个确定的点.

②一个函数关系,由于它有许多组对应值,它的图象就在坐标平面上表示了许多个点,这些点可以有限多,也可以无穷多;这些点可以连成一条直线(或曲线),也可以是离散的.但绝不允许在任何一条与 x 轴垂直的直线上,有两个或两个以上的(函数)点.因为,对于任何一个自变量的取值,只能对应一个函数值.

③用图象可以解释一元方程的解、一元不等式的解集、二元一次方程和二元一次方程组的解、一元二次方程的解、一元二次不等式的解集.

▶▶▶ 案例反思与评析 ◀◀◀

"意义"是个体在经历知识习得、知识巩固和转化、知识提取和运用的过程中,通过体验、实践、反思和协商所形成的数学规律或策略系统以及价值系统.它是对具体的数学概念和原理的知识、基本技能或数学程序性知识的超越、概括和升华,经实践学习共同体认同后就可以作为教学实践领域的公共知识.焦尔当(Giordan)对学习的本质及其发生机制的解释是基于一系列可以启动和引发概念运用的问题,借助思考、推理等程式,通过建立概念关联和主动质疑使关联活化,进而完成对概念的转化和知识的扩建.(安德烈·焦尔当,2015)

"意义"通常不会自动产生,也不能一个人简单传递给另一个人."意义"的形成和发展需要学习者的深度参与,要经历辨析、解释和阐明;变式的不同情境和层次的运用;反思和洞察(建立更多的关联);交流、批判和概括(神入);自我评价(自知)等不同活动.学习活动产生了广泛和深层次的意义更促进学习的迁移.在认知和发展心理学中,理解和迁移都是伴随学习者认知结构的持续重组与优化而表现出的动态发展过程.从学习科学视角察思,"意义建构"不仅是增进对学科的理解或迁移、不断改变已有知识和经验,而且还发展了一种关键的学习能力、思维方式以及健康的学习信念和精神品格.

"迁移"就是概括,任何学习的迁移都是通过概括这一思维过程来实现的,概括性越高,知识系统性也越高,迁移就越灵活.数学概括既涉及数学符号意义的概括、数量关系的概括、图形特征的概括以及简单关系和简单运算与推理的概括,也包括基于数学实践经验的关系、方法和策略的概括.基于概括的理解是将某些具有一些相同属性的事物抽取出本质属性,推广到具有这些属性的一切事物中,并正确地以多种方式(用数、图表、符号、图解或词语)表征数学知识.学习迁移是指已经获得的知识技能和学习方法对学生掌握新知识和新技能的影响.学习迁移能力是解决问题、创造思维以及一些高级心理加工过程、发明和艺术创造等所必需的核心能力.数学创造能力离不开迁移能力.(曹一鸣,冯启磊,陈鹏举,等,2017)

"意义理解和迁移的评价目标"为设计单元核心学习任务提供框架,也就是在"函数概念与表示法"单元下的核心认知任务,包括:

(1) 函数及内部要素的意义是什么;

(2) 函数符号的意义是什么;

(3) 一个数量关系或对应关系表示为函数关系的策略是什么;

(4) 通过代数符号运算进行函数相关运算的策略是什么;

(5) 函数建模的策略是什么;

(6) 函数知识及其学习的价值是什么.

"知识与技能目标"的学习任务构成每个核心认知任务的具体化和子任务群.除了核心认知任务,在知识习得、知识巩固和转化、知识提取和运用三个主要阶段,还要根据评价目标设计相应的反思任务、自我评价任务.反思任务是通过反思和互动,促进学生对数学实践和探究的过程以及经验和情感进行解释、阐明、洞察等活动.自我评价任务是促进学生监控和调节自我的学习行为.

需要学生不断深化数学主题和单元的意义理解,教师首先要建构"意义理解".如此,才能超越知识点和具体的题目形成结构化认识,概括形成所需要学习的"基本问题"或"核心问题",例如,"什么是函数""怎样表示函数关系""函数有哪些性质""怎样进行函数建模",等等,才可能基于单元组织起核心的、结构化的大学习任务,并在课时设计中结合课时目标选择和编制具体的子任务.

教师应该明悟并不是多布置练习和作业就能换取有效的学习.借用数学名师孙维刚先生的如下数学教学思想:

(1) 要精选题目.选择某一类型中有代表性的题目,并且螺旋上升地或定期地进行训练,一次不必大量重复.不选复述性题目(只是对概念、原理进行复述)、偏题和怪题(对于概念无理解价值、在思考方法上远离一般规律的题目).

(2) 选择综合性强、充满活力的题目.从解法上看,题目宜是思路充满活力,综合性强,不选只是繁琐地堆砌公式或冗长无味的题目.

(3) 对精选的题目做深入的探讨."如果只是追求多解的数量,每个解法不作深入的探讨,有些本质相同只是形式略有区别的解法也算多解,这样的一题多解,从收效和它所花费的时间相比,是不太值得的.如果不同角度的解法,在思路上拉开的距离较大,应用的知识改换较多,这将加深对题目本质的理解、加深对每个解法本质的理解、加深对所用概念和公式及相互间联系的理解.如果再把这些解法相互比较,进行抽象,还会在方法上有所创造,提高解题的能力,这样的一题多解就很有价值了."(孙维刚,2005b)

第五章 数学单元作业的整体设计

第一节 核心素养本位数学单元作业的学理

一、学生作业的问题与政策

"上海市义务教育阶段作业设计与实施现状研究"项目组在2013年开展了对3万个作业样本的调研.(王月芬,张新宇,等,2014)通过调查发现,存在作业目标意识不强、难度分布欠妥、作业结构性欠佳等问题.作业绝大部分来自教辅材料.作业设计普遍缺乏分层意识、整体感、针对性和趣味性,整体上是以书面作业为主.初中阶段的学生作业普遍存在"应试"倾向,作业也演变为"考试阵地".在学业成绩、作业兴趣和作业负担构成的作业效果中,作业兴趣对于学业成绩的正面影响最为关键,作业负担对学业成绩有着负面的抑制作用.提高作业效果的关键在于如何提升学生的作业兴趣,而不是简单地减少时间.此外,还存在批改不认真、分析不到位等问题.还有研究者发现,无作业时间或作业时间太长,都对学生成绩有消极影响.

事实上,作业改革是国家深化课堂教学改革、落实核心素养目标整体方案的重要部分.2021年4月教育部印发《关于加强义务教育学校作业管理的通知》,针对提高作业质量提出一系列要求,例如,"初中每天书面作业完成时间平均不超过90分钟""布置科学合理有效作业""学校教育教学管理工作的重要环节".在《关于深化教育教学改革全面提高义务教育质量的意见》中提出:"促进学生完成好基础性作业,强化实践性作业,探索弹性作业和跨学科作业,不断提高作业设计质量."在《关于新时代推进普通高中育人方式改革的指导意见》中也提出:"提高作业设计质量,精心设计基础性作业,适当增加探究性、实践性、综合性作业."《普通高中数学课程标准(2017年版2020年修订)》中指出:"丰富作业的形式,提高作业的质量,提升学生完成作业的自主性、有效性."

二、作业与单元作业

作业是教师依据一定目的布置给学生完成的任务,是教师日常工作的重要内容.完整的作业活动包括作业设计、作业布置、作业指导、作业完成与批阅、作业分析与反馈等环节.单元作业是一个单元的作业,即围绕某个数学主题单元设计的各类作业的集合,通常包括单元中各课时的作业和单元复习作业.作业类型存在多种分类方法.从完成方式看,可分为书面作业、口头作业、实践作业等;从完成主体看,可分为个体完成作业和合作完成作业;从作业功能看,可分为预习作业、复习作业和订正作业等.

三、作业设计的质量框架

作业设计是作业活动的关键环节,直接影响到作业效果.但是长期以来,作业设计缺乏监控、指导和规范.

作业设计质量如何评价呢?在教育部的相关文件中对于提高作业质量已经提出更加系统和明确的举措."上海市义务教育阶段作业设计与实施现状研究"项目组认为,作业设计质量的评价需要从作业目标、作业难度、作业类型、作业时间等方面建立评价标准,并形成结构性评价指标.(见表 5.1,王月芬,张新宇,等,2014)

表 5.1 作业设计的质量框架

指标名称	指 标 解 释
解释性	作业的实际要求与作业目标是否一致
科学性	作业是否具有科学性?是否存在概念、文字、数据、答案等方面的错误
难度	不同难度的作业题比例是否恰当?是否存在作业偏难或偏易的现象
选择性	是否为学生提供选择性的作业?或为学生提供不同层次的作业
多样性	是否适当设计口头、合作、实践等类型的作业?是否适当设计预习、复习等不同功能的作业
完成时间	学生完成作业所需时间是否合适
结构性	作业时间分配是否合理?作业内容之间是否存在关联性?不同类型、难度分布是否合理

资料来源:王月芬,张新宇,等.基于30000份数据的研究[M].上海:华东师范大学出版社,2014:47.

解释性评价:通过分析作业的实际内容和要求与作业目标的一致性进行等级评价.

科学性评价：主要反映作业内容的适切性、表述的准确性以及要求的明确性等.分析时主要判断是否存在概念、文字、数据、答案等方面的错误.从改进作业的视角看，需要指明出现的错误，并统计出现错误的次数.

难度评价：通过分析作业难度水平进行等级评定.从统计意义上说，常以能够正确完成的学生的比例来确定作业题的难度.

选择性评价：根据为学生提供选择性或者不同层次的作业信息进行分析.

多样性评价：作业设计在形式上应具有多样性，不仅要根据考试的需要设计各种不同的题型，而且要根据理解的需要设计不同的数学活动和数学体验，还要考虑学生的个体差异，设计满足学生个性化发展、促进合作的作业.项目组提出七种有代表性的作业类型，包括口头作业、书面作业、实践作业、合作作业、预习作业、复习作业和订正作业.口头作业是指以阅读、倾听等方式完成的作业，不仅可以把教科书中的"读一读""阅读材料"等素材作为作业，而且可以让学生根据主题自主搜集资料进行阅读或倾听.书面作业是指以传统纸笔方式完成的作业.实践作业是指需要通过观察、调查、参观、实验等方式完成的作业，例如，数学制作、数学实验、数学调查、数学课题研究、数学操作活动等.合作作业是指需两人以上的小组完成的作业.预习作业是指以提前学习课堂学习内容为目的的作业.复习作业是指以巩固课堂学习内容为目的的作业.订正作业是指订正出现错误的复习作业.

完成时间评价：主要反映作业完成时间是否在规定限度内的问题.可以采用专家估计的方法确定作业完成时间或者由学生独立记录完成作业时间，一般以0.5分钟为基本单位.

结构性评价：主要反映作业时间、内容、难度分布的合理性问题，一般通过比较不同课时作业得到.

四、作业的功能

作业设计的质量受到作业观念的影响，作业观念主要是对作业功能等方面的认识.调查发现，教师认为作业功能主要以巩固课堂教学内容、强化知识与技能为主，很少考虑作业其他方面的功能.

根据新中国成立 70 多年来学校作业的文献研究，"巩固知识、形成能力"的单一作业功能已经向"作业即学习活动"的大观点发展.（杨伊，夏惠贤，王晶莹，2020）作为课堂教学的补充和延续、学习过程的重要环节和达成学习目标的一种手段,作业既能帮助学生理解、内化、巩固所学的知识,形成技能、能力,有利于养成自主的学习方法和习惯,又能帮助教师收集学生学习证据、获得教学反馈,及时提供学习建议、改进教学;此外,作业还是促进师生情感交流和教师实施个别辅导的载体.

伴随作业内涵的扩大,需要积极挖掘作业在学生学习和发展中的功能.许多教师对作业的认识依然停留在"巩固课堂学习内容"方面,而且教师普遍缺乏自主设计作业的意识与能力,为了提高作业设计的质量,改善教师的作业观念刻不容缓.

五、作业的有效性

有效的作业是指为了促进学习目标达成以及学习方式变革,在教育和学习理论指导下,根据课程标准和教学计划,对作业设计质量、作业实施过程以及作业效果在效率和效益方面的综合评价.核心素养本位数学单元作业是指有效的作业,作业的有效性需要学校、教师和社会共同努力.为了使理念具有操作性,上海静安区教育学院制订了学生作业规范化标准(见表5.2).

表5.2 作业规范化标准

维度	标 准 设 定
作业的数量	(1)减轻学生过重的课业负担.小学一、二年级不留书面家庭作业;小学其他年级的课外作业,绝大多数学生能在1小时以内完成;初中各年级的课外作业,绝大多数学生能在1.5小时以内完成;高中各年级的课外作业,绝大多数学生能在2小时内完成
	(2)要在各年级学科综合平衡下,控制布置课外作业的总量,学校要有相应的监控作业量的管理机制
作业的质量	(1)符合学生的年龄特征,有利于激发学生的课业兴趣
	(2)体现课程标准的基本要求,有对应的教学重点和难点
	(3)有利于学习过程的体验和学科方法思路的形成
	(4)尊重学生的差异,作业选择要有针对性,强化基础性作业,实行分层选择性作业
作业的批改	(1)作业要及时收齐、及时批改、及时反馈
	(2)作业批改要规范,能体现有效、有针对性的批改信息;有订正要求,对学生订正的作业也要予以及时批改
	(3)作业批改要关注共性错误问题的归因,包含个性独创见解的激励、困难学生的面批辅导等

续表

维度	标 准 设 定
作业的讲评	(1) 根据学生的基础水平,作业讲评要分层要求,实行分类指导 (2) 作业讲评要清晰简明,发掘错误原因,褒奖独立思考,为学生的进步与发展作导向 (3) 作业讲评要体现和谐民主的教学关系,分析问题,也要反思自己

资料来源:王月芬.作业设计能力——未被重视的质量提升途径[J].人民教育,2018,(13—14):58—62.

第二节 核心素养本位数学单元作业的设计与案例评析

一、核心素养本位数学单元作业的设计框架

作业设计是作业活动的关键环节.近年来,"基于课程标准"或"基于课程与教学目标"的作业设计成为提升质量的关注点.核心素养本位数学单元作业设计是指以核心素养的形成和发展为目的,根据单元教学目标和作业质量要素进行作业设计的活动.

作业设计的质量模型开发借鉴了习题的研究.国内外已有许多专家与学者对数学习题难度进行研究.国外对习题难度的研究开始得较早,美国成绩评估机构在探究什么会对习题的难度产生影响时,提出影响因素之一是习题中所设计的背景因素,习题背景越丰富,习题的难度越大.鲍建生在对那哈拉(Nohara)于2001年提出的影响总体难度的四个因素的基础上,结合我国的数学课程实际,对上述难度因素进行调整,最终保留"背景""运算"和"推理"三个因素,并在对水平划分上进一步细化(鲍建生,2002).王建磐和鲍建生根据青浦实验得出的数学认知水平框架,对鲍建生提出的五个因素难度模型进行修正,给予了习题难度一个新的定义(王建磐,鲍建生,2014).模型修订后(见表5.3),随即统计了不同教材习题在每个因素不同水平层次的题目数量,并根据公式进行难度计算,从而对不同教材的综合难度进行定量分析.

PISA数学素养测试提出后,我国学者对PISA测评框架进行了研究,将其广泛应用到数学试题、习题以及作业设计之中,作为提升数学题目设计质量、发展核心素养的行动.

表5.3 数学习题的难度因素与水平

难度因素 \ 水平	1	2	3	4
1 背景(A)	无背景(A_1)	个人生活(A_2)	公共常识(A_3)	科学情境(A_4)
2 数学认知(B)	操作(B_1)	概念(B_2)	领会—说明(B_3)	分析—探究(B_4)
3 运算(C)	无运算(C_1)	数值运算(C_2)	简单符号运算(C_3)	复杂符号运算(C_4)
4 推理(D)	无推理(D_1)	简单推理(D_2)	复杂推理(D_3)	
5 知识综合(E)	一个知识点(E_1)	两个知识点(E_2)	多个知识点(E_3)	

资料来源：王建磐,鲍建生.高中数学教材中例题的综合难度的国际比较[J].全球教育展望,2014,43(8)：101—110.

黄华和顾跃平借鉴PISA对学生数学素养的评估,从内容、能力和情境三个维度来进行作业设计,对于所设计作业的等级进行定量分析.定量的方法是从三个维度分别进行难度赋分,根据计算公式来计算作业等级,从而进行评价.(黄华,顾跃平,2013)

王光明等借鉴PISA素养测试框架,同时分析其他地区数学素养的测评维度,构建数学素养的评价框架与操作性定义,该框架(见图5.1)与高中生的学习特点紧密联系.(王光明,张楠,周九诗,2016)

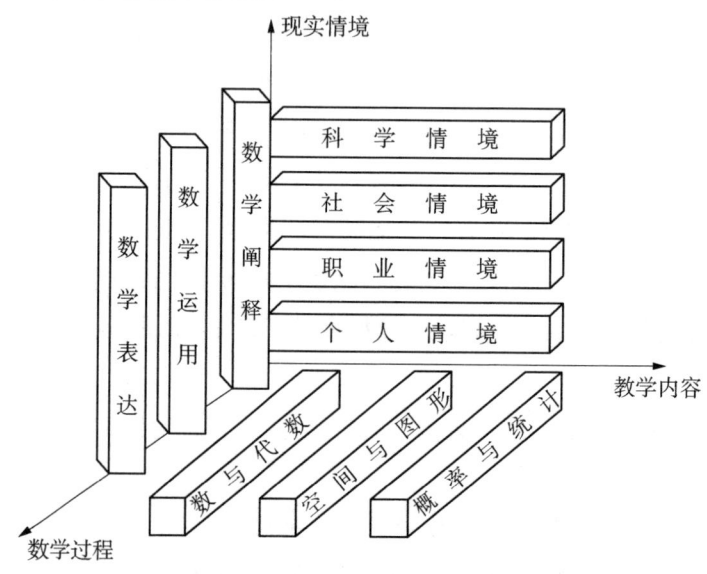

图5.1 高中数学素养操作定义的结构

资料来源：王光明,张楠,周九诗.高中生数学素养的操作定义[J].课程·教材·教法,2016,36(7)：50—55.

喻平用知识学习表现的三种形态：知识理解、知识迁移、知识创新,作为划分数学核心素养的三种水平,使得数学学科核心素养要素(或数学关键能力)的水平划分更具有可操作性.(喻平,2017)

《普通高中数学课程标准(2017年版2020年修订)》中提出,情境是指现实情境、数学情境和科学情境,每种情境可以分为熟悉的、关联的、综合的.数学问题是指在情境中提出的问题,分为简单问题、较复杂问题、复杂问题,但没有定义什么是简单问题、较复杂问题和复杂问题.

分析已有研究可以发现,无论是习题难度还是作业设计,国内外学者一致关注的是学科内容、问题情境以及能力发展三个要素.因此,借鉴国内外的相关研究,提出核心素养本位作业设计的三个维度：数学核心知识、数学学科核心素养、问题情境.根据《普通高中数学课程标准(2017年版2020年修订)》,其中问题情境分为数学情境、现实情境和科学情境,每种情境分为三个层次,分别是熟悉的、关联的、综合的.同时,综合考虑数学核心知识点难度、数学学科核心素养要求、问题情境的层次等,确定题目难度(见表5.4).

表5.4 核心素养本位数学作业的设计框架

维度	数学核心知识	数学学科核心素养	问题情境
一级指标	核心概念 核心性质 核心思想和方法 数学运用	数学抽象 逻辑推理 数学建模 数学运算 直观想象 数据分析	数学情境 现实情境 科学情境

核心素养本位单元教学设计强调学习目标对学评教活动的贯通引领,同时单元目标既是对课程、教材和学情的研究结果,又是对核心知识学习和发展的凝练.因此,作业设计中的"核心知识"将依据单元目标来刻画.

二、数学单元作业设计的案例评析

案例1　"一次函数"单元作业的设计

（一）课程标准的内容要求

1.结合具体情境体会一次函数的意义,能根据已知条件确定一次函数的表达式.

2. 会利用待定系数法确定一次函数的表达式.

3. 能画出一次函数的图象,根据一次函数的图象和表达式 $y=kx+b(k\neq 0)$ 探索并理解 $k>0$ 和 $k<0$ 时,图象的变化情况.

4. 理解正比例函数.

5. 体会一次函数与二元一次方程的关系.

6. 能用一次函数解决简单实际问题.

(二) 课时与课题的划分

初中"一元一次函数"课时与课题的划分如表5.5所示.

表5.5　初中"一元一次函数"课时与课题

课时1	一次函数的概念、符号和图象(1)
课时2	一次函数的图象(2)
课时3	一次函数的图象(3)
课时4	一次函数的性质(1)
课时5	一次函数的性质(2)

(三) 核心知识单元目标与学习水平描述

初中"一元一次函数"核心知识单元目标与学习水平描述如表5.6所示.

表5.6　初中"一元一次函数"核心知识单元目标与学习水平

目标序号	核心知识单元目标描述	学习水平
1	知道一次函数的图象是一条直线	A
2	会用"两点确定一条直线"画一次函数的图象	B
3	理解直线的截距的意义	B
4	会求一次函数图象与坐标轴交点的坐标	C
5	会求一次函数图象与坐标轴围成的图形的面积	C
6	理解两条平行直线的函数表达式之间的关系	B

续表

目标序号	核心知识单元目标描述	学习水平
7	会用平行直线的函数表达式之间的关系确定直线的函数表达式	C
8	能以运动的观点理解两条平行直线的函数表达式的特征	B
9	会利用直线的函数表达式讨论两直线平行	C
10	会用一次函数图象求一元一次不等式的解集	C
11	会用一次函数与一元一次方程、一元一次不等式、二元一次方程之间的联系,解决有关问题	D
12	理解一次函数的基本性质	B
13	会用一次函数的基本性质,确定字母系数的值;比较点的纵(横)坐标的大小	C
14	经历一次函数的基本性质的探究过程,体会数形结合的数学抽象思想,领会从特殊到一般分析问题和解决问题的思维方法	B
15	理解根据一次函数 $y=kx+b$ 的函数值变化判断 k 值的正负情况	B
16	理解直线 $y=kx+b$ 在坐标平面内的位置与 k、b 的符号之间的关系	B
17	会从函数图象中获取相关信息	B
18	会根据直线在直角坐标系中的位置特征,确定其函数表达式 $y=kx+b$ 中 k 和 b 的取值范围	B
19	体验数形结合的数学思想,提高由图象获取信息进而解决问题的能力,领会从特殊到一般分析问题和解决问题的思维方法	B
20	提高由图象获取信息并进而分析问题、解决问题的能力	D

说明：字母 A～D 分别代表知道、理解、应用和综合四个目标水平.

(四) 第一课时作业示例

1. 填空题

(1) 写出下列直线的截距：

① 直线 $y=\sqrt{2}x+1$ 的截距是 _____ ；

② 直线 $y=3(x-5)$ 的截距是 _____ ；

③ 直线 $y=(a-5)x(a\neq 5)$ 的截距是 _____ .

题目分析 考查数学运算素养,属于熟悉的数学情境、简单问题.

(2) 直线 $y=2x+6$ 与 y 轴的交点坐标为 _____ .

题目分析　考查数学运算素养,属于熟悉的数学情境、简单问题.

(3) 如果直线 $y=3x-a+1$ 的截距为 2,那么 $a=$ _____.

题目分析　考查数学运算素养,属于熟悉的数学情境、简单问题.

(4) 已知一个一次函数的图象与 y 轴交于点 A,点 A 与坐标原点 O 的距离为 5,那么这个一次函数图象的截距是_____.

题目分析　考查直观想象、数学运算素养,属于关联的数学情境、较复杂问题.

2. 选择题

(5) 如果一次函数 $y=\dfrac{4}{3}x+a$ 的图象被坐标轴截得的线段长是 5,那么 $a=($ 　).

　A. 5　　　　B. 4　　　　C. ±5　　　　D. ±4

题目分析　考查数学抽象、数学运算素养,属于关联的数学情境、较复杂问题.

3. 简答题

(6) 已知平面直角坐标系 xOy 内的直线 $y=\dfrac{2}{3}x-2$.

① 求出这条直线与坐标轴的交点坐标;

② 画出直线 $y=\dfrac{2}{3}x-2$;

③ 一次函数的图象与直线 $y=\dfrac{2}{3}x-2$ 交于 y 轴上同一点,请写出一个符合这个条件的一次函数的表达式:_____;

④ 想一想:图象与直线 $y=\dfrac{2}{3}x-2$ 交于 y 轴上同一点的一次函数有多少?所有符合这个条件的一次函数的表达式可以概括为_____.

题目分析　考查数学抽象、数学运算素养,属于综合的数学情境、复杂问题.

(7) 根据下列条件,确定直线的表达式:

① 直线经过 $A(2,-1)$、$B(-3,5)$ 两点;

② 直线经过点 $M(3,-1)$,且截距是 2;

③ 直线与 x 轴交点的横坐标为 $-\dfrac{1}{2}$,与 y 轴交点的纵坐标为 -1.

题目分析 考查数学抽象、数学运算素养,属于关联的数学情境、较复杂问题.

(8) 小明通过列表、描点、连线三个步骤的操作活动,学习画一次函数的图象,以下是他描点前的列表:

x	-3	-1	0	2	3	6
y	-2	0	2	3	4	7

① 小明列表中有一组数据计算错误,你能帮忙找出是哪一组吗?请说明你的理由;

② 小明在正确描点、连线后发现能求出这个一次函数的图象与 x 轴正方向形成的夹角的大小,请你也试一试.

题目分析 考查数学抽象、数学运算素养,属于综合的数学情境、复杂问题.

案例2 "函数性质"单元作业的设计

(一) 课程标准的内容要求

主题二"函数"——大单元"函数概念与性质"——子单元"函数性质".

1. 借助函数图象,会用符号语言表达函数的单调性、最大值、最小值,理解它们的作用和实际意义.

2. 结合具体函数,了解奇偶性的概念和几何意义.

3. 结合三角函数,了解周期性的概念和几何意义.

(二) 课时与课题的划分

高中"函数性质"课时与课题的划分如表5.7所示.

表5.7 高中"函数性质"课时与课题

课时1	函数的单调性及其应用
课时2	函数的最值及其应用
课时3	函数的奇偶性及其应用
课时4	函数性质的应用

（三）核心知识单元目标与学习水平描述

高中"函数性质"核心知识单元目标与学习水平描述如表5.8所示.

表5.8 高中"函数性质"核心知识单元目标与学习水平

目标序号	核心知识单元目标描述	学习水平
1	理解函数单调性的概念	B
2	理解函数单调性的图象特征	B
3	会证明简单函数的单调性	C
4	能对函数的单调性进行解析研究	C
5	理解函数最大值、最小值的概念	B
6	理解函数最大值、最小值的图象特征	B
7	会求二次函数在某指定区间上的最大值或最小值	C
8	会求简单函数的最大值或最小值	C
9	能对函数的最大值、最小值进行解析研究	C
10	理解函数奇偶性的概念	B
11	理解函数奇偶性的图象特征	B
12	会用函数的奇偶性描绘函数的图象	C
13	会证明简单函数的奇偶性	C
14	能对函数的奇偶性进行解析研究	C
15	会利用函数的性质解决实际问题	C
16	掌握研究函数性质的方法	D

说明：字母A~D分别代表知道、理解、应用和综合四个目标水平.

（四）第三课时作业示例

1. 知识梳理

（1）已知函数$y=f(x)$，$x\in D$.

如果_____，都有_____，那么函数$y=f(x)$，$x\in D$叫做偶函数；

如果_____，都有_____，那么函数$y=f(x)$，$x\in D$叫做奇函数.

(2) 一个函数是偶函数当且仅当它的图象_____；

一个函数是奇函数当且仅当它的图象_____.

(3) 一个函数具有奇偶性的必要条件是_____.

2. 夯实基础

(4) 判断下列函数的奇偶性：

① $f(x)=x+\dfrac{1}{x}$；　② $f(x)=|x|$.

题目分析　考查直观想象、数学运算素养，属于熟悉的数学情境、简单问题.

(5) ① 如图 5.2，给出了奇函数 $y=f(x)$ 的局部图象，则 $f(-4)=$ _____；

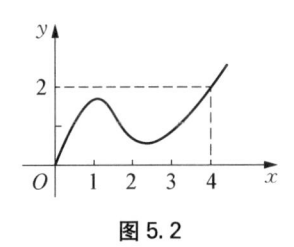

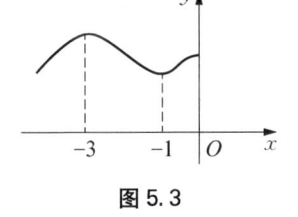

图 5.2　　　　　　图 5.3

② 如图 5.3，给出了偶函数 $y=f(x)$ 的局部图象，比较 $f(1)$、$f(3)$ 的大小：_____.

题目分析　考查直观想象、数学运算素养，属于熟悉的数学情境、简单问题.

(6) 若函数 $y=f(x)$ 的定义域为 $\mathbf{R}$，则 $y=f(x)$ 为奇函数的充要条件是（　）.

A. $f(0)=0$

B. 对任意 $x\in\mathbf{R}$，都有 $f(x)=0$ 成立

C. 存在某一个 $x_0\in\mathbf{R}$，使得 $f(x_0)+f(-x_0)=0$

D. 对任意 $x\in\mathbf{R}$，都有 $f(x)+f(-x)=0$ 成立

题目分析　考查逻辑推理、数学抽象素养，属于熟悉的数学情境、简单问题.

(7) 根据题意填空，使下列命题为真命题：

① 如果一个奇函数的最大值为 2,那么它的最小值为 _____;

② 定义在 **R** 上的 _____ 函数 $f(x)$,如果 $f(1)=f(-1)$,那么该函数为偶函数;

③ 如果一个函数的图象是以 _____ 为对称中心的中心对称图形,那么这个函数是奇函数;

④ 定义在 **R** 上的函数 $f(x)$,如果 $f(-2) \neq -f(2)$,那么该函数一定不是 _____。

题目分析 考查直观想象、逻辑推理素养,属于关联的数学情境、较复杂问题.

3. 巩固提高

(8) 判断下列函数的奇偶性,并证明:

① $f(x)=(x-1)\sqrt{\dfrac{x+1}{x-1}}$;

② $f(x)=\dfrac{\sqrt{1-x^2}}{|x+2|-2}$;

③ $f(x)=\sqrt{1-x^2}+\sqrt{x^2-1}$.

题目分析 考查数学运算、逻辑推理素养,属于关联的数学情境、较复杂问题.

4. 拓展探究

(9) 根据下列步骤,在图 5.4 的方格图中作出函数 $y=\dfrac{1}{x^2}$ 的大致图象:

① 由函数的定义域为 _____,知函数图象在 _____ 处断开;

② 当 x 的绝对值趋于 0 时,y 趋向于 _____;当 x 的绝对值趋于 $+\infty$ 时,y 趋向于 _____;

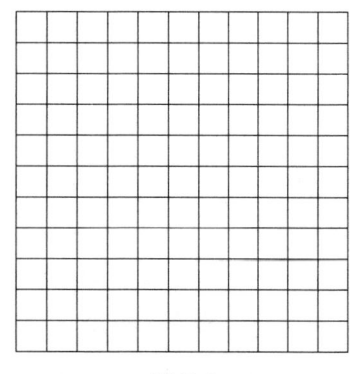

图 5.4

③ 该函数为 _____ 函数(填"奇"或"偶"),因此只需画出 y 轴右侧的图象;

④ 在定义域内,选取若干个自变量的正数值,并计算出相应的 y 值(精

确到 0.01);

x	0.5	1	2	3	…
y					…

⑤ 在平面直角坐标系中,描点、连成光滑曲线并利用步骤②表现出函数图象的变化趋势;

⑥ 利用步骤③得到函数在 y 轴左侧的图象,最后就得到函数 $y=\dfrac{1}{x^2}$ 的大致图象;

⑦ 由该函数图象的变化趋势,得其值域为_____.

题目分析 考查数学运算、逻辑推理、直观想象素养,属于关联的数学情境、较复杂问题.

5. 能力提升

(10) 已知 $f(x)$ 是 **R** 上的奇函数,且当 $x>0$ 时,$f(x)=x^2(1-x)$,求当 $x\leqslant 0$ 时,函数 $y=f(x)$ 的解析式.

题目分析 考查数学运算、数学抽象素养,属于综合的数学情境、复杂问题.

6. 反思总结

学过本节课后,我们面对不同的函数,应该如何判断函数的奇偶性?如果一个函数不是奇函数或者不是偶函数,我们应该如何说明理由?

▶▶▶ 案例评析 ◀◀◀

学科核心素养是指通过学科教育学生获得的未来发展所需要的思维品质、关键能力和必备品格.从发展心理学来看,学科能力是学生顺利完成学习理解、巩固应用和迁移创新的认识活动和问题解决活动的稳定的心理调节机制,是学科核心素养的外在表现.进入 21 世纪,国内外数学教育研究者都趋于一致地将学生数学素养的评价划分为四个维度:问题情境、数学内容、关键能力和认知水平.为了在科学发展观指导下打造高质量的数学教育体系,该思想正在数学教育实践中推广和落实.案例 1 和案例 2 反映了教师利用相应的理论框架进行科学化数学作业设计的主要过程和结果.

素养的形成,不是单纯地依赖讲授与课堂教学,更有意义的是在教师指导和同伴互助下学生参与不同类别和水平的数学活动.开展数学活动要以数学"双基"和数学素养之间关系的正确认识为指导,一方面,学科知识是学科能力素养的必要基础,另一方面,学科知识只有经过从陈述性知识到程序性知识,才可能形成观念化的自觉的思维方式,学科知识只有经过学习和理解、应用和实践、迁移和创新等关键环节和活动,才可能建立知识经验与能力表现的实质性联系.

作业活动是知识转化为能力素养的重要途径之一.案例1和案例2中,教师在学习新的作业设计理论和方法后,试图在作业活动中落实"素养本位目标导向"的设计理念,基于"夯实基础""巩固积累""拓展探究""能力提升"的分类作业分析与设计,既明确了知识经验在能力素养中的基础地位,又体现出围绕目标有序发展知识理解、应用实践和迁移创新的数学能力.

案例3 促进学生理解的作业设计
——"锐角三角函数"单元的作业设计

(一) 课程标准的要求

1. 利用相似的直角三角形,探索并认识锐角三角函数($\sin A$、$\cos A$、$\tan A$),知道 $30°$、$45°$、$60°$ 角的三角函数值.

2. 会使用计算器由已知锐角求它的三角函数值,由已知三角函数值求它的对应锐角.

3. 能用锐角三角函数解直角三角形,能用相关知识解决一些简单的实际问题.

(二) 学习难点和易错点

1. 学习难点

正切函数、正弦函数和余弦函数概念的符号及函数关系的理解是难点.由于锐角三角函数的符号、函数关系及其表示与正比例函数、一次函数、反比例函数等有明显的差别,学生难以理解用含有几个字母的符号组 $\tan A$、$\sin A$、$\cos A$ 表示直角三角形中锐角 A 的对边与邻边、对边与斜边、邻边与斜边之比,对表示函数下位概念的正弦函数、余弦函数、正切函数的学习有困难.

2. 学习易错点

错误理解锐角三角函数定义. 如：在 $\triangle ABC$ 中,已知 a、b、c 分别为 $\angle A$、$\angle B$、$\angle C$ 的对边,且 $a=b=5$,$c=6$,求 $\sin B$ 的值. 错解：$\sin B = \dfrac{5}{6}$.

根据锐角三角函数定义可知,在直角三角形中,$\angle B$ 的正弦值等于对边与斜边的比. 而上题中已知三角形不是直角三角形,所以不能用对边与最长边的比来求解,需要添加辅助线,构造直角三角形.

3. 突破难点的策略

在大概念群的引领下,发现和提出研究问题及其背景,通过探究过程加强体验,结合直角三角形,通过巩固练习理解正切函数、正弦函数和余弦函数的图形直观和符号意义.

（三）课时与课题的划分

初中"锐角三角函数"课时与课题的划分如表 5.9 所示.

表 5.9　初中"锐角三角函数"课时与课题

课时 1	锐角三角函数的概念及简单应用(1)
课时 2	锐角三角函数的概念及简单应用(2)
课时 3	锐角三角函数的计算
课时 4	解直角三角形
课时 5	解直角三角形的应用

（四）核心知识单元目标与学习水平描述

初中"锐角三角函数"核心知识单元目标与学习水平描述如表 5.10 所示.

表 5.10　初中"锐角三角函数"核心知识单元目标与学习水平

目标序号	核心知识单元目标描述	学习水平
1	理解三个锐角三角函数符号的意义	B
2	能在直角三角形中正确建构锐角三角函数	C

续表

目标序号	核心知识单元目标描述	学习水平
3	知道30°、45°、60°这些特殊角的三角函数值,并能根据这些值说出对应的锐角的大小	A
4	会使用计算器由已知锐角求它的三角函数值,由已知三角函数值求它的对应锐角	A
5	能运用锐角三角函数解直角三角形	C
6	能综合相关知识解决一些解三角形问题	D
7	能把实际问题转化为解直角三角形问题	D

说明:字母 A~D 分别代表知道、理解、应用和综合四个目标水平.

(五) 第一课时作业示例

教师 A 的第一次作业设计

1. 画其中一个角分别是 30°、45°、60° 的直角三角形,求 $\sin 30°$、$\cos 45°$、$\tan 60°$ 的值.

归纳结果,完成表 5.11:

表 5.11

	30°	45°	60°
$\sin A$			
$\cos A$			
$\tan A$			

2. 求下列各式的值:

(1) $\sin 30° + \cos 30°$;

(2) $\sqrt{2} \sin 45° - \dfrac{1}{2} \cos 30°$.

3. 如图 5.5,在 △ABC 中,∠A = 30°,$\tan B = \dfrac{\sqrt{3}}{2}$,$AC = 2\sqrt{3}$,求 AB 的长.

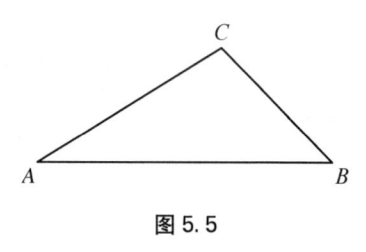

图 5.5

4. 如图 5.6,轮船在 A 处时,灯塔 B 位于它的北偏东 $35°$ 的方向上,轮船向东航行 $5\,\mathrm{km}$ 到达 C 处时,灯塔在轮船的正北方,此时轮船距灯塔多少千米?

作业评析 教师 A 的第一次作业设计没有落实单元目标的要求,而是鉴于锐角三角函数近年中考试题的难度不高、"学生记不住特殊角的三角函数值"等原因,把作业指向"特殊角的三角函数值"的机械巩固,而没有深入分析学生学习困难的原因.

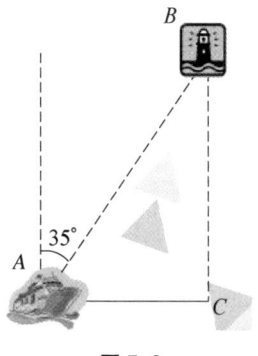

图 5.6

教师 A 修改后的作业设计

◆ 巩固新知 ◆

1. 看一看,写一写.

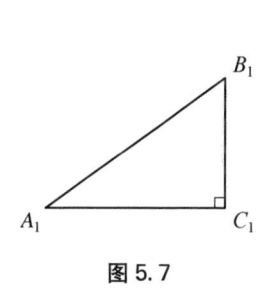

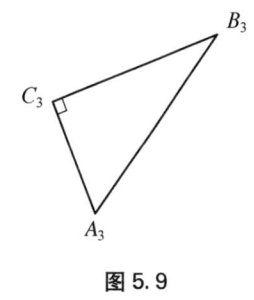

图 5.7　　　图 5.8　　　图 5.9

(1) 在图 5.7 中,$\angle A_1$ 的正切运算的结果表示为_____,符号记作_____.

(2) 在图 5.7 中,$\angle B_1$ 的正切运算的结果表示为_____,符号记作_____.

(3) 在图 5.8 中,$\angle A_2$ 的正弦运算的结果表示为_____,符号记作_____.

(4) 在图 5.8 中,$\angle B_2$ 的正弦运算的结果表示为_____,符号记作_____.

(5) 在图 5.9 中，$\angle A_3$ 的余弦运算的结果表示为＿＿＿＿，符号记作＿＿＿＿.

(6) 在图 5.9 中，$\angle B_3$ 的余弦运算的结果表示为＿＿＿＿，符号记作＿＿＿＿.

设计意图 通过直角三角形大小、位置的变化，帮助学生准确识别角和边的比值的对应关系，体会锐角三角函数概念的意义及其与符号表示的联系.

2. 如图 5.10，在 Rt$\triangle ABC$ 中，$\angle C = 90°$，$AC = 12$，$BC = 5$.

(1) $AB = $＿＿＿＿；

(2) $\sin A = $＿＿＿＿，$\cos A = $＿＿＿＿，$\tan A = $＿＿＿＿，$\sin B = $＿＿＿＿，$\cos B = $＿＿＿＿，$\tan B = $＿＿＿＿.

图 5.10

设计意图 帮助学生理解三角函数概念和符号，解决简单问题.

◆ 知识迁移 ◆

3. 如图 5.11，在平面直角坐标系中，点 A 的坐标为 $(4, 2)$，那么 $\sin \alpha$ 的值是＿＿＿＿，$\cos \alpha$ 的值是＿＿＿＿，$\tan \alpha$ 的值是＿＿＿＿.

设计意图 通过数学情境之间的联系和转换，促进学生理解锐角三角函数概念.

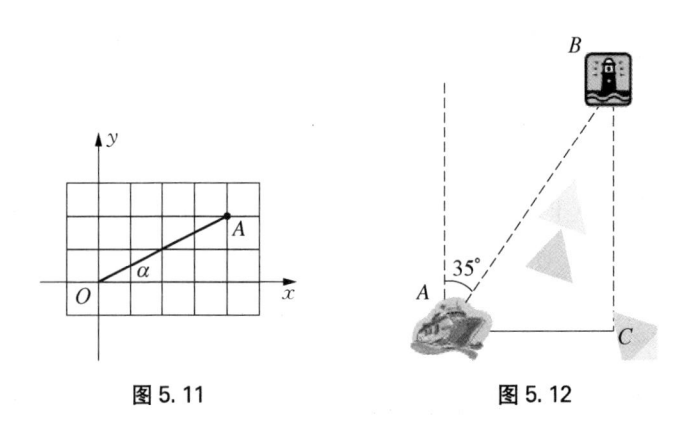

图 5.11

图 5.12

◆ 能力提升 ◆

4. 如图 5.12，轮船在 A 处时，灯塔 B 位于它的北偏东 $35°$ 的方向上，轮船向东航行 5 km 到达 C 处时,灯塔在轮船的正北方,此时轮船距灯塔多少千米?

设计意图　通过直角三角形建模、解直角三角形,促进锐角三角函数的知识运用与情感体验升华.

▶▶▶ 案例评析 ◀◀◀

修改后的作业体现了单元目标的要求,关注了学生学习和理解的难点、数学知识的联系和转换、数学知识的运用. 好的作业设计是一个意图得到体现、目标能够实现、用时有效控制,并体现不同层次数学思维的若干题目组. 教师需要有针对班级学生认知特点自主设计和改编作业的能力,只有这样才能改进教学,最终促进学生发展.

案例 4　"平面向量"单元作业的质性分析

(一) 作业设计

1. 如图 5.13.

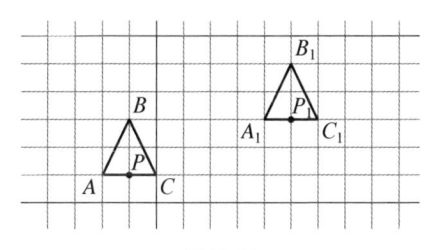

图 5.13

(1) 你能否用向量表示单位网格图中 $\triangle ABC$ 从点 P 到点 P_1 的移动?

(2) 你还能作出其他向量吗? 它同样表示从点 P 到点 P_1 的移动?

2. 如图 5.14,分别计算单位网格图 ⓐ、ⓑ、ⓒ 中两向量 $\vec{a}$、$\vec{b}$ 的和与差. 你能用哪些方法?

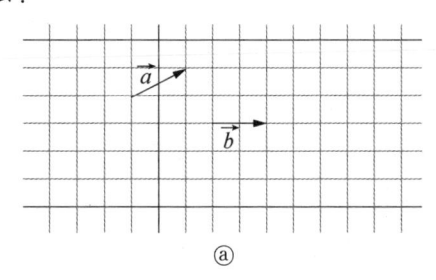

ⓐ

ⓑ　　　　　　　　　　　　　　ⓒ

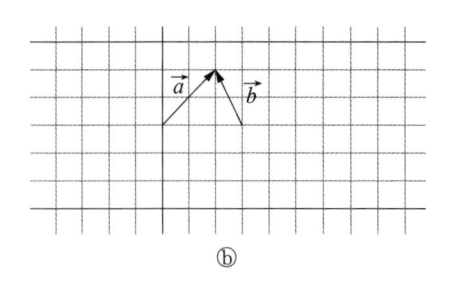

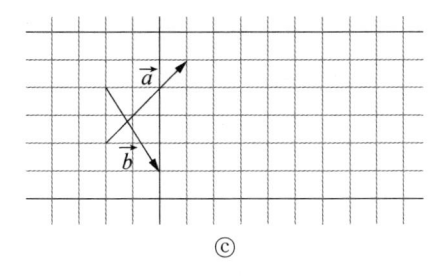

图 5.14

3. 计算图 5.15 中三个向量 $\overrightarrow{AB}$、$\overrightarrow{CD}$ 与 $\overrightarrow{MN}$ 的和.你能用哪些方法？

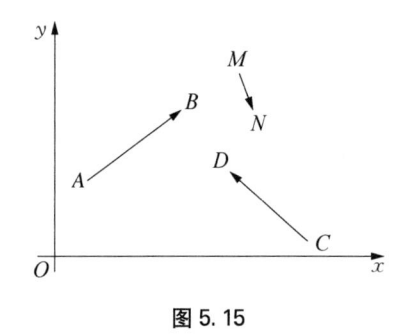

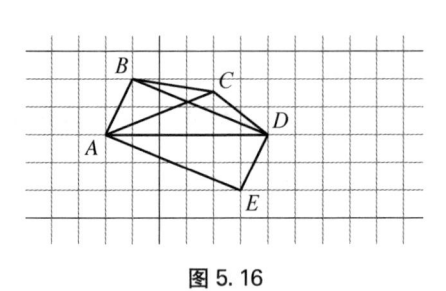

图 5.15　　　　　　　　　　图 5.16

4. 如图 5.16,计算单位网格图中下面向量的和：
(1) $\overrightarrow{AB}+\overrightarrow{BD}$；
(2) $\overrightarrow{DA}+\overrightarrow{ED}$；
(3) $\overrightarrow{AB}+\overrightarrow{AE}$；
(4) $\overrightarrow{BD}+\overrightarrow{CA}+\overrightarrow{DC}$.

5. 如图 5.17,求单位网格图中下面两个向量的和：
(1) $\overrightarrow{AD}$ 与 $\overrightarrow{CD}$；
(2) $\overrightarrow{AD}$ 与 $\overrightarrow{BC}$；
(3) $\overrightarrow{AC}$ 与 $\overrightarrow{BD}$.
(4) 你还有其他方法吗？

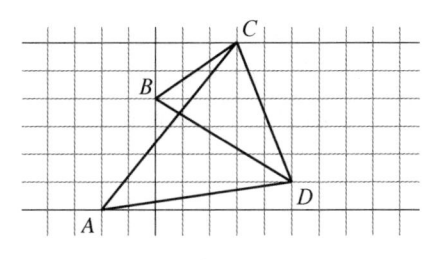

图 5.17

设计意图　平面向量作为一种不同于数的量,有自己独特的运算结构和系统.学生是否理解数学意义下的向量概念本质是自由向量？具体地：①学生对向量概念的几何图象运用水平怎样？②学生对向量概念的代数坐标运用水平怎样？③学生是否能建立起两种表示方法之间的联系？④学生倾向于几何图象表示还是代数坐标表示？为了尽可能了解学生的理解潜能,题目多采用开放题型.

（二）作业评价标准

SOLO理论原意是"观察到的学生学习结果的结构",是将学生对某个问题的解答过程由低到高划分为五个层次,即前结构、单一结构、多元结构、关联结构、拓展抽象结构.根据SOLO理论对每个问题的回答进行分类,如果学生处于两个水平之间,则按较高水平划分.如果涉及多个题目,就根据每个问题达到的水平取平均值,再按较高水平确定其在这组题目中的最后水平.为了方便统计,对向量的几何表示的编码使用 VG,对代数符号表示的编码使用 VS.

1. 学生对向量概念几何图象表示的认知水平(VG)

水平0(前结构)　没有应用任何几何表示,或学生处理问题更多依赖物理直觉.

水平1(单一结构)　学生只能从方向或大小一个维度理解向量.典型反应是学生用一条直线表示向量,或所画的箭头符号只表示向量的方向而不表示向量的大小.

水平2(多元结构)　学生能从大小和方向两个维度把握向量概念.典型反应是学生能脱离具体的情境,用有向线段表示一个向量,但认为向量依赖于始点和终点的位置.

水平3(关联结构)　知道有相同方向和大小的向量是相等的向量.典型反应是学生能用一些相等的有向线段表示同一个向量,但仍依赖特殊的点.例如,学生的向量概念是位置向量,总是把向量平移到原点.

水平4(拓展抽象结构)　建构自由向量概念.能脱离具体的物体和点表示一个向量.认识到相等向量的本质是相同向量在不同起点的表征.例如,可以在平面上任何位置用有向线段表示一个向量,或者在向量加法运算中,能根据平行四边形法则或三角形法则自由移动任意一个向量.

2. 学生对向量概念代数符号表示的认知水平(VS)

水平0(前结构)　没有任何反应.

水平1(单一结构)　没有完全建立向量概念,把向量看作一个数,或只能用一个字母表示向量.例如：$\overrightarrow{AB}=5$.

水平 2（多元结构） 能用水平方向和垂直方向的移动表示一个向量，但不能明确其坐标形式.认为向量的坐标依赖始点和终点的位置.学生的典型反应有："△ABC 上每个点的横坐标向右平移 6 个单位,纵坐标向上平移 2 个单位."（但不能表示为坐标形式）

水平 3（关联结构） 能把向量直接表示为一个列或行向量的形式,但需要把向量平移到同一起点的位置,即位置向量.典型反应包括：求两个向量的和向量时,把向量都平移到固定一点出发.

水平 4（拓展抽象结构） 能灵活地用一个字母表示向量的坐标形式,认识到一个向量的坐标不依赖于端点的位置,如果两个向量相等那么它们的坐标相同.

为了进一步揭示学生向量概念在几何图象和代数运算两方面的发展水平,我们还在上述分类的基础上继续划分了子类.

（三）作业的质性分析

1. 学生回答作业第 1 题的不同类型

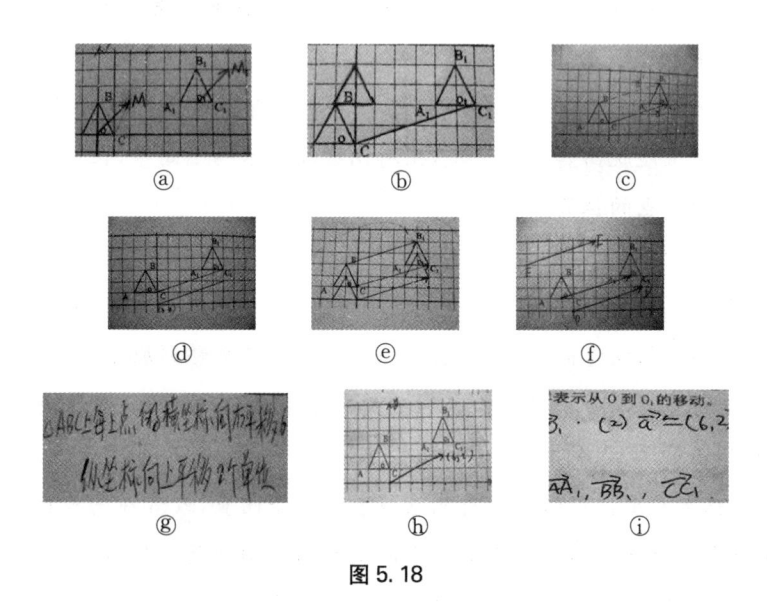

图 5.18

如图 5.18ⓐ,该类学生能抽象出一种有箭头的几何表征,但这种表示更像物理直觉.同时,没有关注有向线段的长度与三角形位置变化的关系.

根据按高水平打分的原则,我们确定该类学生达到 VG1.

如图 5.18ⓑ,该类学生用一条线段连结两个三角形的对应点,而没有标明箭头方向,因此处于 VG1. 学生在代数符号方面没有任何表现,处于 VS0.

如图 5.18ⓒ、ⓓ、ⓔ,这些学生都已建构相等向量的概念,但仍依赖具体图象或特殊的点,因此在几何图象方面处于 VG3. 图 5.18ⓒ中,该类学生在代数坐标方面能用字母表示向量,除此之外没有其他表现,因此处于 VS1. 图 5.18ⓓ、ⓔ中,这些学生在代数坐标方面没有任何反应,处于 VS0.

如图 5.18ⓕ,该类学生已经能在图中任意位置用向量表示三角形的平移,因此处于 VG4. 在代数符号方面没有任何表现,处于 VS0.

如图 5.18ⓖ,该类学生能用水平和竖直方向的位移表示三角形的平移,但还不能形成向量的坐标表示,所以达到 VS2.

如图 5.18ⓗ、ⓘ,这些学生能用类似位置向量概念的几何表征进行表示,在代数表示方面能写成坐标形式,但还不能灵活地在平面上任意位置进行表示,因此这些学生达到 VG3.

2. 学生解答向量加法运算的不同类型

自由向量概念在向量加法运算中进一步得到发展,所以继续通过作业第 2、5 题检验学生的向量概念. 部分典型反应如下:

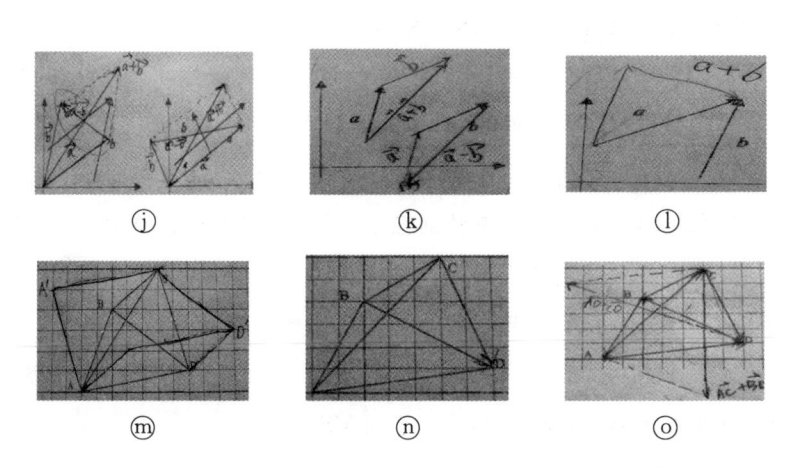

ⓙ　　　　ⓚ　　　　ⓛ

ⓜ　　　　ⓝ　　　　ⓞ

ⓟ　　　　　　　　　　ⓠ　　　　　　　　　　ⓡ

图 5.19

如图 5.19ⓙ，该类学生能运用平行四边形法则和三角形法则移动向量进行加（减）法运算，并正确表示出和向量．但是，他们需要把向量都平移到坐标原点，因此他们的向量概念达到 VG3．在代数符号方面，他们能用字母表示向量，因此达到 VS1．

如图 5.19ⓚ、ⓛ，该类学生虽然错误地应用了向量加、减法法则，但图中有向线段图象和带箭头的字母符号，以及向量的移动，表明他们已有向量和向量相等的概念，所以他们达到 VG4 和 VS1．

如图 5.19ⓜ，该类学生似乎运用了平行四边形法则求两个向量的和，但图中任何向量都没有标明，也没有指出和向量的方向和大小，所以这类学生的向量概念处于 VG1、VS0．

如图 5.19ⓝ，该类学生能在图中用有箭头的符号表示向量 $\overrightarrow{BD}$、$\overrightarrow{CD}$，在代数符号方面没有任何表现，因此达到 VG2、VS0．

如图 5.19ⓞ，该类学生错误地利用向量加法法则，但显示他们已经有向量的概念，并且能自由移动向量，因此达到 VG4、VS1．

如图 5.19ⓟ，该类学生已达到 VG4，但在代数坐标方面只能写出点的坐标，而不能写出对应向量的坐标，因此达到 VS1．

如图 5.19ⓠ，该类学生能把向量写成坐标形式，并正确进行向量的坐标运算，但在几何图象方面没有特别显示，所以达到 VS4、VG0．

如图 5.19ⓡ，该类学生认为向量 $\overrightarrow{AD}$ 与 $\overrightarrow{CD}$ 的和向量是 $\overrightarrow{AC}$，错误地应用向量的运算法则，但带箭头的符号表明学生已有初步的向量概念．之后的问题又显示他们只能从一个维度把握向量，即把两个向量的和向量看作一个数，而没有方向．因此，这些学生达到 VS1、VG0．

3. 分析结果

（1）学生在向量概念基本问题中的理解水平．

学生在向量概念基本问题中的理解水平情况如表 5.12 和表 5.13 所示.

表 5.12 基本问题中向量概念几何与代数的认知发展水平

几何的认知发展	人数	代数的认知发展	人数
VG4	66	VS4	9
VG3	137	VS3	60
VG2	36	VS2	91
VG1	36	VS1	4
VG0	27	VS0	138

从表 5.12 中可以看出,学生向量概念的几何认知处于水平 3 和水平 4 的人数高于符号发展上相应水平的人数.在几何图象发展方面,仅有 66 人达到自由向量概念水平,约占总人数的 22%;有 27 人处于 0 水平,即前结构水平,约占总人数的 9%;有 36 人处于水平 1,这些学生只能从一个维度上理解向量概念,约占总人数的 12%.在代数符号发展方面,仅有 9 人达到自由向量概念水平,约占总人数的 3%;有 138 人处于 0 水平,约占总人数的 46%;有 4 人处于水平 1,约占总人数的 1%.

表 5.13 基本问题中向量概念理解水平的分布

	VG4	45	0	3	13	5
	VG3	58	0	46	29	4
	VG2	16	0	8	12	0
几何水平	VG1	3	2	27	4	0
	VG0	16	2	7	2	0
		VS0	VS1	VS2	VS3	VS4
		代数水平				

从表 5.13 中可以看出,处于物理直觉阶段的学生有 16 人,约占总人数的 5%.处于低水平单一技能阶段的学生有 57 人,处于高水平单一技能阶段的学生有 109 人.处于单一技能的学生共有 166 人,约占总人数的 55%.处于多项技能阶段的学生有 69 人,约占总人数的 23%.处于综合能力阶段的

学生有 46 人,约占总人数的 15%.处于灵活协调阶段的学生有 5 人,约占总人数的 2%.

(2) 向量概念在向量加法运算中的进一步发展.

向量概念在向量加法运算中的进一步发展情况如表 5.14 和表 5.15 所示.

表 5.14　向量加法运算中向量概念几何与代数的认知发展水平

几何的认知发展	人数	代数的认知发展	人数
VG4	131	VS4	47
VG3	104	VS3	52
VG2	41	VS2	61
VG1	22	VS1	132
VG0	4	VS0	10

表 5.14 显示学生的向量概念在向量加法运算中不同发展水平的人数.其中在几何图象方面,达到水平 4 的学生有 131 人,约占总人数的 43%;达到水平 3 的学生有 104 人,约占总人数的 34%;有 4 名学生处于水平 0,约占总人数的 1%;有 22 名学生处于水平 1,约占总人数的 7%.在符号发展方面,达到水平 4 的学生有 47 人,约占总人数的 16%;达到水平 3 的学生有 52 人,约占总人数的 17%;有 10 名学生处于水平 0,约占总人数的 3%;有 132 名学生处于水平 1,约占总人数的 44%.

表 5.15　向量加法运算中向量概念理解水平的分布

几何水平	VS0	VS1	VS2	VS3	VS4
VG4	0	62	18	26	25
VG3	6	57	6	17	18
VG2	2	5	21	9	4
VG1	0	6	16	0	0
VG0	2	2	0	0	0
	\多列{5}{代数水平}				

从表 5.15 中可以看出,处于物理直觉阶段的学生有 2 人,约占总人数的 1%.处于低水平单一技能阶段的学生有 31 人,约占总人数的 10%.处于高水平单一技能阶段的学生有 125 人,约占总人数的 41%.处于多项技能阶段的学生有 58 人,约占总人数的 19%.处于综合能力阶段的学生有 61 人,约占总人数的 20%.处于灵活协调阶段的学生有 25 人,约占总人数的 9%.

(四) 学生学习和教学改进的策略

作业第 1 题直接考查学生的向量概念,学生在这个问题上的结果表明,只有约 22% 的学生在几何图象方面建立自由向量概念,约 3% 的学生在代数符号方面建立自由向量概念,只有约 2% 的学生在几何图象和代数符号两个方面都达到灵活协调阶段.因此,可以得出大多数学生还不能灵活地应用向量概念.

学生更倾向于应用向量的几何图形处理问题,并且在几何图形方面的应用能力好于代数符号方面的操作能力.大多数学生虽然明确向量相等的概念,但不能把相等的向量看作同一个向量.

综上,提出如下教学改进建议:

(1) 向量及运算的教学不易抽象过快,教学应体现概念的发生过程,即从位移、速度等不同的问题情境中抽象概括出相同的本质,并用数学概念和符号给以描述,然后再利用数学方法去解决各种情境下的应用问题.美国数学教育家杜宾斯基在分析许多学生难以建构对象水平的数学概念时曾指出,教师在教学中没有帮助学生建构各种不同的过程性概念,这种不充分的教学是学生无法建构概念对象的主要原因.

(2) 建议修改向量相等的定义,突出自由向量的本质.例如:"如果两个向量有相同的方向,并且长度相同,那么它们表示同一个向量,能用同一个坐标表示."

(3) 重视向量代数坐标的教学.向量的坐标表示有许多优点,例如在同一坐标平面上,如果两个向量有相同的方向,并且长度相同,那么它们的坐标相同.这使得向量的代数坐标表示可以联系起几何图形表示(有向线段)与概念对象之间的关系,有助于学生建立和形成向量作为有向线段等价类的思想.

▶▶▶ **案例评析** ◀◀◀

该案例展示了一次作业的质性分析过程,包括在作业设计时就要明确意图,并根据意图选择或编制题目、设计评价标准. 在作业批改中,运用评价标准对学生的表现进行分类,并描述每个类型的理解特征,分析原因,为高质量地反馈学生学习情况奠定基础. 同时,由于进行了对学生学习的较深度分析,也为教学改进指明了方向.

三、单元作业属性统计

根据不同目标题量分布、不同水平题量、不同题目类型题量、不同题目难度题量、不同题目来源题量、预计完成总时间等要素对课时或单元作业的属性进行描述统计. 为了方便记录,可以借鉴表 5.16 的统计表,题目来源一般包括教科书、教辅、改编、原创四类. 核心素养本位作业应重视对学生综合思维能力的培养,提升学生在复杂情境下分析问题、解决问题的能力.

表 5.16 作业属性统计表

不同目标题量分布		不同学习水平题量		不同题目类型题量		不同题目难度题量		不同题目来源题量		预计完成总时间
目标	题量	水平	题量	题型	题量	难度	题量	来源	题量	

第三节　完善核心素养本位数学单元作业的实施

一、作业实施中的问题

数学作业是教学过程的一个要素,是巩固知识技能、发展数学思维的必要环节,是实现有效教学的重要组成. 除了作业设计,作业完成、作业批改与评价、作业反馈也是作业活动的重要组成,提升作业质量的保障. 一些调查发现,中国学生在完成作业过程中,存在被动应付作业的现象,没有形成好的学习方法,缺乏对知识的深刻理解. 在作业批改与评价中,一些教师只在作业上打"√"或"×",能够给出等级性评价或者针对学生的问题给出鼓励性评语及改正提示的都非常少. 只有较少的学生能够从教师的作业批改中获益,而且有不少的学生表示不满意或没有收获.在作业反馈中,缺乏深入的错因分析、个性化的学习指导,更没有提供有针对性的方法指导,这样就无法使作业中的问题,特别是普遍性的错误,转化成有价值的教学资源.

二、作业实施的改进对策

(一) 不应忽视的作业布置

作业布置影响作业的完成.传统的作业布置存在简单、生硬、"居高临下"等问题.为了促进作业的完成,不仅要重视"作业布置"环节,而且可以采取"告学生书"的形式明确每个课时或单元作业的整体架构、实施要求以及作用价值,同时发挥情感激励作用.

(二) 加强作业完成的监控与指导

作业的完成通常在课堂学习之后,甚至需要学生在家庭等校外来实施,一些作业需要学生独立完成.面对学生学习力的差异性和多样性,应运用现代信息技术或划分学习小组等方式,加强过程监控,并为学生提供及时的作业过程指导.例如,通过建立 QQ 学习群或动态的指导组,师生轮流主持群中的方法讨论或问题解答.

培养自主学习习惯.除了过程监控之外,还应加强作业学习方法和习惯的培养.做作业前先阅读教科书、复习课堂教学内容或笔记,遇到不懂的问题要主动联系老师或同学进行交流.

(三) 提升作业反馈的诊断性与伦理性

学生明确自己需要在什么地方改进,以及如何改进,是学习进步的基础.有效的作业反馈包括:明确学生哪些地方做得好,哪些地方需要改进,协商如何改进.学者刘辉将日常的作业评价结果反馈方式划分为等级/分数、评语、评语+等级/分数三种进行比较研究,研究发现教师提供的反馈信息会直接影响作业效果,其中,"布置了作业但没有批改"的效应值是 0.28,"有批改分数的作业"的效应值是 0.78,"有教师批语的作业"的效应值是 0.83.美国心理学家佩奇(E. B. Page)同样研究了作业的反馈方式,他把反馈方式划分为无评语、特殊评语(不仅给予等级,而且给予评语,但获得同一等级的评语是相同的)、顺应评语(既给予等级,又给予评语,而且是针对学生个体的个性改进意见、建议或指导),结果表明,顺应评语的

效果最好,无评语的效果明显低于后两者.(刘辉,2011)

　　伦理强调人伦之理,侧重人际关系,一般指人与人在相处过程中所需遵循的客观准则.教师专业伦理是指教师在教育教学专业活动领域内一致认可并必须遵守的基本伦理规范和行为准则,旨在维护教师专业团体的声誉,规范教师处理与学生、家长、同事、社区及国家之间的关系的行为(周玉娟,余明友,2016).教师专业伦理的表述和内涵相较于教师职业道德更贴近当今时代背景,更能够突出教师职业的专业性、服务性、社会性.教师的一个重要角色是教学人员,其教师专业伦理主要表现为教学伦理.教学伦理是指教师在教学过程中处理教学行为、教学活动和教学要素时应该秉承的伦理规范(檀传宝,张宁娟,吕卫华,等,2016).

　　教学评价伦理是教学伦理的重要构成,规范教师在教学评价活动中的行为.教师对学生进行教学评价时要考虑评价方式、评价内容等是否符合伦理要求,合乎伦理的教学评价的最终落脚点应当是学生的学.教学评价的伦理意蕴突出表现在对学生发展的作用上,正确的、合乎伦理的教学评价能够有效指明学生发展方向,强化学生发展目标,改进学生发展方法,鼓励学生发展劲头,充分发挥激励功能(欧阳超,2008).在实施教学评价时,从伦理角度来说,要保证民主、公平、负责任地对学生及学习活动进行恰当地评价(方丽,李如密,2016).教学评价既有对课堂上学生学习表现的评价,也有对学生课后作业与考试的评价,无论是课堂上还是课堂之下的教学评价,都要合乎伦理意蕴.

　　然而在数学课堂上,往往存在一些数学教师过于追求课堂效率和解题数量,对学生提出的异于常规的思路和做法不予理睬,甚至直接否定.在课后作业的批阅和反馈中,只注重解题结果的对与错,不能对解题过程作出有利于学生学习进步的评价,不能及时地给予学生反馈,不能负责任地实施教学评价,也忽视教学评价的伦理性.研究生阎雪通过对约200名家长、300名学生及300名教师的问卷调查,发现学生维度"中学数学教师专业伦理负面行为"中有4条与作业有关系,分别是"当有一些学生没有听懂课上讲的数学题目时,不给学生提供指导""老师批阅数学作业只看结果的对错,不给学生反馈作业的情况与问题""学生的数学作业总是非常多,完成一次数学作业一般要超过3小时""在朋友圈等网络平台发布学生作业表现情况或成绩,以发泄对学生学习表现不满的情绪".她还访谈了河北省某镇中学两名不同班级的初三学生,其学习情况处于班级的中下游水平.通过访谈,了解两位初中数学教师在日常教学工作中对学生作业和试卷的批阅与反馈情况.

问题 1 你的数学老师如何批阅作业和试卷？

学生 A：我的数学老师在批阅作业和试卷的时候，对的题打对勾，错的题打叉子，大题有时候会勾画出错误点，试卷会给出分数，均没有批语.

学生 B：我的数学老师在批阅作业和试卷的时候，对的题打对勾，错的题打叉子，没有分数和批语.

问题 2 数学老师如何将作业和试卷情况反馈给你？

学生 A：老师会让我根据老师批阅情况先分析一下自己哪里做错了，然后进一步对照答案进行分析，将分析结果向老师汇报交流. 老师上课会讲解错的多的题目，个别题目不会的课下去找老师解决.

学生 B：老师会让我对照答案自己修改，上课的时候会讲解一部分题目，不会的问题课下可以再去找老师讲解.

问题 3 通过老师反馈，你是否清楚数学题目错误的原因了？

学生 A：有的题目可以明白错误的原因，有的题目不会做的话就只能看参考答案或听老师讲解去知道该怎么做.

学生 B：大多数是不清楚的，通过听老师讲解和看答案学习如何解答.

问题 4 通过老师对作业的反馈，是给你带来了挫败感，还是促使你更有信心学习数学，你有没有通过老师对作业和考试的反馈受到激励？

学生 A：更有信心学习数学，受到了激励.

学生 B：让我有了挫败感，没有受到激励.

问题 5 数学老师有没有指导你分析自己题目错误的原因？

学生 A：一些简单的题目老师会指导我分析错误的原因，较难的题目老师首先保证我学会和理解了题目的正确解法.

学生 B：没有，能看懂答案就行.

上述访谈案例中，对不同班级同等水平的学生进行关于数学教师对作业和试卷的批阅与反馈情况的调查，对比两位学生的回答，发现不同数学教师对学生作业的批阅与反馈在一定程度上影响着学生对数学学习的兴趣和信心. 两位学生对应的两位数学教师在作业和试卷的批阅上基本一致，只看结果的对与错，学生 A 的老师可能会看一下具体的解答过程. 在评价反馈上，学生 A 的老师会根据学生的作答情况和题目难度情况指导学生分析自己错误的原因，并与学生交流，关注点偏向于对错因的分析,而学生 B 的老师主要让学生根据答案修改解题过程,关注点偏向于对答案的学习.两位数学教师的不同反馈方法在一定程度上使得学生对数学学习的态度有所不同,通过数学教师的反馈,学生 A 受到了激励,对数学学习更有信心,而学生 B 却感到了挫败,被打击到其学习数学的信心.学生 A 的数学老师给予的相对充分的作业评价发挥了激励作用,促进学生学习发展,在一定程度上合乎伦理意蕴.给予学生 B 的作业评价不够负责任,没能真正地落脚于学生的学,不合乎伦理意蕴.

阎雪还根据中国《中小学教师职业道德规范》《中小学教师违反职业道德行为处理办法》《新时代中小学教师职业行为十项准则》3 份国家文件、美国全国教育协会(National Education Association of the United States)1975 年版的教师专业伦理准则对"教师专业伦理负面行为"的规定进行比较(见表 5.17),都提及了对学生的心理健康造成不良影响的行为、对学生的身体健康造成伤害的行为、侵犯学生隐私的行为.

表 5.17 中美教师专业伦理负面行为

中 国	美 国
(1) 讽刺、挖苦、歧视、侮辱学生; (2) 虐待、伤害学生,体罚或变相体罚学生; (3) 以分数作为评价学生的唯一标准; (4) 与学生发生任何不正当关系,有猥亵、性骚扰行为	(1) 无故抑制学生的自主学习; (2) 无故否定学生的独到见解; (3) 故意地压制或是歪曲反映学生进步的事实; (4) 故意刁难和轻视学生; (5) 因种族、肤色、教义、性别、国籍、婚姻状况、政治或者宗教信仰、家庭、社会或文化背景,或是性取向差异而不公平地对待学生; (6) 非出于不得已的专业目的或者法律需要,泄漏在职业过程中获得的学生的任何信息

(四) 教会学生反思作业

作业反思可以作为学生自我或相互评价技能的一部分.通过指导学生对作业进行自我分析反思,可以有效提高学生的自我评价能力和自主学习能力."反思作业"是学生根据作业的对错,分析其真实的原因,并形成适切可行的对策.例如,对解答结果正确的学生,指导他们分析思路是否清晰,表达是否完整,符号应用是否合理,是否还有其他方法;对解答有错误的学生,指导他们分析错误的原因是知识记忆、理解性错误、运算性错误,还是数学思想与方法的策略性误导、情意态度的影响.培养学生将错题及订正整理成"错题集"的习惯,对学生订正情况要作出积极反馈.

研究结果还表明,教师应当在课堂教学中充分利用数学作业,对其进行分析、讲解,这类活动有助于提升学生的数学成绩.教师在课堂中对学生的作业进行讲解和分析,可以让学生有时间对自己之前的学习情况进行反思,并且得到充分的反馈,帮助他们了解自己学习过程中存在的问题和缺陷,并且想方法进行解决.

(五)加强数学习题与试题研究

教师必须重视对数学题目的研究.

1. 认真做题

教师对每道题目都要认真分析,亲手解题,而不能满足于现成的"标准答案".只有这样,才能从每道题目的解法及其产生这一解法的背景中去发现深化核心知识、训练基本技能、渗透思想方法、积累基本活动经验等的因素.

2. 归纳整理

教师要对教科书和相关资料中的有关题目进行归纳,一方面可以总结解题方法,避免题目选择的重复;另一方面,有利于搞清教科书中的题目与课外题目的联系,提高教师自身"离开教科书,又回到教科书"的高度驾驭能力.

3. 把握难度

教师要通过教科书中相关题目的难度来理解相关内容的教学要求,同时也为选择教科书之外的其他题目提供把握难度的依据.

4. 试题研究

作业设计的重要来源是试题材料,教师要研究与教学内容相关的中高考题,从知识到能力、从题型到方法,找出试题与教学目标、核心知识、核心素养的联系,并渗透到作业中.

作业影响学生的学业成绩、学习兴趣和学习负担,提高作业质量是一个关系学生健康发展的系统工程.学校需要建立作业管理细则和质量定期评价制度,加强作业总量审核监管,加强学校备课组或教研组在作业实践中的研讨,重视教师的自我反思.

第六章 数学单元教学设计案例

第一节 新知识形成单元教学设计

案例1 二次函数及其图象和性质

（一）课程标准的内容要求

1. 通过对实际问题的分析,体会二次函数的意义.

2. 会用描点法画出二次函数的图象,通过图象了解二次函数的性质.

3. 会用配方法将数字系数的二次函数的表达式化为 $y=a(x-h)^2+k$ 的形式,并能由此得到二次函数图象的顶点坐标,说出图象的开口方向,画出图象的对称轴,并能解决简单实际问题.

4. 从函数观点看一元二次方程.

会结合一元二次函数的图象,判断一元二次方程实根的存在性及实根的个数,了解函数的零点与方程根的关系.

5. 从函数观点看一元二次不等式.

（1）经历从实际情境中抽象出一元二次不等式的过程,了解一元二次不等式的现实意义;能借助一元二次函数求解一元二次不等式,并能用集合表示一元二次不等式的解集.

（2）借助一元二次函数的图象,了解一元二次不等式与相应函数、方程的联系.

（二）单元学习目标

单元的关键概念包括：函数关系、二次函数的表征形式、二次函数的性质、二次函数与一元二次方程、二次函数与一元二次不等式、二次函数的建模、代数符号和运算.

基本问题包括：

（1）怎样发现二次函数关系？二次函数怎样表征？

(2) 二次函数关系有哪些变化特征或规律?

(3) 如果所给式子或图象都是二次函数,那么它们为什么不同?

(4) 二次函数与一次函数、一元二次方程之间有怎样的联系?

(5) 二次函数与一元二次不等式之间有怎样的联系?

(6) 如何利用二次函数解决实际问题?

表6.1 "二次函数及其图象和性质"单元素养学习目标

知识技能	1. 知道二次函数的概念和标准形式,会确定二次函数的二次项系数、一次项系数和常数项. 2. 会用描点的方法画二次函数图象,会确定其开口方向、顶点坐标和对称轴. 3. 能运用配方法等将二次函数一般式转化为顶点式 $y=a(x-h)^2+k$,知道对称轴和顶点的表达式;会用待定系数法求二次函数的表达式. 4. 能从实际情境中抽象出二次函数模型,并且利用二次函数性质解决问题. 5. 会根据二次函数图象或解析式,判断一元二次方程实根的存在性及实根的个数,求一元二次方程的根,以及求一元二次不等式的解集
意义理解	1. 通过对不同情境的概括,洞察构建二次函数解析式和图象的策略,能解释二次函数关系的意义. 2. 通过对二次函数图象的抽象,能阐明二次函数性质的意义;能解释抛物线的平移与二次函数解析式之间的关系. 3. 洞察二次函数建模的策略. 4. 能解释一元二次函数与 x 轴的交点及一元二次方程根的关系. 5. 能解释一元二次方程根的判别式与一元二次函数图象及 x 轴交点个数的关系. 6. 能解释一元二次不等式与相应函数、方程的联系
学习迁移	综合运用二次函数解析式、图象和性质,一元二次方程和一元二次不等式知识解决复杂问题的意识和能力;主动运用数学抽象、直观想象、数学运算、逻辑推理进行函数关系和性质的探究能力.通过对抛物线平移和解析式关系的研究,养成透过现象看本质、善于在变化中寻找规律的态度和品格

(三) 课时教学目标

1. 运用已有的学习经验迁移、猜想、验证、归纳,自主建构二次函数的定义,探究二次函数 $y=ax^2$ 的图象和性质.

2. 通过对抛物线 $y=ax^2$ 上、下、左、右平移的方法,自主探究二次函数 $y=ax^2+c$、$y=a(x+m)^2+c$ 的图象和性质,理解图象平移的原理,掌握平移的方法.

3. 通过探究活动进一步理解函数的一般研究内容和研究方法,感悟式、数、形之间的内在一致性,建构数学知识之间的联系.

（四）学习任务

学习任务1　建构二次函数概念

◆ 教学过程 ◆

1. 调动兴趣,激活知识基础

情境1　"卖橘子咯,又大又甜的橘子,2元钱一千克啦!"放学的路上,你听到一位大爷卖力的叫卖声.假设你买了 x 千克橘子,共花了 y 元,请问 y 与 x 之间的函数关系式是什么?

情境2　抛橘子.引出课题:抛橘子时,橘子的路线会形成一条曲线,这条曲线是否能用函数关系式来表示?它的形状是怎样画出来的?现在我们开始探讨新一章的内容——二次函数.

教师活动　我们学习过一次函数的哪些内容?主要的研究方法是什么?

一次函数的概念→二次函数的概念;

一次函数的图象和性质→二次函数的图象和性质;

一次函数与一元一次方程→二次函数与一元二次方程;

一次函数的应用→二次函数的应用.

设计意图　通过创设生活问题情境,激发学生的学习兴趣和对相关知识的链接.然后类比一次函数,帮助学生对即将学习的二次函数形成知识框架图.在新、旧知识之间架设好认知的"桥梁",提高学生逻辑推理的核心素养.

情境3　学校准备在校园外利用围墙的一段,再砌三面墙,围成一个矩形果园,种植柑橘,如图6.1所示.设与学校围墙相邻的墙的长度为 x m,与学校围墙对面的墙的长度是与学校围墙相邻墙长度的2倍,则矩形果园的面积 S 与 x 之间有何关系?

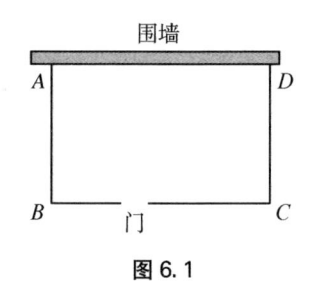

图6.1

情境4　学校准备在校园外利用围墙的一段,再砌三面墙,围成一个矩形果园,种植柑橘,如图6.1所示.已知备有可以围100 m长的墙的材料,设与学校围墙相邻的墙的长度为 x m,则矩形果园的面积 S 与 x 之间有何关系?

情境 5 云南省有一个贫困县,四季气候舒适,土地富饶,非常适合柑橘的生长,是远近闻名的柑橘产地.农民每年辛苦种植,但售卖时农民为销售量发了愁.现在学校积极响应国家扶贫政策,准备帮助这个贫困县的农民卖柑橘.已知日销售量 $P=-10x+80$,每日售价 $Q=0.4x+2$,日销售额 $W=$ 日销售量 $P\times$ 每日售价 Q,则学校日销售额为多少?

教师活动 这些函数的表达形式有什么共同特点?你还能举出其他例子吗?类比一次函数的一般形式,这些函数的一般形式是什么?

学生活动 学生剥离现实背景,学习用数学语言分析和表达问题,发现并总结出二次函数的特点,对二次函数下定义.

设计意图 通过对现实生活问题的分析,建立二次函数模型.

2. 建构二次函数的定义

分析一次函数解析式,如图 6.2 所示.

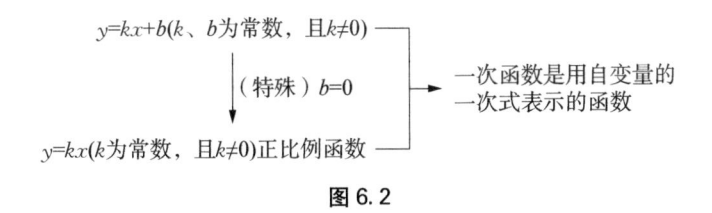

```
y=kx+b(k、b为常数,且k≠0)
          │
       (特殊)b=0              一次函数是用自变量的
          ↓                   一次式表示的函数
y=kx(k为常数,且k≠0)正比例函数
```

图 6.2

(1) 由一次函数的定义"用自变量的一次式表示的函数叫做一次函数"建构二次函数的定义:用自变量的二次式表示的函数叫做二次函数,即形如 $y=ax^2+bx+c$(a、b、c 均为常数,且 $a\neq 0$)的函数叫做二次函数.二次函数概念中的 a、b、c 有什么要求?

(2) 分析二次函数 $y=ax^2+bx+c$ 中常数 a、b、c 的取值范围,如图 6.3 所示.

```
        二次函数 y=ax²+bx+c(a≠0)
                   │
                (特殊)
        ┌──────────┼──────────┐
        ↓          ↓          ↓
      y=ax²      y=ax²+c    y=ax²+bx
   (a≠0,b=0,c=0) (a≠0,b=0)  (a≠0,c=0)
        │
     (特殊)
        ↓
       a=±1
     y=x², y=-x²
```

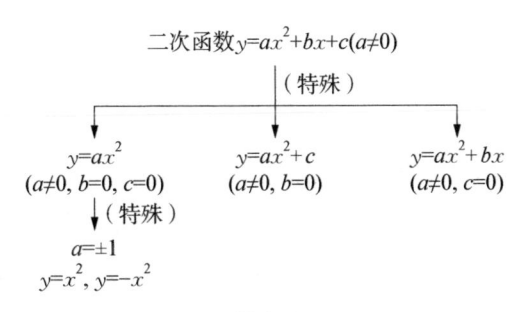

图 6.3

教师活动 ① 当 a、b、c 是怎样的数时,它是正比例函数?

② 当 a、b、c 是怎样的数时,它是一次函数?

③ 当 a、b、c 是怎样的数时,它是二次函数?

设计意图 体会二次函数的意义,提高学生数学抽象的核心素养.

3. 巩固与运用

(1) 关于 x 的函数 $y=(m+1)x^{m^2-m}$ 是二次函数,求 m 的值,并说明该二次函数的二次项系数、一次项系数和常数项.

(2) 已知二次函数过点 $A(-1,0)$、$B(7,0)$、$C(3,-4)$,请写出满足条件的二次函数解析式.

学习任务 2　探究二次函数 $y=ax^2$ 的图象与性质

◆ **教学过程** ◆

1. 探究准备

(师生共同回顾交流)

(1) 由解析式可知一次函数 $y=kx+b(k\neq 0)$ 的自变量 x 和函数值的取值范围均为全体实数.

(2) 一次函数 $y=kx+b(k\neq 0)$ 的图象特征(图 6.4). 一次函数的图象是由点构成的,研究函数图象,通常要转化为研究图象上点的规律和特征.

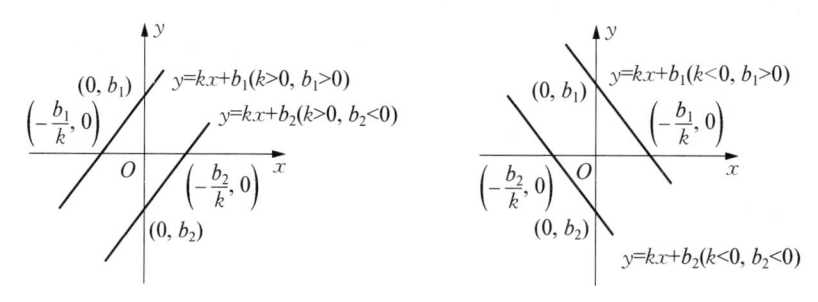

图 6.4

2. 探究 $y=ax^2$ 的图象和性质

从特殊到一般开始研究,因为函数解析式与其图象既可以从方法上相互支持,又在本质是一致的. 学生对于函数关系以及函数图象的学习都已经具备一定经验,函数关系不同,图象可能有区别,所以首先分析函数解析式的特点,以增强对函数图象的想象.

(学生自主探究,展示自学成果)

(1) 研究 $y=x^2$ 的图象和性质.

① 从解析式(式)分析自变量和函数的取值(数)范围:x 为任意实数,$y \geqslant 0$.

预测函数 $y=x^2$ 的图象(形)特点:过原点$(0,0)$,其余各点均在 x 轴的上方;无最高点,原点为最低点;图象向上无限伸展;图象关于 y 轴对称.(肯定学生的积极思考和发现,鼓励学生继续探究)

② 列表体验由函数解析式到点和数的转化.

表 6.2

x	⋯	-2.5	-2	-1.5	-1	-0.5	0	0.5	1	1.5	2	2.5	⋯
$y=x^2$	⋯	6.25	4	2.25	1	0.25	0	0.25	1	2.25	4	6.25	⋯

③ 描点验证:将表格中各对 x 与 y 的对应值作为点的坐标在直角坐标系中描出相应的点.(图 6.5)

(学生独立动手实践,建立平面直角坐标系)

描点过程中,验证了对二次函数 $y=x^2$ 图象上点的特征的分析,形象地展示了二次函数 $y=x^2$ 图象的轴对称性质和图象的最低点及变化趋势,激发学生的获得感,肯定学生的态度、参与和成果.

④ 描点.从左向右顺次用平滑的曲线连结描出的点.(图 6.6)

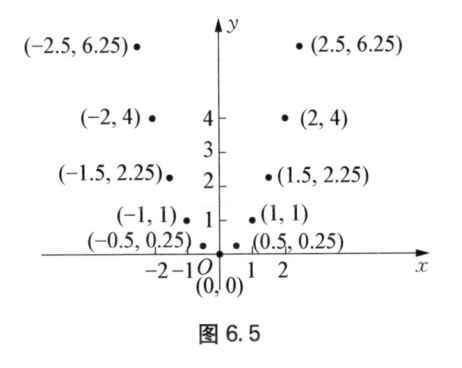

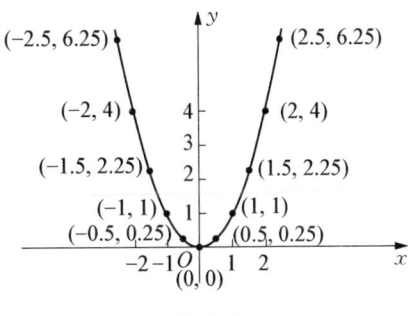

图 6.5

图 6.6

学生亲自经历函数 $y=x^2$ 图象的生成过程,也就是经历了由"式"到"数",再到"形"的过程,亲身感悟函数的"数形统一"的特征,再次强调了函数思想.

(2) 概括二次函数 $y=x^2$ 的图象特点与函数性质.

图象形状:抛物线;

图象对称轴:y 轴;

图象顶点:原点$(0,0)$,为图象的最低点;

图象开口方向:向上;

图象从左到右的变化趋势:在对称轴(y 轴)左侧是下降的,在对称轴(y 轴)右侧是上升的;

函数性质:当 $x<0$ 时,y 随 x 的增大而减小;当 $x>0$ 时,y 随 x 的增大而增大.

(3) 研究二次函数 $y_1=2x^2$ 的图象与性质.

从解析式、表格及描点连线过程中分析 $y_1=2x^2$ 与 $y_2=x^2$ 图象与性质的一致性.

① 比较函数解析式:当 x 取同一个值时,$y_1=2y_2$.

② 列出 $y_2=x^2$ 和 $y_1=2x^2$ 的对应值表格,验证以上结论.(表6.3)

表6.3

x	…	-2	-1.5	-1	-0.5	0	0.5	1	1.5	2	…
$y_2=x^2$	…	4	2.25	1	0.25	0	0.25	1	2.25	4	…
$y_1=2x^2$	…	8	4.5	2	0.5	0	0.5	2	4.5	8	…

③ 在画有抛物线 $y_2=x^2$ 的坐标系中,描点、连线,作函数 $y_1=2x^2$ 的图象,体验函数 $y_1=2x^2$ 与 $y_2=x^2$ 图象和性质的相同点.

(4) 概括函数 $y=ax^2$ 的图象和性质.

从特殊到一般,生成二次函数 $y=ax^2(a>0)$ 的图象与性质.

(5) 由平面内关于 x 轴对称的点的坐标特征,学生自然同化并调整 $y=x^2$ 的图象和性质,生成 $y=-x^2$ 的图象和性质,进而归纳 $y=ax^2(a<0)$ 的图象和性质.

3. 总结二次函数 $y=ax^2$ 的图象与性质

表 6.4　二次函数 $y=ax^2$ 的图象与性质

$y=ax^2$	$a>0$	$a<0$
图象		
形状	抛物线	
对称轴	y 轴	
顶点	(0,0)	
开口方向	向上	向下
趋势	y 轴左侧下降	y 轴左侧上升
	y 轴右侧上升	y 轴右侧下降
函数增减性	当 $x<0$ 时，y 随 x 的增大而减小	当 $x<0$ 时，y 随 x 的增大而增大
	当 $x>0$ 时，y 随 x 的增大而增大	当 $x>0$ 时，y 随 x 的增大而减小

4. 回顾与延伸

(1) 回顾研究过程.

研究内容：图象的形状、对称性、增减趋势、最大（或最小）值所对应点的坐标、开口方向.

研究方法：① 研究函数的一般过程与方法，即分析函数解析式，列函数值与自变量的部分对应值表，描点，连线，作出函数图象.

② 研究问题可从"特殊"入手推广到"一般"，注意必要的调整和变化.

(2) 新的迁移联想.

如果抛物线 $y=x^2$ 向上、下或向左、右平移，平移前后的函数解析式有什么联系和区别？（作为课后作业的一部分，为下一节学习打下自学基础）

◆ 课后作业 ◆

1. 自我反思和评价课堂学习中的态度、经验和不足.

2. 在同一直角坐标系中作出二次函数 $y_1=x^2$、$y_2=2x^2$、$y_3=\dfrac{1}{2}x^2$、

$y_4 = -x^2$、$y_5 = -2x^2$、$y_6 = -\dfrac{1}{2}x^2$ 的图象. 通过作图, 观察与分析你又获得了关于二次函数 $y = ax^2 (a \neq 0)$ 的哪些知识?

3. 研究: 如何将抛物线 $y = x^2$ 平移得到 $y = x^2 + 3$、$y = x^2 - 1$ 的图象? 如何将抛物线 $y = -x^2$ 平移得到 $y = -(x+1)^2$、$y = -(x-2)^2$ 的图象?

学习任务 3   探究二次函数 $y = ax^2$ 的平移

◆ 教学过程 ◆

1. 知识准备

回顾二次函数 $y = ax^2 + bx + c$ 的图象特征和有关概念.

(1) 二次函数 $y = ax^2 + bx + c$ 的图象叫做抛物线. 抛物线是轴对称图形, 每条抛物线都有对称轴. 抛物线与对称轴的交点叫做抛物线的顶点. 顶点是抛物线的最低点或最高点.

(2) 抛物线 $y = ax^2$ 的特点.

开口方向: 当 $a > 0$ 时, 开口向上; 当 $a < 0$ 时, 开口向下.

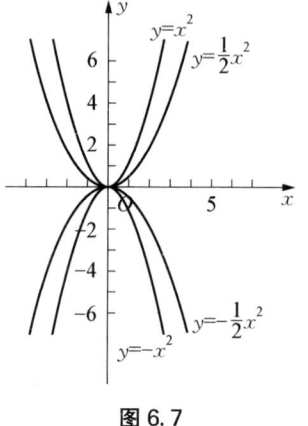

图 6.7

开口大小: $|a|$ 越大, 开口越小.

对称轴: y 轴, 即直线 $x = 0$.

顶点: 原点, 即 $(0, 0)$.

2. 抛物线 $y = ax^2$ 平移的探究

比较二次函数 $y = ax^2$、$y = ax^2 + c$、$y = a(x+m)^2$、$y = a(x+m)^2 + n$, 对它们的函数解析式、x 与 y 的对应值表以及图象之间的联系进行比较.

探究 1   在同一直角坐标系中, 作出 $y_1 = x^2$、$y_2 = x^2 - 1$、$y_3 = (x+1)^2$ 的图象.

(学生独立操作, 生生间相互评价正误, 自行调整)

解   先列表(表 6.5):

表 6.5

x	...	-3	-2	-1	0	1	2	3	...
$y_1 = x^2$	...	9	4	1	0	1	4	9	...
$y_2 = x^2 - 1$	...	8	3	0	-1	0	3	8	...
$y_3 = (x+1)^2$	...	4	1	0	1	4	9	16	...

然后描点作图,得到函数 $y_1 = x^2$、$y_2 = x^2 - 1$、$y_3 = (x+1)^2$ 的图象.(图 6.8)

探究 2 (1) 从比较函数 $y_1 = x^2$ 与 $y_2 = x^2 - 1$ 的关系入手,概括二次函数 $y = ax^2$ 与 $y = ax^2 + c$ 的关系.

① 从函数解析式比较,当自变量 x 取同一个值时,对应的函数值 y_2 比 y_1 小 1.

② 从表中所得到的自变量 x 与函数 y 的对应值比较,自变量 x 的值相同,对应的 y 的值不同,y_2 比 y_1 小 1.

图 6.8

③ 从描点上看,抛物线 $y_2 = x^2 - 1$ 上的点在抛物线 $y_1 = x^2$ 上横坐标相同的点的下方 1 个单位处.例如,点 $A_2(1,0)$ 在点 $A_1(1,1)$ 下方 1 个单位处,也就是说把点 A_1 向下平移 1 个单位即为点 A_2,点 $B_1(2,4)$ 向下平移 1 个单位即为点 $B_2(2,3)$.

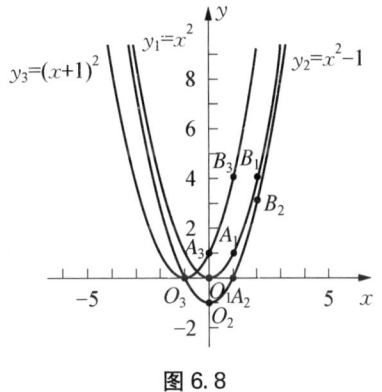

同样,把抛物线 $y_1 = x^2$ 上的所有点都向下平移 1 个单位就得到抛物线 $y_2 = x^2 - 1$ 上的所有点.所以抛物线 $y_1 = x^2$ 向下平移 1 个单位就得到抛物线 $y_2 = x^2 - 1$.平移过程中,抛物线的形状和开口方向没有改变,顶点的位置在 y 轴上移动,即由点 $(0,0)$ 到点 $(0,-1)$,所以抛物线的对称轴仍是 y 轴.(演示抛物线 $y_1 = x^2$ 上的一些点的平移和形成抛物线 $y_2 = x^2 - 1$ 的过程)

④ 拓展研究.

如何由抛物线 $y = x^2$ 平移得到抛物线 $y = x^2 - 1$?

如何由抛物线 $y = x^2 + 1$ 平移得到抛物线 $y = x^2 - 1$?

将抛物线 $y = -\dfrac{1}{2}x^2$ 向上平移 3 个单位得到哪条抛物线?向下平移 $\dfrac{1}{2}$

个单位呢？

⑤ 概括. 如图 6.9 所示.

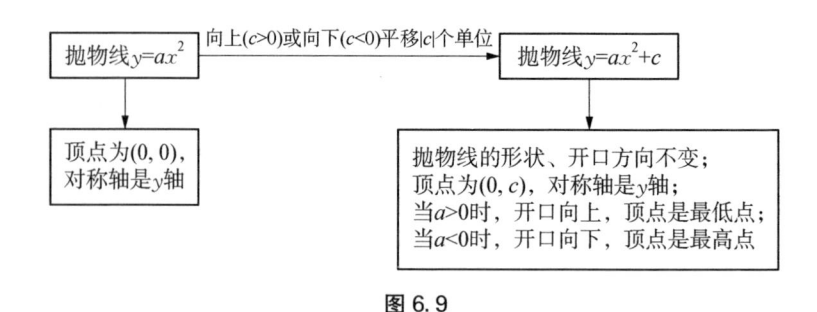

```
[抛物线 y=ax²]  ——向上(c>0)或向下(c<0)平移|c|个单位——>  [抛物线 y=ax²+c]
      ↓                                                           ↓
[顶点为(0,0),                                        [抛物线的形状、开口方向不变;
 对称轴是y轴]                                         顶点为(0,c), 对称轴是y轴;
                                                     当a>0时, 开口向上, 顶点是最低点;
                                                     当a<0时, 开口向下, 顶点是最高点]
```

图 6.9

(2) 从比较函数 $y_1 = x^2$ 与 $y_3 = (x+1)^2$ 的关系入手，研究抛物线 $y = ax^2$ 与 $y = a(x+m)^2$ 的关系.

① 从函数解析式比较，当函数 y 取同一个值时，即当 $y_1 = y_3$ 时，y_1 对应的自变量 x 的值比 y_3 对应的自变量 x 的值大 1.

② 从所列的表中看，即当 $y_1 = y_3$ 时，在原点同侧的 x 的值相差 1，即 y_1 对应的自变量 x 的值比 y_3 对应的自变量 x 的值大 1. 例如，$y_1 = y_3 = 4$ 时，当 $x > 0$ 时，y_1 对应于 $x = 2$，y_3 对应于 $x = 1$.

③ 从图象上看，抛物线 $y_3 = (x+1)^2$ 上的点 $A_3(0,1)$ 在抛物线 $y_1 = x^2$ 上的点 $A_1(1,1)$ 左边 1 个单位处，$B_3(1,4)$ 在 $B_1(2,4)$ 左边 1 个单位处，……，抛物线 $y_3 = (x+1)^2$ 上的所有点都在抛物线 $y_1 = x^2$ 上的纵坐标相同的点的左边 1 个单位处. 所以，把抛物线 $y_1 = x^2$ 上的所有点都向左平移 1 个单位，就得到抛物线 $y_3 = (x+1)^2$.

平移过程中，抛物线的开口方向、形状没有改变，顶点 $(0,0)$ 沿 x 轴移动到 $(-1,0)$. 因此，对称轴也随顶点的移动而平行移动为直线 $x = -1$. [课件演示抛物线 $y_1 = x^2$ 上的一些点平移形成 $y_3 = (x+1)^2$ 的过程]

④ 拓展研究.

将抛物线 $y = x^2$ 向左平移 5 个单位得到哪条抛物线？

将抛物线 $y = x^2$ 向右平移 5 个单位得到哪条抛物线？

如何平移抛物线 $y = (x+1)^2$ 得到抛物线 $y = (x-1)^2$？

⑤ 概括. 如图 6.10 所示.

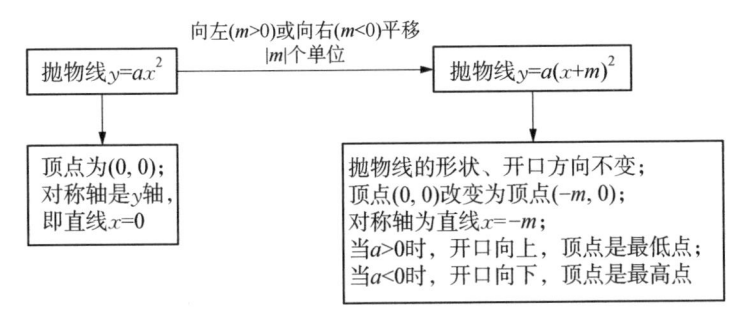

```
抛物线 y=ax²  →[向左(m>0)或向右(m<0)平移 |m|个单位]→  抛物线 y=a(x+m)²
     ↓
顶点为(0,0);                    抛物线的形状、开口方向不变;
对称轴是y轴,                    顶点(0,0)改变为顶点(-m,0);
即直线x=0                       对称轴为直线x=-m;
                                当a>0时,开口向上,顶点是最低点;
                                当a<0时,开口向下,顶点是最高点
```

图 6.10

(3) 根据以上研究经验和结果,探究抛物线 $y=ax^2$ 平移得到抛物线 $y=a(x+m)^2+n$ 的方法.

拓展研究:如何把抛物线 $y=x^2$ 平移得到抛物线 $y=(x+1)^2-1$ 呢?

① 学生猜想.

方法 1:如图 6.11 所示.

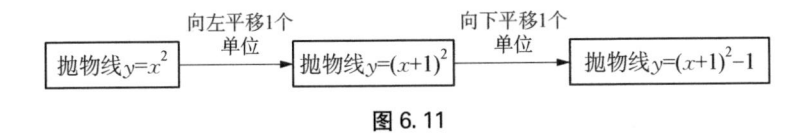

```
抛物线 y=x² →[向左平移1个单位]→ 抛物线 y=(x+1)² →[向下平移1个单位]→ 抛物线 y=(x+1)²-1
```

图 6.11

方法 2:如图 6.12 所示.

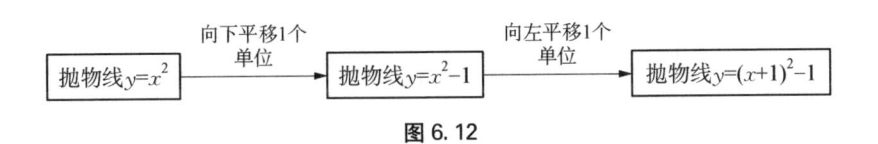

```
抛物线 y=x² →[向下平移1个单位]→ 抛物线 y=x²-1 →[向左平移1个单位]→ 抛物线 y=(x+1)²-1
```

图 6.12

② 学生按"猜想"独立实践操作.

第一步:作出抛物线 $y=x^2$;

第二步:作出抛物线 $y=x^2$ 的顶点、对称轴、抛物线与 x 轴和 y 轴的交点,以及对称轴两侧的若干点;

第三步:将这些点按方法 1 或方法 2 的要求进行两次平移;

第四步:连结两次平移后得到的点,得抛物线 $y=(x+1)^2-1$.

③ 验证.

在所作出的抛物线上任取三个点,将它们的坐标代入 $y=a(x+m)^2+n$

进行计算,检验所得结果是否为 $y=(x+1)^2-1$.

④ 概括. 如图 6.13 所示.

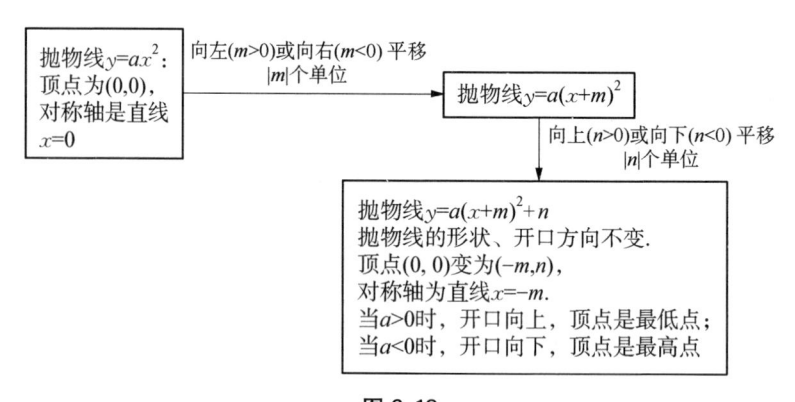

```
┌─────────────────┐   向左(m>0)或向右(m<0)平移    ┌─────────────────────┐
│ 抛物线 y=ax²:   │   |m|个单位                   │ 抛物线 y=a(x+m)²    │
│ 顶点为(0,0),    │ ────────────────────────────> │                     │
│ 对称轴是直线    │                               └──────────┬──────────┘
│ x=0             │                                          │ 向上(n>0)或向下(n<0)平移
└─────────────────┘                                          │ |n|个单位
                                                             ▼
                                       ┌─────────────────────────────────────┐
                                       │ 抛物线 y=a(x+m)²+n                  │
                                       │ 抛物线的形状、开口方向不变.         │
                                       │ 顶点(0,0)变为(-m,n),                │
                                       │ 对称轴为直线 x=-m.                  │
                                       │ 当 a>0 时,开口向上,顶点是最低点; │
                                       │ 当 a<0 时,开口向下,顶点是最高点 │
                                       └─────────────────────────────────────┘
```

图 6.13

(4) 师生在实践体验的基础上共同概括:抛物线平移的实质可以看成是其顶点的平移,二次函数图象的形状由二次项系数决定.

设计意图 为了增强学生的体验,先让学生独立计算、列表、描点、画出各函数图象,然后在教师引导下开展全班交流讨论,研究抛物线平移的方法和原理,初步领悟研究抛物线平移的影响.

3. 巩固与转化

(1) 说出下列抛物线的开口方向、对称轴及顶点坐标:

$$y=-\frac{1}{2}x^2-2,\ y=2(x+3)^2,\ y=-3(x-1)^2-2.$$

(2) 如何由抛物线 $y=4x^2$ 平移得到抛物线 $y=4(x-3)^2+7$?

(3) 如何由抛物线 $y=-5(x+2)^2-6$ 平移得到抛物线 $y=-5x^2$?

4. 师生共同小结

在学生自我小结的基础上,师生共同概括:

(1) 抛物线的平移是指抛物线整体平移,因此抛物线的形状、开口方向都不改变.

(2) 按要求平移抛物线,实质是按要求平移原抛物线上的所有点. 操作时,一般选取原抛物线的顶点,与 x 轴、y 轴的交点和其他一些特殊点进行平移,然后用平滑曲线连结这些点,得到平移后的抛物线.

（3）学会抛物线的平移，将为我们通过作二次函数的图象解有关二次函数问题提供方便．

◆ 课后作业 ◆

1. 必做题

（1）① 在同一直角坐标系内，描点作出二次函数 $y=\dfrac{1}{3}x^2+3$ 的图象，并写出它的对称轴和顶点；

② 用平移抛物线 $y=\dfrac{1}{3}x^2+3$ 的方法作出抛物线 $y=\dfrac{1}{3}x^2-2$，并写出它的对称轴和顶点．

（2）在同一直角坐标系内，完成下列问题：

① 描点作出二次函数 $y=3x^2-9x+30$ 的图象，并写出它的对称轴和顶点；

② 作出抛物线 $y=3x^2-9x+30$ 向右平移 $3\dfrac{1}{2}$ 个单位、向上平移 $\dfrac{9}{4}$ 个单位后的抛物线，并写出平移后抛物线的函数表达式．

（3）① 在同一直角坐标系内，描点画出二次函数 $y=\dfrac{1}{2}x^2$ 的图象，并写出它的对称轴和顶点；

② 用平移抛物线 $y=\dfrac{1}{2}x^2$ 的方法作出抛物线 $y=\dfrac{1}{2}(x-1)^2+2$，并写出它的对称轴和顶点．

2. 选做题

（1）已知二次函数 $y=x^2-bx+1(-1\leqslant b\leqslant 1)$，当 b 从 -1 逐渐变化到 1 的过程中，它所对应的抛物线位置也随之变动，下列关于抛物线的移动方向的描述中，正确的是（　　）．

A. 先往左上方移动，再往左下方移动

B. 先往左下方移动，再往左上方移动

C. 先往右上方移动，再往右下方移动

D. 先往右下方移动，再往右上方移动

（2）如何平移抛物线 $y=-3x^2$ 得到抛物线 $y=-3x^2+18x-26$？写

出抛物线 $y=-3x^2+18x-26$ 的顶点和对称轴.

(3) 将抛物线 $y=-x+1$ 向左平移 2 个单位,再向下平移 $\frac{3}{2}$ 个单位,写出平移后的抛物线的函数表达式.

▶▶▶ 案例评析 ◀◀◀

单元教学设计参考了李庾南先生"自学·议论·引导"的设计方法和思想. 整个单元主要采取了类似问题解决模式的教学设计,三个核心学习任务分别是:建构二次函数概念、探究二次函数 $y=ax^2$ 的图象与性质、探究二次函数 $y=ax^2$ 的平移. 三个核心任务都是在类比一次函数知识和研究经验的基础上进行的,同时结合二次函数解析式的特征,特别是第二和第三个核心任务都分解为关联的具体子任务,沿着从特殊到一般的路径及数形结合思想进行新的探究和学习.

李庾南先生的教学非常注重学生自主探究前的知识准备,即所谓让学生"厚积薄发"地参与"有向开放"的探究活动. 对于相关知识的复习不是蜻蜓点水似的一扫而过,而是扎扎实实地激活学生的相关知识基础. 数学教学必须准确把握学生的原有认知基础,即学生学习的准备状态,做到一方面要依据学生原有的准备状态而不脱离它来进行新的学习;另一方面又要通过新的学习促进学生的更大发展,使之积极形成对于后继学习良好的准备状态.

学生自主实践的过程也是他们自我体验、评价和调整的过程. 本案例中同样采用教师指明研究方向、创设思维情境,学生亲自实践、体验,师生互动、互相促进、互相激励的方式,并在学生力所能及范围内使学习内容得到最大限度的开放和拓展,学生的自主创造性得以发挥. 在研究过程中适当地鼓励学生的情感,肯定学生的发现,激发学生自主探究和创造的热情、克服困难的勇气及坚持的意志品质,不仅引导学生透过表象看本质,而且使得学生的知识、研究方法和能力、思维水平、自学的信心和内驱力都得到发展.

案例 2 平面向量的概念与运算

(一) 课程标准的内容要求

1. 向量概念

(1) 通过对力、速度、位移等的分析,了解平面向量的实际背景,理解平面向量的意义和两个向量相等的含义.

(2) 理解平面向量的几何表示和基本要素.

2. 向量运算

(1) 借助实例和平面向量的几何表示,掌握平面向量加、减运算及运算规则,理解其几何意义.

(2) 通过实例分析,掌握平面向量数乘运算及运算规则,理解其几何意义;理解两个平面向量共线的含义.

(3) 了解平面向量的线性运算性质及其几何意义.

(4) 通过物理中功等实例,理解平面向量数量积的概念及其物理意义,会计算平面向量的数量积.

(5) 通过几何直观,了解平面向量投影的概念以及投影向量的意义.

(6) 会用数量积判断两个平面向量的垂直关系.

3. 向量基本定理及坐标表示

(1) 理解平面向量基本定理及其意义.

(2) 借助平面直角坐标系,掌握平面向量的正交分解及坐标表示.

(3) 会用坐标表示平面向量的加、减运算与数乘运算.

(4) 能用坐标表示平面向量的数量积,会表示两个平面向量的夹角.

(5) 能用坐标表示平面向量共线、垂直的条件.

4. 向量应用与解三角形

(1) 会用向量方法解决简单的平面几何问题、力学问题以及其他实际问题,体会向量在解决数学和实际问题中的作用.

(2) 借助向量的运算,探索三角形边长与角度的关系,掌握余弦定理、正弦定理.

(3) 能用余弦定理、正弦定理解决简单的实际问题.

(二) 确定单元主题

向量代表既有大小又有方向的一类量.向量理论具有深刻的数学内涵和丰富的物理背景.向量既是代数研究对象,也是几何研究对象,是沟通几何与代数的桥梁.向量是描述直线、曲线、平面、曲面以及高维空间数学问题的基本工具,是进一步学习和研究其他数学领域问题的基础,在解决实际问题中发挥重要作用.

本单元的内容包括：向量概念、向量运算、向量基本定理及坐标表示、向量应用与解三角形.

（三）筛选大概念群

本单元的大概念群是：向量概念与运算.

（四）确定关键概念

"平面向量"单元的基础知识和基本技能众多，需要理清形成路径. 在平面向量的抽象活动中，应从力、速度、加速度等实际情境入手，并类比数的性质，从物理、几何、数量三个角度理解向量概念，并以向量的要素和表示方法为基础，类比实数的运算以及物理的实例，探究向量的各个运算法则以及结果的表示. 在类比力的分解、数的合成与拆分、整数的质因数分解、整式的因式分解的基础上，理解学习平面向量基本定理的必要性，认识一个平面向量有唯一分解的条件、特殊情形（正交分解）和意义，为在平面直角坐标系中引入向量的坐标表示奠定理论基础. 通过平面向量基本定理的学习，还可以体会平面向量的"二维"性，发展更灵活的向量运算能力以及包含"基底""单位元""维数"的平面向量结构和语言表达能力.

有了向量的坐标表示，进一步沟通向量的坐标表示与向量各种运算及其结果表示的关系，引导学生体会实数运算与向量运算的共性与差异，感悟向量坐标表示的价值，并在运用向量运算解决一些物理和几何问题的实践基础上，不断深化理解.

关键概念是知识结构的骨架和主干，在大概念群引领下主要包含两个子单元，一个是平面向量的概念与运算（符号语言、几何语言和代数坐标语言），另一个是平面向量的应用.

（五）识别基本问题

基本问题主要有：

1. 向量的意义是什么？如何表示向量？向量与向量之间有哪些关系？

2. 怎样定义向量的运算？（向量有哪些运算？运算法则如何定义？怎样验证运算满足运算律？）

3. 向量的运算如何表示？向量运算的意义是什么？

4. 向量的运算法则和运算律与数的运算法则和运算律的关系是什么？

5. 怎样构造向量的代数表示和运算？

6. 向量在几何中应用的策略是什么？在物理等其他科学领域中应用的策略是什么？

(六) 单元学习目标

1. 知识技能

知道向量、向量相等、零向量和单位向量、方向相同或相反的向量之间的关系、符号表示和几何表示、平面向量的投影、平面向量基本定理、向量的正交分解、正弦定理和余弦定理；知道向量的加减运算法则、数乘和数量积法则、符号表示和图形表示；知道运用正弦定理和余弦定理解三角形的一般步骤.

会进行向量的加减运算、数乘运算，能利用投影向量描述数量积的结果，能用坐标表示平面向量的数量积、表示两个平面向量的夹角；能用坐标表示平面向量共线、垂直的条件；会将简单图形中的任一向量表示为一组基底的线性组合；会利用正弦定理和余弦定理解三角形.

2. 意义理解

(1) 从物理、几何、代数三个角度理解向量、向量运算及不同表示方法的意义；理解向量概念及向量运算进行数学抽象的基本路径和方法.

(2) 洞察向量加减运算、数乘运算，用坐标表示平面向量共线、垂直的条件，用正弦定理和余弦定理解三角形的策略.

(3) 理解平面向量基本定理的意义；借助平面直角坐标系，理解平面向量的正交分解及坐标表示的意义.

(4) 洞察数的运算与向量运算之间的关系.

3. 学习迁移

(1) 在几何和物理等科学情境中，具有运用平面向量及其运算解决问题的意识和能力，初步形成向量运算的语言体系以及更加复杂和关联的平面向量知识结构，树立向量既是几何研究对象又是代数研究对象以及是联系几何与代数天然桥梁的观念.

(2) 与数的运算形成较清晰的联系，具备新数学对象的数学抽象和探究能力.

(3) 能在复数及其运算、空间中的向量及其运算的学习中进行类比和迁移.

（七）单元评价

知识技能

1. 已知 $\triangle ABC$ 的边 BC 上有一点 D 满足 $\overrightarrow{BD}=4\overrightarrow{DC}$，则 $\overrightarrow{AD}$ 可表示为（　　）.

   A. $\overrightarrow{AD}=\dfrac{1}{4}\overrightarrow{AB}+\dfrac{3}{4}\overrightarrow{AC}$　　　　B. $\overrightarrow{AD}=\dfrac{3}{4}\overrightarrow{AB}+\dfrac{1}{4}\overrightarrow{AC}$

   C. $\overrightarrow{AD}=\dfrac{4}{5}\overrightarrow{AB}+\dfrac{1}{5}\overrightarrow{AC}$　　　　D. $\overrightarrow{AD}=\dfrac{1}{5}\overrightarrow{AB}+\dfrac{4}{5}\overrightarrow{AC}$

2. 在 $\triangle ABC$ 中，$AB=3$，$AC=2$，D 为 BC 的中点，则 $\overrightarrow{AD}\cdot\overrightarrow{BC}=$（　　）.

   A. -5　　　B. $-\dfrac{5}{2}$　　　C. $\dfrac{5}{2}$　　　D. 5

3. 已知平面向量 $\vec{a}=(-2,x)$，$\vec{b}=(1,\sqrt{3})$，且 $(\vec{a}-\vec{b})\perp\vec{b}$，则实数 x 的值为（　　）.

   A. $-2\sqrt{3}$　　　B. $2\sqrt{3}$　　　C. $4\sqrt{3}$　　　D. $6\sqrt{3}$

4. 已知平面向量 $\vec{a}=(1,-3)$，$\vec{b}=(-2,0)$，则 $|\vec{a}+\vec{b}|=$（　　）.

   A. $3\sqrt{2}$　　　B. 3　　　C. $2\sqrt{2}$　　　D. 5

5. 已知向量 $\vec{a}=(4,-7)$，$\vec{b}=(3,-4)$，则 $\vec{a}-2\vec{b}$ 在 $\vec{b}$ 方向上的投影向量的长为（　　）.

   A. 2　　　B. -2　　　C. $-2\sqrt{5}$　　　D. $2\sqrt{5}$

6. 化简：

   (1) $\overrightarrow{AB}-\overrightarrow{AC}+\overrightarrow{BD}-\overrightarrow{CD}=$ _____；

   (2) $6(\vec{a}+3\vec{b}-\vec{c})-4(\vec{a}-2\vec{b}+\vec{c})=$ _____.

7. 已知 $|\vec{a}|=3$，$|\vec{b}|=4$，且 $\vec{a}$ 与 $\vec{b}$ 的夹角 $\theta=150°$，则 $\vec{a}\cdot\vec{b}=$ _____.

8. 已知 $\vec{a}=(4,2)$，则与 $\vec{a}$ 垂直的单位向量的坐标是 _____.

设计意图　平面向量的概念与运算这一单元中知识技能的评价主要是学生对向量概念和向量运算的理解，通过几何和代数两方面的设计，以选择题和填空题两种测评形式对向量加法、减法、数乘及数量积的运算法则进行考查，可以反映出学生对向量的认知以及数学运算的素养水平.

意义理解

9. 如图 6.14,在任意四边形 $ABCD$ 中,E、F 分别为 AD、BC 的中点,求证:$\overrightarrow{AB}+\overrightarrow{DC}=2\overrightarrow{EF}$.

设计意图 本题主要考查平面向量的应用问题,根据平面向量的加法意义,结合中点的定义和题目中给出的图形进行解答,即可证明结论成立. 由于本题中需要结合图形和中点的定义进行分析,利用推理证明向量等式的成立,所以是对基础知识部分意义理解的考查.

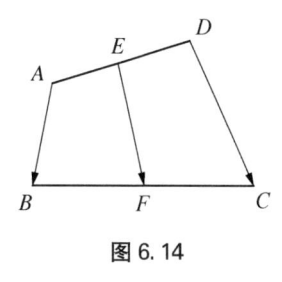

图 6.14

10. 飞机从甲地沿北偏西 $15°$ 的方向飞行 $1400\,\mathrm{km}$ 达到乙地,再从乙地沿南偏东 $75°$ 的方向飞行 $1400\,\mathrm{km}$ 到达丙地,画出飞机飞行的位移示意图,并说明丙地在甲地的什么方向?丙地距离甲地多远?

设计意图 本题考查学生在实际问题背景下解决向量三角形问题的能力,作出方位图,构造等腰三角形,再解这个三角形就可以得出结果. 在解题过程中,学生需要正确利用方位角和距离画出飞机飞行的轨迹,通过作图利用向量的知识得出位移的大小和方向,这是在理解向量概念基础上对实际问题背景下向量的大小和方向意义理解的考查.

11. 已知 $A(2,3)$,$B(4,-3)$,点 P 在线段 AB 的延长线上,且 $|\overrightarrow{AP}|=\dfrac{3}{2}|\overrightarrow{PB}|$,求点 P 的坐标.

设计意图 本题考查平面向量的共线问题,需要学生依据题目中的信息分析出 $\overrightarrow{AP}=\dfrac{3}{2}\overrightarrow{PB}$,代入坐标进行运算,就可以得出点 P 的坐标. 本题需要学生在理解向量共线的基础上,根据题目中的条件或是利用作图分析出共线向量的位置关系和大小关系,是对向量共线意义理解的考查.

学习迁移

12. 已知 O 为平行四边形 $ABCD$ 所在平面内一点,且向量 $\overrightarrow{OA}$、$\overrightarrow{OB}$、$\overrightarrow{OC}$、$\overrightarrow{OD}$ 满足 $\overrightarrow{OA}+\overrightarrow{OC}=\overrightarrow{OB}+\overrightarrow{OD}$.

(1) 作出满足条件的四边形 $ABCD$.

(2) 四边形 $ABCD$ 有什么特点？请证明你的猜想.

设计意图 本题考查向量的减法运算和相等向量的知识,主要是对学生逻辑推理能力的考查,通过学生分析题意作出符合条件的四边形. 这是一道开放性题目,同时要求学生分析出四边形的特点并进行证明,是对学生综合能力的考查,需要在学生理解向量运算的基础上,进一步探索向量的应用,是对学生数学抽象、直观想象和数学运算等核心素养的考查.

13. 如图 6.15,设 Ox、Oy 是平面内相交成 $60°$ 角的两条数轴,$\vec{e_1}$、$\vec{e_2}$ 分别是与 x 轴、y 轴正方向同向的单位向量. 若向量 $\overrightarrow{OP} = x\vec{e_1} + y\vec{e_2}$,则把有序数对 (x,y) 叫做向量 $\overrightarrow{OP}$ 在坐标系 Oxy 中的坐标. 设 $\overrightarrow{OP} = 3\vec{e_1} + 2\vec{e_2}$.

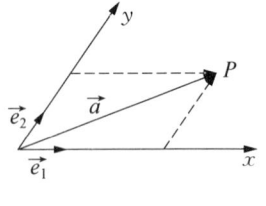

图 6.15

(1) 计算 $|\overrightarrow{OP}|$ 的大小；

(2) 根据平面向量基本定理,判断本题中对向量坐标的规定是否合理.

设计意图 本题考查向量的运算性质、向量基本定理,考查学生逻辑推理和数学运算能力. 小题(1)中利用向量的数量积运算性质即可得出,小题(2)根据对向量基本定理的理解,只要 $\vec{e_1}$、$\vec{e_2}$ 不共线,对于任意向量 $\overrightarrow{OP} = x\vec{e_1} + y\vec{e_2}$ 就都是唯一确定的,所以本题中对向量坐标的规定合理. 本题改变教科书中正交分解的建系方式,需要学生对平面向量基本定理的深入理解,是对学生学习迁移和创新能力的考查.

14. 如图 6.16,为了测量两个山顶 M、N 间的距离,飞机沿着水平方向在 A、B 两点进行测量,A、B、M、N 在同一个铅垂平面内,请设计一个测量方案,包括：

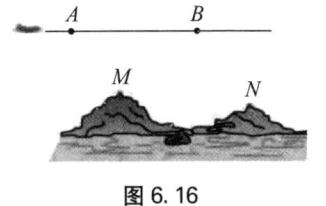

图 6.16

(1) 指出要测量的数据(用字母表示,并表示在图中)；

(2) 用文字和公式写出计算 M、N 间距离的步骤.

设计意图 本题主要考查解三角形,是在真实问题背景下的开放性题目,是对学生综合能力的考查. 本题不仅需要学生对向量知识的理解,也是对学生数学建模能力的考查.

（八）课时划分

"向量概念与运算"单元课时划分如下：

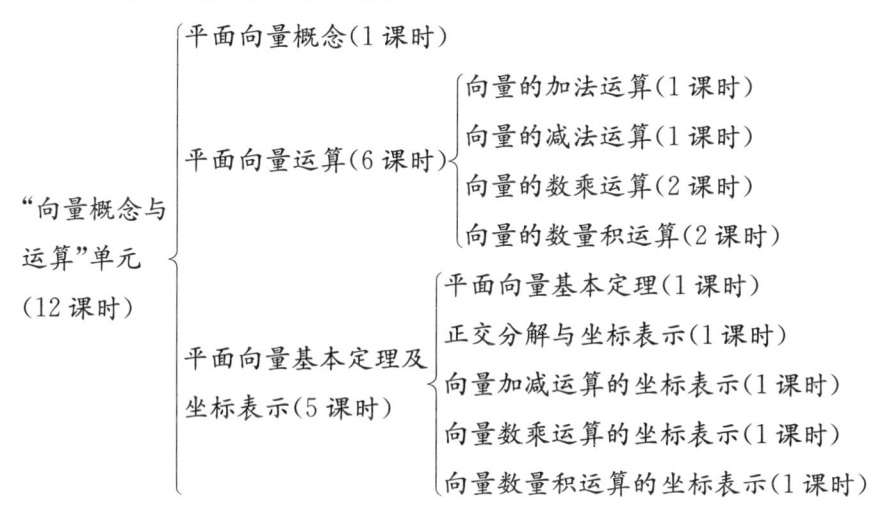

"向量概念与运算"单元（12课时）
- 平面向量概念（1课时）
- 平面向量运算（6课时）
  - 向量的加法运算（1课时）
  - 向量的减法运算（1课时）
  - 向量的数乘运算（2课时）
  - 向量的数量积运算（2课时）
- 平面向量基本定理及坐标表示（5课时）
  - 平面向量基本定理（1课时）
  - 正交分解与坐标表示（1课时）
  - 向量加减运算的坐标表示（1课时）
  - 向量数乘运算的坐标表示（1课时）
  - 向量数量积运算的坐标表示（1课时）

（九）学习任务

学习任务1　平面向量概念

◆ 教学过程 ◆

1. 兴趣激发与知识准备

（1）同学们在屏幕上看到了一棵树、一个苹果. 为了计数方便，很久很久以前，人们就从这些实际事物中抽象出数1，以至更多的数，它们表示只有大小、没有方向的量. 你还学习过哪些只有大小、没有方向的量？

图 6.17

数学：体积、面积；密度、质量→(物理)标量；现实生活：身高、年龄.

根据已有的知识经验，实数具有以下特点：①可以用实数集合中的元素表示；②有顺序，可以比较大小；③几何表示，实数与数轴上的点一一对应；④可以分类，例如可以分为正数、负数、0.

（2）世界是丰富多样的，不仅有"只有大小、没有方向的量"，而且有"既有大小、又有方向的量". 这样的量，你学习过哪些？

（师生共同交流反思）

物理：位移、力和速度等矢量；表示：有向线段；要素：起点、长度和方向.

(3) 数学不仅是运算的工具，它还具有语言的作用，将生活和其他科学中的一类数量关系抽象为数学语言，再广泛应用于自然科学和社会科学之中. 今天要研究一类既有

图 6.18

大小、又有方向的量，即向量. 怎样用数学语言描述和表示这一类量的集合呢？

2. 新知识探究

探究准备和自主学习.

同学们类比"学习数量的过程"，对于一类新的量可以提出哪些学习问题呢？

（师生共同交流协商）

问题 1 向量具有什么属性？什么是相同或不同的向量？向量可以比较大小吗？哪些向量比较特殊？

问题 2 怎样表示向量？

问题 3 方向相同或相反的向量之间有哪些关系？

学生对照自学引导，阅读教科书第 75、76 页（人教版普通高中教科书数学 A 版必修第二册），回答问题，全班交流，相互倾听和质疑. 在"向量是什么"基本问题的引领下，师生交流讨论研究问题，在讨论方向相同或相反的向量之间有哪些关系时，引出平行向量、共线向量、互为相反向量等概念，关注零向量对关系归纳概括的影响和补充. 有些概念仅为发展话语体系，一般符合学生直觉，不必定义；另一些概念需要定义，旨在严谨运用，含义清晰. 例如：

定义 与非零向量 $\vec{a}$ 大小相等、方向相反的向量叫做 $\vec{a}$ 的相反向量，记作：$-\vec{a}$. $\vec{a}$ 和 $-\vec{a}$ 互为相反向量，即：$-(-\vec{a})=\vec{a}$.

规定：零向量的相反向量仍是零向量.

3. 巩固与辨析

(1) 判断下面的量是否为向量，并说明理由：

①圆弧；②海拔高度；③力；④位移；⑤密度；⑥体积；⑦年龄；⑧速度.

(2) 请同学们在图 6.19 中画出一些向量,并通过你画出的向量来描述它们之间的关系.

(3) 判断下列命题是否正确：

① 如果两个单位向量共线,那么这两个向量相等;(　　)

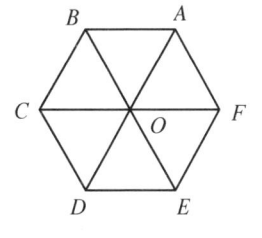

② 不相等的两个向量一定不共线;(　　)

③ 在四边形 ABCD 中,若向量 $\overrightarrow{AB}$ 与 $\overrightarrow{CD}$ 共线,则该四边形 ABCD 是平行四边形;(　　)

④ 对于向量 $\vec{a}$、$\vec{b}$、$\vec{c}$,若 $\vec{a}//\vec{b}$,$\vec{b}//\vec{c}$,那么 $\vec{a}//\vec{c}$;(　　)

⑤ $\vec{a}+(-\vec{a})=(-\vec{a})+\vec{a}=0.$(　　)

(4) 如果 $\vec{a}$、$\vec{b}$ 是互为相反的向量,那么 $\vec{a}=$ _____ ,$\vec{b}=$ _____ ,$\vec{a}+\vec{b}=$ _____ .

(5) 你能在图 6.20 中找到 $\overrightarrow{AM}$ 的相反向量吗?

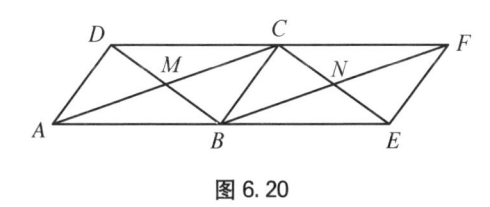

图 6.20

(6) 方向相反的向量一定是相反向量吗? 相反向量一定是共线向量吗? 反之呢?

4. 反思与延伸

(师生共同反思)

(1) 通过数学语言抽象一类新的量,要进行哪些研究?

根据构成的关键要素进行定义;表示法;特殊的量(特别是对于集合有奠基或生长作用的量);相等的量与不等的量;有代表性的量之间的关系.

研究方法：类比思想.

(2) 同学们独立绘制知识的关联图,将今天所学联系起来.(示例如图

6.21所示）

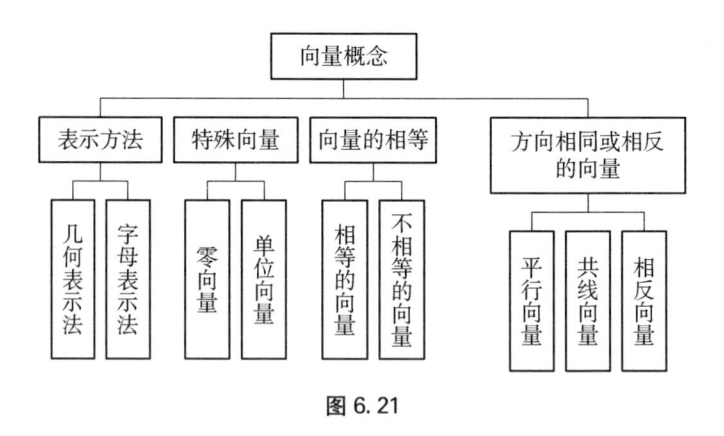

```
                    向量概念
        ┌──────────┬──────────┬──────────┐
      表示方法    特殊向量   向量的相等   方向相同或相反
        │          │          │           的向量
    ┌───┴───┐  ┌───┴───┐  ┌───┴───┐  ┌────┼────┐
   几何   字母   零    单位   相等   不相等  平行  共线  相反
   表示法  表示法 向量  向量  的向量  的向量  向量  向量  向量
```

图 6.21

（3）上网搜集：向量在数学、科学等领域中的应用价值.

学习任务 2 　 向量加减法运算

◆ **教学过程** ◆

1. 兴趣引发与知识回顾

（1）当上海和台湾之间没有直航时，从台湾到上海探亲乘飞机要先从台北到香港，再从香港到上海，三地相对位置的示意图如图 6.22 所示，在图中指出这两次飞行的位移之和.

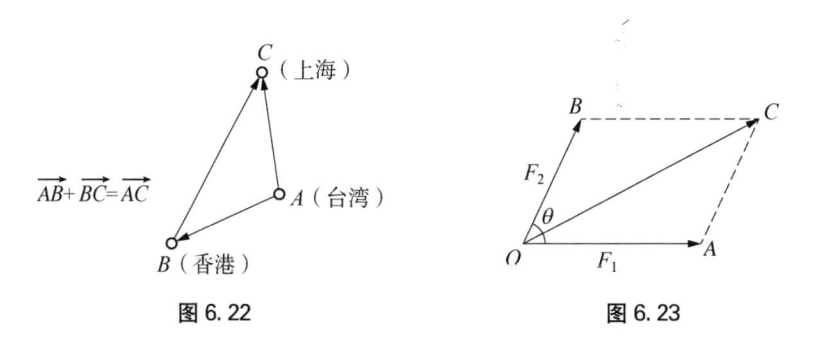

$\overrightarrow{AB}+\overrightarrow{BC}=\overrightarrow{AC}$

图 6.22

图 6.23

（2）有两条拖轮牵引一艘轮船，它们的牵引力分别是 $F_1=3\,000\,\text{N}$，$F_2=2\,000\,\text{N}$，牵引绳之间的夹角 $\theta=60°$，如图 6.23 所示，在图中如何作出这两个牵引力的合力？

2. 合作探究

通过前面的学习知道,舍弃位移和力的物理情境和意义抽象出来的数学的量是向量.实数不仅具有数的性质,而且能进行加、减、乘、除等多种运算,其运算的结果仍是实数.类比实数运算,向量能进行哪些运算呢?从今天开始一起探究.

(1)位移和力的合成,就是数学中向量的合成,类比位移和力的合成探究向量的加法运算,实质就是定义向量加法的运算法则、验证运算律.

① 如图 6.24,已知向量 $\vec{a}$、$\vec{b}$,请你分别类比位移和力的合成,作出两个向量的合成.对比两种合成方法得到的结果(图 6.25),你能发现什么?

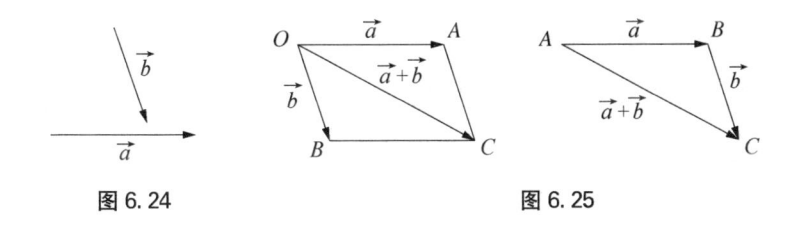

图 6.24

图 6.25

② 当两个向量不共线时,请你表述出向量加法运算的方法.

向量加法的三角形法则　已知不共线向量 $\vec{a}$、$\vec{b}$,在平面上任取一点 A,作 $\overrightarrow{AB}=\vec{a}$,$\overrightarrow{BC}=\vec{b}$,则向量 $\overrightarrow{AC}$ 叫做向量 $\vec{a}$ 与 $\vec{b}$ 的和,记作 $\vec{a}+\vec{b}$,即 $\vec{a}+\vec{b}=\overrightarrow{AB}+\overrightarrow{BC}=\overrightarrow{AC}$.这种求向量和的方法,称为向量加法的三角形法则.(图 6.26)

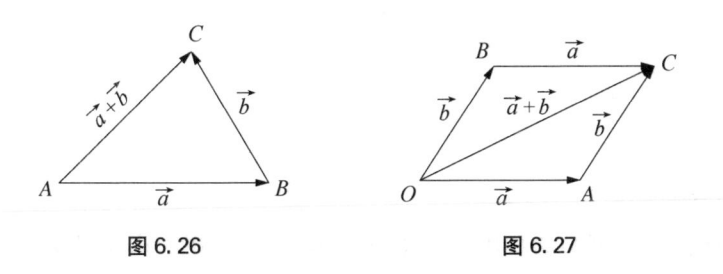

图 6.26

图 6.27

向量加法的平行四边形法则　以同一点 O 为起点的两个已知不共线向量 $\vec{a}$、$\vec{b}$ 为邻边作 $\square OACB$,则以点 O 为起点的对角线 $\overrightarrow{OC}$ 就是向量 $\vec{a}$ 与

$\vec{b}$ 的和. 这种求向量和的方法,称为向量加法的平行四边形法则.(图 6.27)

③ 当两个向量共线时,怎样刻画向量加法?零向量呢?

对于两个同向向量,三角形法则依然成立.(几何演示)

对于两个反向向量,三角形法则依然成立.

规定:对于零向量与任一向量 $\vec{a}$ 的和,有 $\vec{a}+\vec{0}=\vec{0}+\vec{a}=\vec{a}$.

总结:通过向量的分类思想,完整描述了向量加法运算的方法,向量加法运算的结果仍是向量. 当两个向量共线时,两个向量的加法类似实数的加法,但结果仍是一个向量.

(2) 向量加法法则是什么?三角形法则和平行四边形法则的联系是什么?

① 向量加法的定义:求两个向量和的运算,叫做向量的加法.

② 向量加法的三角形法则.

③ 向量加法的平行四边形法则.

④ 向量加法的三角形法则和平行四边形法则就是向量加法的几何意义.

问题 1 类比实数的加法,向量的加法满足哪些运算律?你能用几何图形法验证吗?(图 6.28)

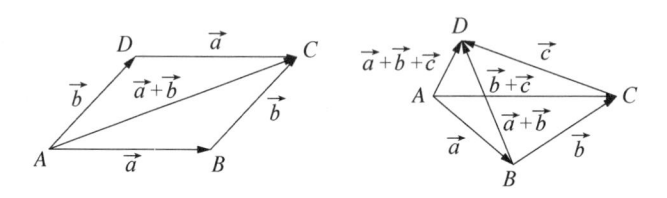

图 6.28

向量加法满足:

交换律:$\vec{a}+\vec{b}=\vec{b}+\vec{a}$;

结合律:$(\vec{a}+\vec{b})+\vec{c}=\vec{a}+(\vec{b}+\vec{c})$.

问题 2 观察向量加法的运算法则,向量 $\vec{a}$、$\vec{b}$ 的模与向量 $\vec{a}+\vec{b}$ 的模之间有怎样的关系?

$|\vec{a}+\vec{b}|\leqslant|\vec{a}|+|\vec{b}|$(当向量 $\vec{a}$、$\vec{b}$ 同向时,等号成立);

$|\vec{a}+\vec{b}|\geqslant||\vec{a}|-|\vec{b}||$(当向量 $\vec{a}$、$\vec{b}$ 反向时,等号成立).

3. 辨析与应用

例1 如图 6.29,点 O 为正六边形 $ABCDEF$ 的中心,通过向量加法计算下列各式:

(1) $\overrightarrow{OA} + \overrightarrow{OC} =$ _____ ;

(2) $\overrightarrow{BC} + \overrightarrow{FE} =$ _____ ;

(3) $\overrightarrow{OA} + \overrightarrow{FE} =$ _____ .

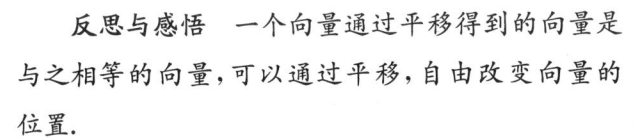

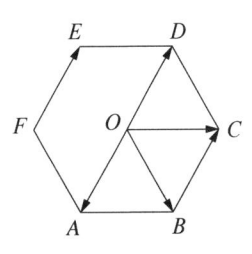

图 6.29

反思与感悟 一个向量通过平移得到的向量是与之相等的向量,可以通过平移,自由改变向量的位置.

例2 化简下列各式:

(1) $\overrightarrow{BC} + \overrightarrow{AB}$;

(2) $\overrightarrow{AB} + \overrightarrow{DF} + \overrightarrow{CD} + \overrightarrow{BC} + \overrightarrow{FA}$.

反思与感悟 (1)根据向量加法的交换律,调整向量顺序使各向量首尾连结,再运用向量加法的结合律相加;(2)向量求和的多边形法则:$\overrightarrow{A_1A_2} + \overrightarrow{A_2A_3} + \overrightarrow{A_3A_4} + \cdots + \overrightarrow{A_{n-1}A_n} = \overrightarrow{A_1A_n}$,特别地,当 A_n 和 A_1 重合时,$\overrightarrow{A_1A_2} + \overrightarrow{A_2A_3} + \overrightarrow{A_3A_4} + \cdots + \overrightarrow{A_{n-1}A_n} = \vec{0}$.

练习 如图 6.30,已知平行四边形 $AEFD$,B、C 分别为边 AE、DF 的中点,AC 与 BD 相交于点 M,BF 与 CE 相交于点 N,请根据图形回答下列问题:

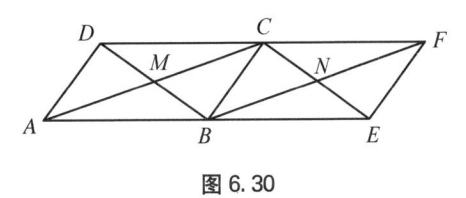

图 6.30

(1) $\overrightarrow{AB} + \overrightarrow{BC} =$ _____ ;

(2) $\overrightarrow{AB} + \overrightarrow{AD} =$ _____ ;

(3) $\overrightarrow{BD} + \overrightarrow{BE} =$ _____ ;

(4) $\overrightarrow{AB} + \overrightarrow{BC} + \overrightarrow{CE} =$ _____ ;

(5) $\overrightarrow{AB} + \overrightarrow{BC} + \overrightarrow{DB} =$ _____ ;

(6) $\overrightarrow{AB} + \overrightarrow{BA} =$ _____ .

延伸思考 已知两个力的合力为 $\vec{F}$,其中一个力为 $\vec{F_1}$,求另一个力 $\vec{F_2}$.

225

我们知道,在实数运算中,减去一个数等于加上这个数的相反数.前面我们已经学习了互为相反的向量,想一想,如何定义向量减法?用怎样的符号表示呢?如何理解向量减法的几何意义?

共同探讨:$\overrightarrow{OA}=\vec{a}$,$\overrightarrow{OB}=\vec{b}$,如何作图求$\vec{a}-\vec{b}$?小组讨论.(图 6.31)

我们已经从图形角度研究了向量减法,再来从表达式的角度进行研究:

$$\vec{a}-\vec{b}=\overrightarrow{OA}-\overrightarrow{OB}=\overrightarrow{BA},\ \vec{a}-\vec{b}=\vec{a}+(-\vec{b}).$$

师生共同总结作图,得到$\vec{a}-\vec{b}$的具体步骤:

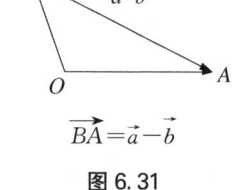

(1) 在平面内任取一点O;

(2) 作$\overrightarrow{OA}=\vec{a}$,$\overrightarrow{OB}=\vec{b}$;

(3) 连结AB,则$\overrightarrow{BA}=\vec{a}-\vec{b}$,即$\vec{a}-\vec{b}=\overrightarrow{OA}-\overrightarrow{OB}=\overrightarrow{BA}$.

(同时,教师板书展示规范完成求向量差的作图操作)

设计意图　多媒体辅助教学,强化对向量减法几何意义的理解,实现数与形的结合,为学生提供一种规范的解题作图思路和具体操作方法,做到事事有章可循,从而培养学生严谨的思维方式.

例3　(1) 如图 6.32,已知向量$\vec{a}$、$\vec{b}$、$\vec{c}$、$\vec{d}$,求作向量$\vec{a}-\vec{b}$,$\vec{c}-\vec{d}$,并写出运算结果;

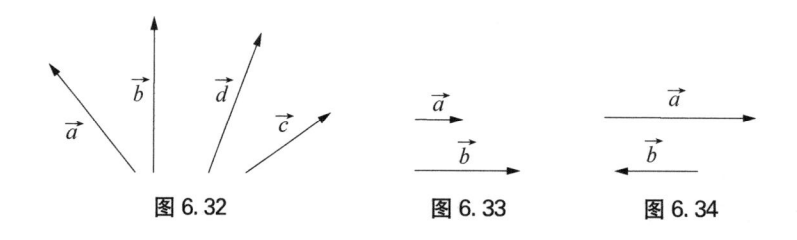

图 6.32　　　　图 6.33　　　　图 6.34

(2) 如图 6.33,已知向量$\vec{a}$、$\vec{b}$,求作向量$\vec{a}-\vec{b}$,并写出运算结果;

(3) 如图 6.34,已知向量$\vec{a}$、$\vec{b}$,求作向量$\vec{a}-\vec{b}$,并写出运算结果.

设计意图　目的在于考查学生对于法则的理解程度.讲解时适时强调3道小题中向量$\vec{a}$、$\vec{b}$的位置关系均有所不同,特别是对于共线的两个向量,减法法则仍适用,从而完善了向量减法的适用范围.另外,通过本例题强调规范的作图方法及运算结果的体现.

例4 如图 6.35,已知 ▱ABCD,$\overrightarrow{AB}=\vec{a}$,$\overrightarrow{AD}=\vec{b}$,用 $\vec{a}$、$\vec{b}$ 分别表示向量 $\overrightarrow{AC}$、$\overrightarrow{BD}$.

例5 根据向量减法填空:

(1) $\overrightarrow{AB}-\overrightarrow{AD}=$ _____;

(2) $\overrightarrow{BA}-\overrightarrow{BC}=$ _____.

图 6.35

例5 变式 (1) $\overrightarrow{OA}-\overrightarrow{OC}+\overrightarrow{AB}=$ _____;

(2) $\overrightarrow{AD}+\overrightarrow{AN}-\overrightarrow{AP}+\overrightarrow{DP}=$ _____;

(3) $(\overrightarrow{MN}-\overrightarrow{CD})-(\overrightarrow{MC}-\overrightarrow{ND})=$ _____.

师生共同反思和总结向量加减运算的策略:借助向量加法首尾相连、减法共起点的特点,找寻题目的突破口.

强调:借助相反向量,实现向量加减法之间的转化.

掌握向量的加法与减法运算的转化:$\overrightarrow{AB}+\overrightarrow{BC}=\overrightarrow{AC}$,$\overrightarrow{AB}-\overrightarrow{AC}=\overrightarrow{CB}$.

联系:(1)当两个向量不共线时,求向量加减法的方法;(2)三角形法则作出的图形是平行四边形法则作出的图形的一半.

4. 总结归纳,提炼感悟

总结活动经验:类比实数加减运算的转化经验,以向量加法运算为基础,建构向量减法法则,并运用三角形法则揭示向量减法的意义及其与向量加法的关系. 正如负数的出现使得从有理数运算开始,强调符号和分类讨论,向量运算中也应注意方向引起的类型变化,通常要区分共线向量、不共线向量两种类型.

(1) 三角形法则中强调"首尾相接",平行四边形法则中强调"共起点".

(2) 三角形法则适用于任意两个非零向量求和,平行四边形法则更适用于不共线的两个向量求和.

(3) 向量加法的三角形法则和平行四边形法则的结果是一致的.

学习任务3 向量数量积运算

◆ **教学过程** ◆

1. 回顾旧知,产生新运算问题

问题1 向量的加减和数乘运算是怎样发现的?这些运算及结果怎样

表示?

问题 2 向量与向量之间有没有"乘法"运算呢?如果有,这种新运算与表示方法又是什么呢?

2. 联想物理情境,激活知识基础

问题 3 在物理课中,我们学过功的概念.如图 6.36 所示,如果一个物体在力 $\vec{F}$ 的作用下产生位移 $\vec{S}$,那么力 $\vec{F}$ 所做的功为多少?在物理学中,功就是矢量与矢量"相乘"的结果.将公式中的力与位移推广到一般向量,结果是两个向量的模及其夹角余弦的乘积,这就出现了向量的一种新的运算.

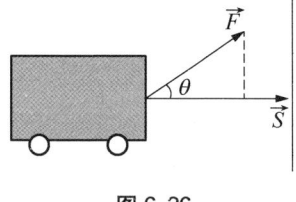

图 6.36

设计意图 引用物理学科中功的概念,得到力与位移的大小及其夹角余弦的乘积是一个数,从而出现了向量的一种新的运算,这种运算的结果是数而不是向量.从学生已有的知识引入,易于学生接受.

师生活动 W 可由下式计算:$W=|\vec{F}||\vec{S}|\cos\theta$,其中 θ 是 $\vec{F}$ 与 $\vec{S}$ 的夹角.若把功 W 看成是两向量 $\vec{F}$ 和 $\vec{S}$ 的某种运算结果,显然这是一种新的运算,我们引入向量数量积的概念.

3. 理解数量积的几何意义和结果

(1) 向量数量积的定义.

定义 已知两个非零向量 $\vec{a}$、$\vec{b}$,它们的夹角是 θ,则数量 $|\vec{a}||\vec{b}|\cos\theta$ 叫做 $\vec{a}$ 与 $\vec{b}$ 的数量积(或内积),记作 $\vec{a}\cdot\vec{b}$,即 $\vec{a}\cdot\vec{b}=|\vec{a}||\vec{b}|\cos\theta$.(图 6.37)

问题 4 观察向量数量积的运算过程和结果,你有什么发现?有哪些特殊情况?

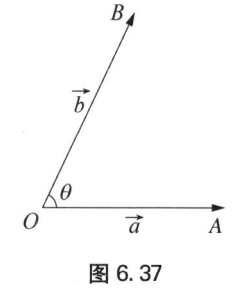

图 6.37

通过分析向量数量积的定义,加深对向量数量积的认识.向量数量积的运算结果是一个实数,而不是向量,符号由两个向量的夹角决定.

θ 是 $\vec{a}$ 与 $\vec{b}$ 的夹角,其范围是 $0\leqslant\theta\leqslant\pi$.

特别地,当 $\theta=0$ 时,$\vec{a}$ 与 $\vec{b}$ 同向,$\vec{a}\cdot\vec{b}=|\vec{a}||\vec{b}|\cos 0=|\vec{a}||\vec{b}|$;

当 $\theta = \dfrac{\pi}{2}$ 时,$\vec{a}$ 与 $\vec{b}$ 垂直,记 $\vec{a} \perp \vec{b}$,$\vec{a} \cdot \vec{b} = |\vec{a}||\vec{b}|\cos\dfrac{\pi}{2} = 0$;

当 $\theta = \pi$ 时,$\vec{a}$ 与 $\vec{b}$ 反向,$\vec{a} \cdot \vec{b} = |\vec{a}||\vec{b}|\cos\pi = -|\vec{a}||\vec{b}|$.

规定:$\vec{0} \cdot \vec{a} = 0$;

注意:符号"·"在向量数量积的运算中不能省略,不能用"×"代替.

根据功的实例抽象出数量积运算的定义,发现数量积的结果是一个实数,而不是向量.通过图形可以帮助我们感知向量数量积运算构成要素的几何意义,但是与向量的加减法几何意义不同的是,我们还是不知道"向量数量积运算结果"的样子,没有恰当的语言描述它.因此,引入一个与向量有关的新概念.

(2) 定义投影向量.

如图 6.38,设 $\vec{a}$、$\vec{b}$ 是两个非零向量,$\overrightarrow{AB} = \vec{a}$,$\overrightarrow{CD} = \vec{b}$,过 $\overrightarrow{AB}$ 的起点 A 和终点 B 分别作 $\overrightarrow{CD}$ 所在直线的垂线,垂足分别为点 A_1、B_1,得到 $\overrightarrow{A_1B_1}$,我们称上述变换为向量 $\vec{a}$ 向向量 $\vec{b}$ 投影,$\overrightarrow{A_1B_1}$ 叫做向量 $\vec{a}$ 在向量 $\vec{b}$ 上的投影向量.

图 6.38

图 6.39

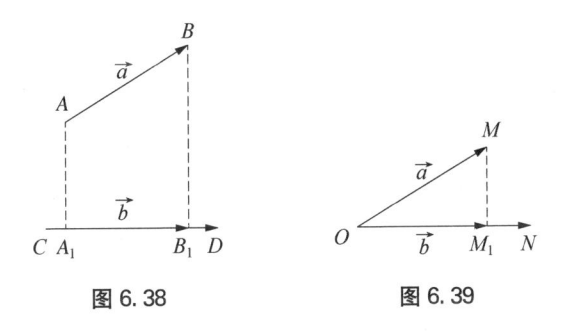

如图 6.39,我们可以在平面内任取一点 O,作 $\overrightarrow{OM} = \vec{a}$,$\overrightarrow{ON} = \vec{b}$,过点 M 作 $\overrightarrow{ON}$ 所在直线的垂线,垂足为点 M_1,则 $\overrightarrow{OM_1}$ 就是向量 $\vec{a}$ 在向量 $\vec{b}$ 上的投影向量.

问题 5 如图 6.39,设与 $\vec{b}$ 方向相同的单位向量为 $\vec{e}$,向量 $\vec{a}$ 与 $\vec{b}$ 的夹角为 θ,那么 $\overrightarrow{OM_1}$ 与 $\vec{e}$、$\vec{a}$、θ 之间有怎样的关系?

通过引入向量投影及投影向量的概念,可以帮助学生感知和表达向量数量积运算的结果及其几何意义.然后学生根据向量 $\vec{a}$、$\vec{b}$ 的夹角 θ 为锐角、直角、钝角三种情形以及 $\theta = 0$、$\theta = \pi$ 等特殊情况进行分类讨论,得出投影向量的关系式:$\overrightarrow{OM_1} = |\vec{a}|\cos\theta \vec{e}$.体会分类讨论、数形结合是研究投影向

量等问题的重要数学思想.

问题 6 从上面的探究我们看到,两个非零向量 $\vec{a}$ 与 $\vec{b}$ 相互平行或垂直时,向量 $\vec{a}$ 在向量 $\vec{b}$ 上的投影向量具有特殊性. 这时,它们的数量积又有怎样的特殊性?

向量 $\vec{a}$ 在向量 $\vec{b}$ 上的投影向量,不是线段的长度,它是与向量 $\vec{b}$ 平行的向量,可以让学生说出向量 $\vec{b}$ 在向量 $\vec{a}$ 上的投影向量是什么,并通过图形加以直观解释. 可以发现,如果两个向量平行或垂直,向量 $\vec{a}$ 在向量 $\vec{b}$ 上的投影向量具有特殊性,由此需要讨论此时向量 $\vec{a}$ 与向量 $\vec{b}$ 的数量积有怎样的特殊性,让学生尝试发现相关的特殊结论,培养学生数形结合及从一般到特殊的思维方法.

4. 巩固与运用

例 1 判断正误,并简要说明理由:

(1) $\vec{a} \cdot \vec{0} = \vec{0}$;(   )

(2) 若 $\vec{a} \neq \vec{0}$,则对任意非零向量 $\vec{b}$,有 $\vec{a} \cdot \vec{b} \neq 0$;(   )

(3) 如果 $\vec{a} \cdot \vec{b} > 0$,那么 $\vec{a}$ 与 $\vec{b}$ 的夹角为锐角;(   )

(4) 若 $\vec{a} \cdot \vec{c} = \vec{b} \cdot \vec{c}$,则 $\vec{a} = \vec{b}$;(   )

(5) 若 $\vec{c} \neq \vec{0}$ 且 $\vec{a} \cdot \vec{c} = \vec{b} \cdot \vec{c}$,则 $\vec{a} = \vec{b}$.(   )

设计意图 正确理解向量数量积的概念,加深对向量数量积的认识.

例 2 (1) 已知 $|\vec{a}| = 4$, $|\vec{b}| = 6$, $\vec{a}$ 与 $\vec{b}$ 的夹角 θ 为 $60°$,求 $\vec{a} \cdot \vec{b}$ 的值. 若 $\vec{a} // \vec{b}$ 或 $\vec{a} \perp \vec{b}$,则 $\vec{a} \cdot \vec{b}$ 的值是多少?

(2) 已知 $|\vec{a}| = 12$, $|\vec{b}| = 9$, $\vec{a} \cdot \vec{b} = -54\sqrt{2}$,求 $\vec{a}$ 与 $\vec{b}$ 的夹角 θ.

设计意图 掌握向量数量积的运算. 在小题(1)中,给出 $\vec{a}$、$\vec{b}$ 的长度及 $\vec{a}$ 与 $\vec{b}$ 的夹角,就可以由向量数量积的定义求出 $\vec{a} \cdot \vec{b}$;在小题(2)中,给出 $\vec{a}$、$\vec{b}$ 的长度及 $\vec{a}$ 与 $\vec{b}$ 的数量积,由向量数量积的定义可以求出 $\vec{a}$ 与 $\vec{b}$ 夹角的余弦值,进而求出 $\vec{a}$ 与 $\vec{b}$ 夹角的大小.

例 3 已知 $|\vec{a}| = 6$,$\vec{e}$ 为单位向量,当向量 $\vec{a}$ 与 $\vec{e}$ 的夹角 θ 分别等于 $45°$、$90°$、$135°$ 时,求向量 $\vec{a}$ 在向量 $\vec{e}$ 上的投影向量.

设计意图 通过锐角、直角、钝角三种情形,掌握投影向量的概念与运算.

学习任务 4　平面向量基本定理

◆ 教学过程 ◆

1. 激活已有知识和经验

我们知道在物理学中已知两个力可以求出它们的合力;反过来,一个力可以分解为两个力.其实在小学阶段我们就经历过数的加法合成与数的拆分,不仅进一步揭示了运算的性质,而且使得数的加法运算可以从两个方向去思考,因此更加灵活.延伸一下,我们还学习过整数的乘法以及整数的质因数分解、整式的乘法和因式分解,在发展运算的灵活性方面,它们都具有相同的意义,也更加方便我们解决一些与运算有关的问题.同时对力、数和整式的构成有了更深层、更全面的了解.

上节课我们学习了向量的运算,知道位于同一直线上的向量可以由位于这条直线上的一个非零向量表示.类似地,平面内任一向量是否可以由同一平面内的两个不共线向量表示呢?

在物理学中,根据实际问题的需要通过作平行四边形,可以将力 $\vec{F}$ 分解为多组大小、方向不同的分力.由力的分解得到启发:我们能否通过作平行四边形,将向量 $\vec{a}$ 分解为两个向量,使向量 $\vec{a}$ 是这两个向量的和呢?

2. 探究新知识

例 1　如图 6.40,设 $\vec{e_1}$、$\vec{e_2}$ 是同一平面内的两个不共线向量,$\vec{a}$ 是这一平面内与 $\vec{e_1}$、$\vec{e_2}$ 都不共线的任一向量.

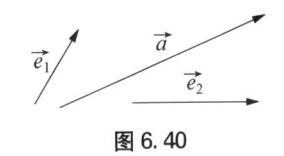

图 6.40

(学生独立画出符合条件的向量,可以不同于教师板书的向量;教师在黑板上作图;师生共同交流)

与 $\vec{e_1}$、$\vec{e_2}$ 都不共线的向量 $\vec{a}$ 可以表示为 $\lambda_1 \vec{e_1} + \lambda_2 \vec{e_2}$ 的形式.

例 2　向量 $\vec{a}$ 与 $\vec{e_1}$、$\vec{e_2}$ 的特殊情况有哪些? 特殊情况还满足上面的结论吗? 为什么?

(学生独立思考、探究;师生共同交流)

当向量 $\vec{a}$ 是与 $\vec{e_1}$、$\vec{e_2}$ 共线的非零向量时,$\vec{a}$ 也可以表示成 $\lambda_1 \vec{e_1} + \lambda_2 \vec{e_2}$ 的形式;当 $\vec{a}$ 是零向量时,$\vec{a}$ 同样可以表示成 $\lambda_1 \vec{e_1} + \lambda_2 \vec{e_2}$ 的形式.

例 3 给定平面内不共线的两个向量 $\vec{e_1}$、$\vec{e_2}$，向量 $\vec{a}$ 可以按照 $\vec{e_1}$、$\vec{e_2}$ 的方向分解，并且分解成 $\lambda_1\vec{e_1}+\lambda_2\vec{e_2}$ 的形式.那么这种表示形式是唯一的吗？通过刚才的实践操作，大家可以通过比较获得猜想，即这种表示形式是唯一的.那么，怎样通过代数方法验证呢？也就是要证明，如果还存在一种表达形式，那么是相同的表达形式，或者形式存在的条件与已知条件矛盾.同学们能证明吗？

也就是说，有且只有一对实数 λ_1、λ_2，使 $\vec{a}=\lambda_1\vec{e_1}+\lambda_2\vec{e_2}$.

（师生共同总结平面向量基本定理，引入基底概念和符号表示）

3. 巩固与运用

例 4 如图 6.41，$\overrightarrow{OA}$、$\overrightarrow{OB}$ 不共线，且 $\overrightarrow{AP}=t\overrightarrow{AB}(t\in\mathbf{R})$，用 $\overrightarrow{OA}$、$\overrightarrow{OB}$ 表示 $\overrightarrow{OP}$.

设计意图 利用数形结合进一步体会平面向量基本定理的应用.

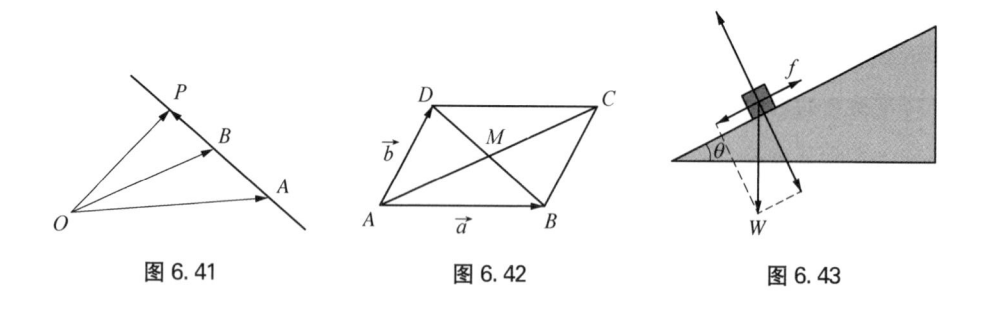

图 6.41　　　　图 6.42　　　　图 6.43

例 5 如图 6.42，▱ABCD 的两条对角线相交于点 M，设 $\overrightarrow{AB}=\vec{a}$，$\overrightarrow{AD}=\vec{b}$.

(1) 试用基底 $\vec{a}$、$\vec{b}$ 表示向量 $\overrightarrow{MA}$、$\overrightarrow{MB}$、$\overrightarrow{MC}$ 和 $\overrightarrow{MD}$.

(2) 能否用 $\vec{a}$、$\vec{b}$ 表示 $\overrightarrow{AC}$、$\overrightarrow{DB}$？请解释原因.

例 6 如图 6.43，质量为 m 的物体静止地放在斜面上，斜面与水平面的夹角为 θ，求斜面与物体的摩擦力 f.

设计意图 在真实情境中让学生再一次感受平面向量基本定理的思想在物理学中的应用，体会数学是"有用的".

4. 反思和总结

（师生共同讨论）

(1) 作为平面向量基底的条件是什么？

(2) 表示平面上任一向量的基底有多少组?

(3) 当基底确定后,向量的表示唯一吗?

◆ 作业设计 ◆

领会平面内所有向量的基底的存在性,以及基底确定后,平面内任一向量表示的唯一性.

1. 内容维度

根据《普通高中数学课程标准(2017年版2020年修订)》的内容要求以及人教版普通高中教科书数学A版必修第二册第六章"平面向量及其应用",划分为两个子单元:平面向量的概念与运算;平面向量的应用.在"平面向量的概念与运算"这一单元教学中的主要内容如表6.6所示.

表6.6

平面向量的概念与运算	平面向量的概念	向量的实际背景与概念;向量的几何表示;相等向量与共线向量
	平面向量的运算	平面向量的加法、减法运算;平面向量的数乘运算;平面向量的数量积运算;平面向量基本定理及坐标表示

2. 素养维度

高中数学学科核心素养包含:数学运算,数学抽象,逻辑推理,直观想象,数学建模,数据分析.结合平面向量的概念与运算的内容,具体的素养评价要求如表6.7所示.

表6.7

素养要素	素养评价要求
数学抽象	能借助从具体到抽象、从特殊到一般的思维方式发现和提出向量的有关问题,如向量运算、平面向量基本定理等,这些都是培养学生较强的抽象概括能力的重要载体,在平面几何、物理等情境中,能够借助抽象概括建立向量模型,解决问题
逻辑推理	在推导向量的运算性质,发现和证明平面向量基本定理、正弦定理、余弦定理等的推理过程中发展学生的推理论证能力.在理解向量的加、减、数乘运算以及向量数量积含义的基础上,把握这些向量运算之间的关系以及它们与实数运算的区别和联系;能综合应用向量的有关知识求解距离、向量的夹角,以及判断向量的位置关系

续表

能力层次	能力评价要求
数学运算	能够在熟悉或关联的情境中,发现向量的有关运算对象,并依据相关的运算法则正确地进行运算;能够结合平面向量的特征解释运算结果,进一步发展数学运算能力,有效借助向量的有关运算求解简单的平面几何问题和一些物理问题等;能解决解三角形问题
直观想象	能借助向量运算及其几何意义,发现运算规律,借助几何直观认识向量的夹角、投影向量、平面上两点间的距离,把握两个向量平行或垂直关系.例如,借助"向量三角形",发现和提出一些数学问题,进一步提升运用直观想象思考问题的意识
数学建模	能阅读、理解问题情境,合理选择向量运算,通过对已知材料的分析、整理,能清晰、准确地表达向量运算建模的过程和结果,并能解决一些简单的平面几何、物理、解三角形等实际问题

3. 情境维度

(1) 情境维度可以从学习范围出发,分为数学内部情境和数学外部情境.

(2) 情境维度可以从知识范围与知识的问题情境两个角度考虑. 知识范围按照作业呈现的时间分为: 与本节学习内容相关的知识; 与本单元学习内容相关的知识; 与其他单元学习内容相关的知识; 与综合应用学习相关的知识. 问题情境分为: 学校、个人生活情境; 社会生活情境; 融合其他学科的情境.

4. 作业设计

知识技能

(1) 下列向量中,能作为表示它们所在平面内所有向量的基底的是（　　）.

A. $\vec{e_1}=(0,0), \vec{e_2}=(1,-2)$　　B. $\vec{e_1}=(-1,2), \vec{e_2}=(5,7)$

C. $\vec{e_1}=(3,5), \vec{e_2}=(6,10)$　　D. $\vec{e_1}=(2,-3), \vec{e_2}=\left(\dfrac{1}{2},-\dfrac{3}{4}\right)$

设计意图　本题主要考查学生对平面向量基本定理中基底的要求,可以作为基底的向量是不共线的向量,主要涉及数学运算能力(素养),情境维度是数学内部情境,与本节内容相关.

(2) 如图 6.44,在 □ABCD 中,E 是 BC 的中点,若 $\overrightarrow{AB}=\vec{a}$,$\overrightarrow{AD}=\vec{b}$,则 $\overrightarrow{DE}=$( ).

A. $\dfrac{1}{2}\vec{a}-\vec{b}$
B. $\dfrac{1}{2}\vec{a}+\vec{b}$
C. $\vec{a}-\dfrac{1}{2}\vec{b}$
D. $\vec{a}+\dfrac{1}{2}\vec{b}$

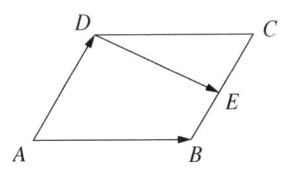

图 6.44

设计意图　本题考查向量的加法运算,主要涉及数学运算能力(素养),通过几何直观辅助解题,情境维度是数学内部情境,与本单元学习内容相关.

(3) 在△ABC 中,D 是 BC 的中点,E 是 AD 的中点,若 $\overrightarrow{BE}=\lambda\overrightarrow{AB}+\mu\overrightarrow{AC}$,则 $\lambda+\mu=$( ).

A. 1　　B. $\dfrac{3}{4}$　　C. $-\dfrac{3}{4}$　　D. $-\dfrac{1}{2}$

设计意图　本题主要考查学生对平面向量基本定理的理解程度,主要考查的能力和素养有逻辑推理、数学运算、直观想象,情境维度是数学内部情境,与本节内容相关.

意义理解

(4) 过△ABC 的重心任作一直线分别交 AB、AC 于点 D、E,若 $\overrightarrow{AD}=x\overrightarrow{AB}$,$\overrightarrow{AE}=y\overrightarrow{AC}$,$xy\neq 0$,则 $\dfrac{1}{x}+\dfrac{1}{y}$ 的值为( ).

A. 4　　B. 3　　C. 2　　D. 1

设计意图　本题主要考查三角形的中心分中线的比值及用特殊法解答选择题,利用了特殊的思想简化解题,主要是对学生灵活处理问题能力的考查,主要涉及的能力和素养有数学运算、逻辑推理,情境维度是数学内部情境,与其他单元学习内容相关.

(5) 已知作用于原点的两个力 $\overrightarrow{F_1}=(1,1)$、$\overrightarrow{F_2}=(2,3)$,为使得它们平衡,需要增加力 $\overrightarrow{F_3}=$( ).

A. (3,4)　　B. (−3,4)　　C. (−3,−4)　　D. (3,−4)

设计意图　本题考查平面向量基本定理在物理中的应用,通过物理情境中力平衡的条件进行解题,主要考查的能力和素养有逻辑推理、数学运算,情境维度是数学外部情境,问题背景涉及其他学科内容,与综合应用学习相关.

(6) 如图 6.45,设 Ox、Oy 是平面内相交成 $60°$ 角的两条数轴,$\vec{e_1}$、$\vec{e_2}$ 分别是与 x 轴、y 轴正方向同向的单位向量.若向量 $\overrightarrow{OP}=x\vec{e_1}+y\vec{e_2}$,则把有序数对 (x,y) 叫做向量 $\overrightarrow{OP}$ 在坐标系 Oxy 中的坐标.设 $\overrightarrow{OP}=3\vec{e_1}+2\vec{e_2}$.

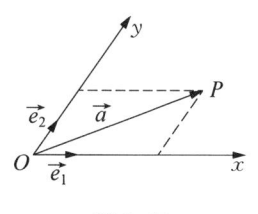

图 6.45

① 计算 $|\overrightarrow{OP}|$ 的大小;

② 根据平面向量基本定理,判断本题中对向量坐标的规定是否合理.

设计意图　本题考查向量的运算性质、平面向量基本定理,主要考查的能力和素养有逻辑推理、数学运算.小题①中,利用向量数量积的运算性质即可得出;小题②中,由对平面向量基本定理的理解,只要 $\vec{e_1}$、$\vec{e_2}$ 不共线,对于任意向量 $\overrightarrow{OP}=x\vec{e_1}+y\vec{e_2}$ 就都是唯一确定的,所以本题中对向量坐标的规定合理.本题改变教科书中正交分解的建系方式,需要学生对平面向量基本定理作进一步探究,情境维度是数学内部情境,与本单元学习内容相关.

学习迁移

(7) 如图 6.46,在 $\triangle ABC$ 中,$AD=\dfrac{1}{4}AB$,E、F 分别是 AC、BC 的中点.设 $\overrightarrow{AB}=\vec{a}$,$\overrightarrow{AC}=\vec{b}$.

(1) 用 $\vec{a}$、$\vec{b}$ 分别表示 $\overrightarrow{CD}$、$\overrightarrow{EF}$;

(2) 如果 $\angle A=60°$,$AB=2AC$,CD、EF 有什么关系?用向量方法证明你的结论.

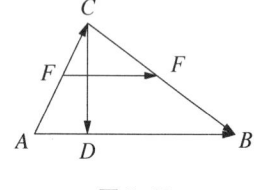

图 6.46

设计意图　本题考查平面向量基本定理、向量的三角形法则、利用向量的数量积判断直线的位置关系等知识内容.本题中已经给出图形,主要考查的能力和素养有逻辑推理、数学运算,情境维度是数学内部情境,与本单元学习内容相关.

(8) 自重不计的轻杆 AC 和 AB 组成如图 6.47 所示的支架,其中 AC 恰位于水平位置,$\angle \alpha=30°$.在支架 A 处挂重 50N 的物体,求悬挂重物使杆 AC 及杆 AB 受到的力的大小和方向.

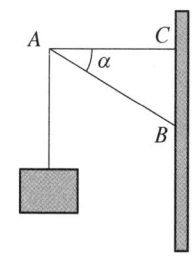

图 6.47

设计意图　本题主要考查学生利用向量知识解决简

单物理问题的能力,以及利用数形结合的思想方法进行数学建模和数学运算的能力,情境维度是综合应用知识解决问题,问题情境涉及其他学科的内容,与综合应用学习相关.

▶▶▶ 案例评析 ◀◀◀

教学必须从知识整体出发设计学习目标,并精心安排各个局部的目标和任务.该案例通过平面向量概念、平面向量加减运算、平面向量数量积运算以及平面向量基本定理反映了平面向量的概念与运算单元整体设计与局部的关系.平面向量概念代表一类与数量并列的新研究对象.平面向量加、减运算相当于平面向量运算的起始课,对后续向量运算的学习具有样例作用.平面向量数量积是具有向量乘法特点的一类特殊乘法运算,它的结果和表示也都具有特殊性.平面向量基本定理既是对于向量概念认识的深化、建构向量代数坐标表示的"地基",又是学生学习的难点.在四个学习任务的教学过程设计中,都体现了核心学习任务的思想,一方面任务与单元学习目标保持一致性,另一方面又围绕课题,形成由知识准备、核心知识探究、反思和讨论、巩固与运用、策略概括与评价等不同活动构成的系统,同时为后续学习做好必要的铺垫和延伸拓展.

案例3 直线的交点坐标与距离公式

(一) 教学内容解析

1. 内容

本单元的教学内容如图 6.48 所示.

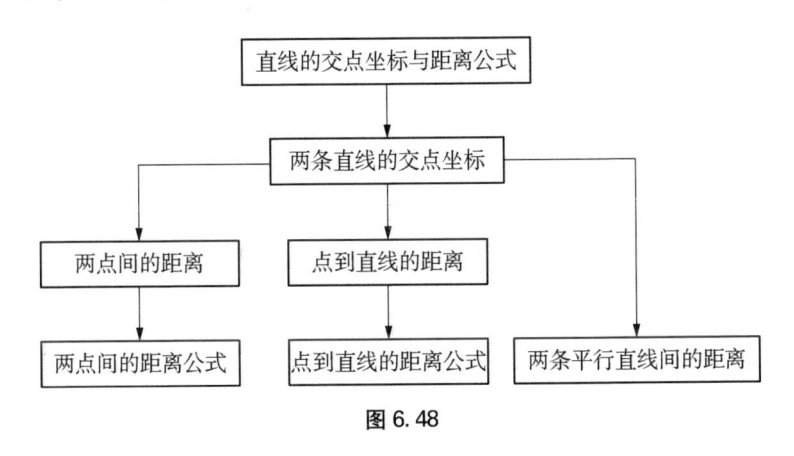

图 6.48

在上述内容中,两条直线的交点坐标、两点间的距离公式和点到直线的距离公式是本单元的核心内容. 所以,本单元可以主要按照公式课的特点来进行教学设计.

2. 解析

(1) 对核心内容的解析.

本单元是在平面几何对直线定性研究的基础上,进一步对直线作定量研究,用代数方法研究直线上的点,用坐标法刻画平面距离. 在得出两条直线的交点坐标后,首先对最基本的两点间的距离进行了研究并得到相应的公式,在此基础上通过进一步研究得到了点到直线的距离公式,并通过应用求出两条平行直线间的距离. 在本单元中,两点间的距离公式是基础,点到直线的距离公式既是两点间距离公式的发展,又是研究两条平行直线间距离的基础,所以两点间的距离公式和点到直线的距离公式是本单元的主要内容. 由于点到直线的距离公式在本单元距离问题的研究中起着承上启下的作用,同时又蕴含着另外两个距离的思想,并在公式的推导中更好地体现了坐标法和本单元的内容,所以它又是本单元的一个核心内容.

点到直线的距离公式主要用于刻画平面中与直线有关的一些数量关系.

(2) 对有关原理与规则的解析.

点到直线的距离公式就是已知点 $P_0(x_0, y_0)$ 和直线 $l: Ax+By+C=0$,求点 P_0 到直线 l 的距离,即点 P_0 到直线 l 的垂线段 P_0Q 的长度,其中点 Q 为垂足. 要求线段 P_0Q 的长度,可以用已学过的两条直线的交点坐标和两点间的距离公式直接求解,还可以结合平面几何的有关知识间接求解. 利用点到直线的距离公式不仅可以求一个点到一条直线的距离,还可以解决与之有关的两平行直线间的距离等问题. 该公式教学的重点是公式的推导和应用. 关于该公式的推导,关键是如何求出垂足 Q 的坐标,以及如何利用平面几何知识来求线段 P_0Q 的长度,教学中可以引导学生由此展开思考.

(二) 单元教学目标

1. 目标

(1) 单元目标.

① 能用解方程组的方法求两条直线的交点坐标;

② 知道两点间的距离公式、点到直线的距离公式、两条平行直线间的

距离;

③ 会求两点间的距离、点到直线的距离、两条平行直线间的距离;

④ 能解释各个距离公式的意义、阐明它们之间的联系、洞察距离公式的运用策略;

⑤ 发展直观想象、数学抽象和数学运算素养,能阐明"距离公式"的学习价值.

(2) 课时教学目标.

① 通过"两条直线的交点坐标"的教学,学会用解方程组的方法求两条直线的交点坐标;

② 通过"两点间的距离"的教学,探索并理解两点间的距离公式;

③ 通过"点到直线的距离公式"的教学,探索并理解点到直线的距离公式,并进一步掌握两点间的距离公式;

④ 通过"两条平行直线间的距离"的教学,会求两条平行直线间的距离,并进一步掌握点到直线的距离公式.

(3) 目标解析.

① 能用解方程组的方法求两直线的交点坐标,就是指在求一个点的坐标时,能想到利用过该点的两条直线的方程,并能通过列方程组的方法求解.

② 探索两点间的距离公式和点到直线的距离公式,就是指从求两点间的距离和点到直线的距离问题出发,通过对问题的独立思考和解决,最终推导出这两个距离公式.

③ 理解两点间的距离公式和点到直线的距离公式,就是指会推导这两个公式,并能利用这两个公式求解一般的距离问题;而掌握这两个距离公式,则是指在理解的基础上,能灵活应用公式解决一些综合性问题.

④ 会求两条平行直线间的距离,就是指能利用两条平行直线的方程,通过点到直线的距离公式求出这两条平行直线间的距离.

(三) 教学问题诊断分析

1. 在本单元教学中可能遇到的第一个困难就是推导两点间的距离公式,因为此时学生还不具备利用点的坐标进行计算的基础,直接求却又无从下手.要解决这一困难,可以引导学生联系平面几何中求线段长度的方法以及求平行于坐标轴的直线上两点间的距离的方法.在此过程中要让学生进行自主探究,因为这一困难的解决对推导点到直线的距离公式很有帮助.

2. 在本单元教学中可能遇到的主要困难则是推导点到直线的距离公式. 一种容易想到的很自然的方法就是,过已知点 $P_0(x_0, y_0)$ 作直线 l: $Ax+By+C=0$ 的垂线,求出垂足 Q 的坐标,然后由两点间的距离公式求出线段 P_0Q 的长度即可. 但这种方法计算量大,要得到结果并不容易. 要解决这一困难,就要寻找简化计算的其他方法. 教学中,可以让学生先尝试上述计算量大的方法,在遇到困难时,再启发他们去寻找其他方法. 在寻找其他方法的过程中,可以重点引导学生反思推导两点间的距离公式时通过构造直角三角形从而降维简化计算的方法,并联系平面几何中求线段长度的方法. 虽然还有其他方法,但是该方法通过构造一个恰当的直角三角形(两直角边与坐标轴平行),使得求两直角边的长变得简单了,体现了合理利用坐标系降维(将二次运算降为一次运算)的思想,而降维则是化繁为简的重要方法. 另外,通过直角三角形面积的求解体现了方程的思想,并且,这一方法能够更好地让学生进一步学习坐标法.

(四) 教学支持条件分析

在本单元的教学中,可以利用图形计算器的代数运算功能或几何画板的几何测量功能对所求的交点坐标、距离等结果进行检验,以帮助学生发现问题并纠正错误,从而更好地理解有关知识.

(五) 教学过程设计

学习任务一 两条直线的交点坐标

问题1 已知两条直线 $l_1: A_1x+B_1y+C_1=0$ 和 $l_2: A_2x+B_2y+C_2=0$ 相交,如何求这两条直线交点的坐标?

设计意图 通过思考和解决该问题,让学生学会如何求两条直线的交点坐标.

师生活动 如果学生不知道如何求交点坐标,可以通过以下问题进行引导:

(1) 所求交点的坐标有什么特点?

(2) 交点坐标与两条已知直线有何关系?

(3) 列举两条具体的直线试试看.

例1 求下列两条直线的交点坐标

$$l_1: 3x+4y-2=0, l_2: 2x+y+2=0.$$

设计意图 学习求两条直线的交点坐标.

例2 若例1中的 l_2 不变,而将 l_1 改为下列直线:

(1) $x-2y-1=0$; (2) $4x+2y-3=0$; (3) $6x+3y+6=0$.

试分别判断直线 l_1 与 l_2 的位置关系,如果相交,并求出交点的坐标.

设计意图 通过判断两条直线的位置关系并求其交点坐标,对两条直线的位置关系有进一步的认识.

练习

1. 求下列各对直线的交点坐标,并画出图形:

(1) $l_1: 2x+3y=12, l_2: x-2y=4$;

(2) $l_1: x=2, l_2: 3x+2y-12=0.$

设计意图 熟悉求两条直线的交点坐标.

2. 判断下列各对直线的位置关系,如果相交,求出交点的坐标:

(1) $l_1: 2x-3y=7, l_2: 4x+2y=1$;

(2) $l_1: 2x-6y+4=0, l_2: y=\dfrac{x}{3}+\dfrac{2}{3}$;

(3) $l_1: (\sqrt{2}-1)x+y=3, l_2: x+(\sqrt{2}+1)y=2.$

设计意图 熟悉求两条直线的交点坐标,并对两条直线的位置关系有进一步的认识.

学习任务二 两点间的距离

问题2 已知平面上两点 $P_1(x_1, y_1)$、$P_2(x_2, y_2)$,如何求 P_1、P_2 间的距离 $|P_1P_2|$?

设计意图 通过问题引入公式,并通过对该问题的探索,让学生得到两点间的距离公式.

师生活动 教学中根据学生遇到的困难和出现的问题,可适时引导学生思考下列问题:

(1) 已知点 $A(2,1)$、$B(2,6)$,如何求 A、B 间的距离 $|AB|$?

(2) 如图 6.49,某房间由于有一立柱的遮挡,使得不能直接测量墙角两个点 A、B 间的距离,那应该如何测量 A、B 间的距离呢?

在推导出公式后,可提出下列问题,以帮助学生更好地记忆公式:该公式在结构上有哪些特点?

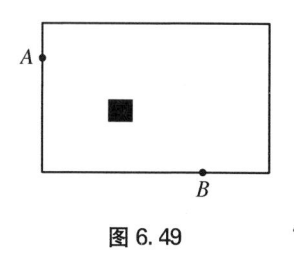

图 6.49

例 3 已知点 $A(-1, 2)$、$B(2, \sqrt{7})$,在 x 轴上求一点 P,使得 $|PA| = |PB|$,并求 $|PA|$ 的值.

设计意图 通过应用两点间的距离公式,列方程求点 P 的坐标,进而求 $|PA|$ 的值,让学生理解两点间的距离公式.

例 4 证明平行四边形四条边长的平方和等于两条对角线长的平方和.

设计意图 通过应用,让学生初步掌握两点间的距离公式,并学习坐标法.

师生活动 例 4 的教学需要注意:

(1) 要强调坐标法的三个基本步骤;

(2) 引导学生建立适当的坐标系,以简化顶点的坐标,同时根据平行四边形的性质得到某个顶点的坐标.

练习

1. 任意列举四个点的坐标,并求出每两点间的距离.

设计意图 熟练应用并记住两点间的距离公式.

2. 已知点 $A(a, -5)$ 与 $B(0, 10)$ 间的距离是 17,求 a 的值.

设计意图 通过应用,进一步掌握两点间的距离公式.

3. 证明三角形一个顶点到重心的距离与到对边中点的距离之比为 2∶3.

设计意图 通过应用,进一步掌握两点间的距离公式,并熟悉坐标法.

学习任务三 点到直线的距离

问题 3 已知点 $P_0(x_0, y_0)$,直线 $l: Ax + By + C = 0$,如何求点 P_0 到直线 l 的距离?

设计意图 通过问题引入公式,并通过对该问题的探索,让学生得到点到直线的距离公式.

师生活动 教学要根据学生遇到的困难作相应的引导:

(1) 学生一般都会过点 P_0 作直线 l 的垂线,然后试图通过求出垂足 Q 的坐标,再由两点间的距离公式求出线段 P_0Q 的长度. 这种方法虽然思路很自然,但运算很繁琐. 不过还是应该让学生先按此方法进行推导,当学生感受到具体的困难时,再引导学生针对所遇到的困难思考其他方法.

(2) 应尽量让学生自主探究,寻找多种解决问题的方法,然后对所得到的方法进行对比,从中选择合适的方法.

(3) 应重点介绍教科书中的方法(人教版普通高中教科书数学 A 版选择性必修第一册第二章 2.3 节"直线的交点坐标与距离公式"),以突出解析几何的基本思想,并体现方程的思想方法. 要得到此方法,可以引导学生反思推导两点间的距离公式时通过构造直角三角形从而降维简化计算的方法,并联系平面几何中求线段长度的方法想到利用三角形面积求出该距离.

(4) 在推导出公式后,可提出下列问题,以帮助学生更好地记忆公式: 该公式在结构上有哪些特点?

例 5 求点 $P_0(-1,2)$ 到直线 $l: 3x=2$ 的距离.

设计意图 理解并记住两点间的距离公式.

师生活动 教学过程中,可让学生用多种方法求解. 本题除了可用点到直线的距离公式求解,还可以转化为求点 $P_0(-1,2)$ 到直线 l 上的点 $\left(\dfrac{2}{3},2\right)$ 的距离,从而简化运算.

例 6 已知点 $A(1,3)$、$B(3,1)$、$C(-1,0)$,求 $\triangle ABC$ 的面积.

设计意图 通过应用,初步掌握两点间的距离公式.

师生活动 例 6 同样可让学生用多种方法求解. 一种方法是利用点到直线的距离公式求出高,再用两点间的距离公式求出边长,从而求出三角形面积;另外,还可以作 AB 的延长线交 x 轴于点 D,将求 $\triangle ABC$ 的面积转化为求 $\triangle ADC$ 与 $\triangle BDC$ 面积的差,从而简化运算.

练习

1. 分别求点 $P_0(-1,2)$ 到下列直线的距离:

(1) $2y=3$;　　(2) $2x+y=10$;　　(3) $y=-4x+1$.

设计意图 熟练应用并进一步理解点到直线的距离公式.

2. 求下列点到直线 $l: 4x+3y=0$ 的距离:

(1) $A(2,-1)$;(2) $B(0,-1)$;(3) $C(2,0)$;(4) $D(0,0)$.

设计意图 熟练应用并进一步理解点到直线的距离公式.

学习任务四 两条平行直线间的距离

问题4 已知两条平行直线 l_1 和 l_2 的方程,如何求 l_1 与 l_2 间的距离?

设计意图 通过对该问题的探究,让学生学会利用点到直线的距离公式求两条平行直线间的距离,并进一步掌握点到直线的距离公式.

师生活动 教学中可引导学生具体列举直线 l_1、l_2 的方程,然后进行探究.

例7 直线 $l_1:2x-7y-8=0$ 与 $l_2:6x-21y-1=0$ 是否平行?若平行,求 l_1 与 l_2 间的距离.

设计意图 学会求两条平行直线间的距离,并进一步掌握点到直线的距离公式.

师生活动 教学中可根据情况对学生作如下引导:
(1) 能否将两条平行直线间的距离转化为点到直线间的距离?
(2) 如何取点,可使计算简便?

练习

分别求下列两条平行直线间的距离:

(1) $3x+4y=10$, $3x+4y=0$;

(2) $2x+5=0$, $x-3=0$.

设计意图 熟练掌握求两条平行直线间的距离的方法,并进一步掌握点到直线的距离公式.

(六) 目标检测设计

1. 课堂目标检测

两条直线的交点坐标

(1) 直线 $l_1:x-3y+3=0$ 与 $l_2:3x+2y-2=0$ 的交点坐标是 _____.

设计意图 本题检测是否能用解方程组的方法求两条直线的交点坐标.

(2) 以点 $(2,1)$ 为交点的两条相交直线是( ).

A. $x-2y=8$ 与 $2x-4y=1$
B. $2x-3y=0$ 与 $3x+2y=0$
C. $x-2=0$ 与 $y+2=0$
D. $3x-y-5=0$ 与 $x+2y-4=0$

设计意图 本题可以通过对直线位置关系的判断和将点的坐标代入方程,检测对两条直线的交点坐标的理解.

两点间的距离

(3) 要证明直角三角形斜边的中点到三个顶点的距离相等,试问:
① 可以设三个顶点的坐标分别是多少?
② 斜边中点到三个顶点的距离是多少?

设计意图 本题可以通过建立适当的坐标系并设恰当的顶点坐标,灵活运用两点间的距离公式解决问题,检测对两点间的距离公式掌握的情况.

点到直线的距离

(4) 已知点 $A(a,b)$、$B(b,a)$、$C(a,a)$,求 $\triangle ABC$ 的边 AB 上的高.

设计意图 本题既可以利用点到直线的距离公式直接求出边 AB 上的高,也可以像推导点到直线的距离公式一样利用直角三角形面积间接求出边 AB 上的高,还可以利用等腰直角三角形的性质求解,从而在不同角度检测对点到直线的距离公式掌握的情况.

两条平行直线间的距离

(5) 已知过点 $(2,1)$ 的直线 l_1 与直线 $l_2:4x+2y-a=0$ 平行,且 l_1 与 l_2 的距离为 2,求 a 的值.

设计意图 本题既可以通过求点 $(2,1)$ 到直线 l_2 的距离列方程求解;也可以先写出 l_1 的方程,在 l_1 上取一个合适的点,比如点 $(0,0)$,再通过求点 $(0,0)$ 到直线 l_2 的距离列方程求解;还可以过点 $(2,1)$ 作直线 l_2 的垂线,通过求点 $(2,1)$ 与垂足间的距离列方程求解.这样,就可以从不同角度较好地检测学生是否会求两条平行直线间的距离,以及对两点间的距离公式或点到直线的距离公式掌握的情况.

2. 单元目标检测

(1) 已知直线 $l_1: x-2y-10=0$ 和 $l_2: y=\dfrac{x+5}{2}$，则 l_1 与 l_2 （　　）．

A. 相交且交点坐标为 $(4,-3)$　　　B. 垂直且垂足为点 $(3,4)$

C. 平行且距离为 $3\sqrt{5}$　　　D. 平行且距离为 $\sqrt{5}$

设计意图　本题将两条平行直线间的距离与两直线位置关系的判断相结合，检测求两条平行直线间的距离以及对两条直线位置关系的进一步理解．

(2) 如果三条直线 $ax+2y+8=0$、$4x+3y=10$ 与 $2x-y=10$ 相交于一点，则 a 的值为 _____．

设计意图　本题检测是否会求两条直线的交点坐标，以及对交点坐标的理解．

(3) 求在坐标轴上与点 $(2,3)$ 的距离为 5 的点的坐标．

设计意图　本题可以利用坐标轴上点的坐标特点和直角三角形的性质，灵活运用两点间的距离公式解决问题，检测对两点间的距离公式掌握的情况．

(4) 已知点 $A(1,2)$、$B(3,4)$、$C(m,0)$，求使 $\triangle ABC$ 面积最小的 m 的值．

设计意图　本题综合三角形的面积，检测点到直线的距离公式的掌握以及坐标法的运用情况．

▶▶▶ 案例评析 ◀◀◀

以单元为整体进行设计可以更好地回答知识从何处来、到何处去，以及如何去这一问题．从单元与现存教科书的关系角度看，有一类单元教学设计不改变教科书内容结构与编排，它以自然章节为单元，强化教学内容分析、学生认知分析、教学目标制定、教学过程设计的整体性，使课时与课时之间的联系更加紧密，该案例就属这类，通常也是一线教师尝试单元教学设计与实施的起始路径．

该案例突显了如何明晰内容主线和核心知识、新知识和旧知识、新知识之间的发展关系．学习内容和任务之间的关系常常可以帮助学习者获得对于单个研究对象的深入理解，理清知识的逻辑脉络或形成路径，有利于学习者在心智中形成关联的知识结构.从有效的培育和提升数学学科核心素养的视角看,该案例还可以进一步设计能适宜不同类型学生的学习方式,丰富问题情境的类型,除了数学的不同水平的问题,还可以提供生活的或其他科学领域的适宜问题.

第二节 整体立意下的单元起始课教学设计

案例 相交线与平行线

（一）内容解析与教学重点

1. 单元内容概述

平面内两条直线的位置关系是"空间与图形"所要研究的一个基本问题,这些内容学生在小学阶段已经有所接触,本单元在学生已有知识和经验的基础上,继续研究平面内两条直线的位置关系.纵观全单元,首先研究了两条直线相交的情形,探究了两条直线相交所成的角的位置和大小关系.垂直作为两条直线相交的特殊情形.两条直线被第三条直线所截得到的"三线八角",为接下来研究平行关系做准备.

对于平面内两条直线平行的位置关系,以平行公理为出发点探讨了判定两条直线平行的三种方法和两条直线平行的三条性质.教材在本章最后安排"平移变化"的内容(人教版义务教育教科书数学七年级上册第四章"几何图形初步").平移是本套教材中引进的第一个图形变化,将"平移"安排在本章最后一节,一方面是考虑将其作为平行线的一个应用,另一方面是考虑引入平移变化,可以渗透图形变化的思想,使学生可以接触利用平移分析和解决问题的方法.

2. 课时内容解析

"相交线与平行线"单元内容的研究起点是同一平面内两条不重合的直线的位置关系,即首要问题是弄清它们有哪几种不同的位置关系.在人教版义务教育教科书数学七年级上册第四章"几何图形初步"中,已经学习了点和直线的位置关系,教材中是借助直线的表示方法给出的,是一种静态结果的呈现方法,如果能结合小学阶段接触的平移或旋转等图形变化,从动态角度探索两个图形的位置关系,则研究方法更具有普遍性,并可以此类比得到两条直线的位置关系.

对于相交线和平行线的研究要与已有知识相关联,由于两条直线相交形成四个角(小于平角的角,下同),那么很自然地会想到用角来更加准确地刻画两条相交直线的位置,从而将相交直线问题转化为对角的研究,比如邻补角、对顶角,乃至"三线八角".在学习平行线时,也要转化为对角的研究.综上可知,研究两条直线的位置关系,通常在转化思想指导下,将对直线的研究转化为对"角"的研究.

类比角的学习,在了解一般的两角关系之后,重点学习了特殊的两角关系——互余和互补.研究两条直线相交,除了一般情况外,重点研究特殊的相交——垂直.

3. 教学重点

通过以上分析,可以将本课时的教学重点确定为:

(1) 通过类比点与直线的位置关系,得到两条直线的位置关系.

(2) 通过转化和类比角的学习,明确相交直线与平行直线的学习内容和研究方法.

(二) 学情分析

1. 已有知识储备

从知识技能角度,学生在小学阶段已经对平移、旋转、轴对称三种基本的图形变化方式有所了解,为寻找合适的动态方式探索两条直线的位置关系奠定了基础,并且已经接触了相交、垂直(垂足、垂线、垂直符号)、平行等概念,为顺利接受新知识做了一些铺垫.在"几何图形初步"的学习中,研究了直线、射线、线段、角等最基本的几何图形,特别对于角的大小比较、相互关系、特殊情况等有了进一步的认识,为学习相交线与平行线储备了必要的知识基础.

从活动经验来看,在小学阶段对几何图形的研究,侧重于操作、实验、测量、借助网格画图等感性认识,以及少量的计算;进入初中阶段后,进一步明确了几何研究的对象,增加了简单的推理说明,提高了对计算的要求,这些学习内容与方式的改变,促使学生学习数学的活动经验不断积累提高,为进一步发展数学推理和运算提供了支持.

2. 困惑与障碍

由于学生系统研究几何的时间较短,尚未形成良好的数学思想,所以需要在教师的引导下,利用具体数学知识的形成、发展逐步培养,同时也增强学生发现问题(比如在画图中寻找两条直线有怎样的位置关系)、提出问题(比如两条直线的位置关系要研究哪些内容)、分析问题(比如怎样研究两条直线的位置关系)的能力,单元起始课重在给出研究内容的结构以及解决问题的思路方法,并不是要彻底解决问题.

在处理具体的重要知识点时,从学生视角发现困惑.比如,对于两条平行线的研究,既然平行线反映的是两条直线之间的位置关系,那么为什么多此一举地出现了第三条直线,要研究三条直线之间的位置关系?这样做,岂不是把简单的问题复杂化了吗?

此时要引导学生类比相交线的学习,理解将平行线位置关系的判定和性质研究类似地转化为角的研究,如图 6.50 所示.

相交线 —转化→ 角 ←转化— 平行线

图 6.50

这样的设计至少还有三个好处:首先,渗透了转化思想,把未知的问题(平行线的判定)转化为已有的经验(相交线的研究);其次,启发学生对于两个貌似互不相关的几何元素,通过添加其他几何元素的方法进行沟通,为日后"辅助线"的产生打下基础;最后,有利于在今后的教学中进一步强化知识之间的连贯性,指导学生学会用"中间量""媒介元素"来解决数学问题,乃至借助"中间力量"解决生活中的实际问题,提高学生的数学素养.

3. 教学难点

通过以上分析,可以将本课时的教学难点确定为:

(1) 利用旋转探讨两条直线的位置关系,体会从静态和动态两个不同角度分析问题的特点.

(2) 利用转化思想寻找解决问题的研究方向,实现"平行线→相交线→角"的知识转化.

（三）教学目标

1. 通过回顾点与直线的位置关系,得到两条直线的位置关系,体会类比思想的运用.

2. 通过对照角的学习,明确相交线与平行线的学习内容,进一步体会类比、从一般到特殊等数学思想.

3. 在探索"平行线→相交线→角"的知识转化过程中,寻找解决问题的研究方向.

4. 在学习过程中,通过对动态与静态的结合,以及方案的比较、甄别、取舍、确定,培养学生数学思维品质的批判性、深刻性、广阔性和灵活性.

（四）教学过程设计

1. 复习旧知,提供模仿对象

（1）几何研究的内容包括形状、大小和位置关系,请结合已经学过的知识举例说明.

设计意图 从几何研究的全局着眼,强化对几何研究内容的感知.

（2）简单图形的位置关系,往往根据公共点的个数多少分成不同情况,那么点和直线的位置关系有哪几种？请作图说明.

设计意图 明确本课时对位置关系分类标准的界定,静态展示点和直线的位置关系,如图 6.51 所示.

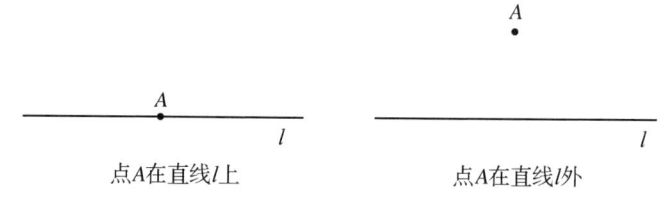

点A在直线l上　　　　点A在直线l外

图 6.51

（3）通过小学阶段的学习,我们知道了平移、旋转和轴对称,如果点固定,可以运动直线,那么能用其中的哪些图形变化方式来演示点与直线的位置关系？请在练习本上画出一个点,并用铅笔代替直线进行演示说明.

设计意图 用运动的观点,动态展示点和直线的位置关系.结合具体知识选择动态变化的方式,点和直线的位置关系既可以用平移演示,也可以用旋转演示,如图 6.52 所示. 在动态方案选择中,培养学生数学思维的批判性(三种图形变化的比较与取舍)和广阔性(有两种不同的图形变化符合要求).

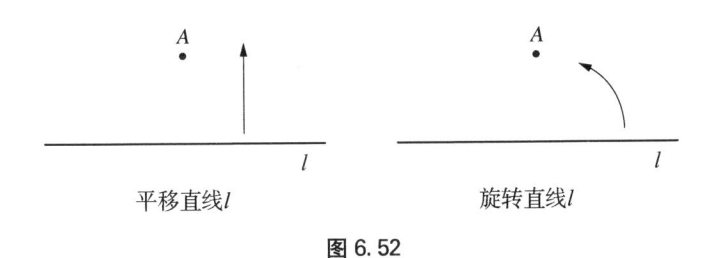

平移直线 l　　　　旋转直线 l

图 6.52

通过静态展示和动态演示研究点和直线的位置关系,为进一步学习两条直线的位置关系提供"先行组织者".

2. 类比学习,探索位置关系

(1) 两条直线(没有特殊说明,均指同一平面内两条不重合的直线)有怎样的位置关系呢?仿照研究点和直线位置关系的方法,你能考虑用什么方法研究?

设计意图　让学生从总体上知道可以从静态和动态两个角度思考问题,体会类比思想.

(2) 请从静态的角度,用作图的方法说明两条直线有哪些不同的位置关系.

设计意图　锻炼学生准确作图的基本功,感受从静态角度思考问题的局限性(如图 6.53 所示,图形孤立,缺少联系性;不容易考虑全面,容易遗漏).

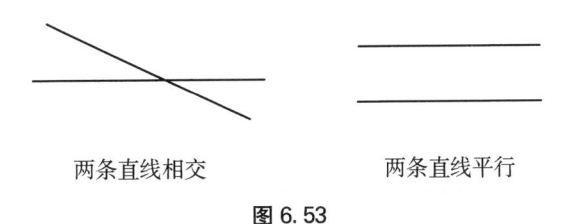

两条直线相交　　　　两条直线平行

图 6.53

(3) 仿照动态演示点和直线的位置关系的方法,你能想到用什么办法演示两条直线不同的位置关系?

关注或提示：① 引导学生采取"一定一动"的策略，在练习本上画出一条直线，并用铅笔代替另一条直线进行演示说明.

② 参照研究点和直线的位置关系的图形变化方式，有平移和旋转两种，此处适用旋转，而非平移，如图 6.54 所示.

设计意图 继续深化类比思想的具体应用，在模仿的同时，还要注意与被类比对象的不同之处，培养学生思维的批判性（否定平移的图形变化方式）和深刻性（通过研究、比较，发现合适的方案）.

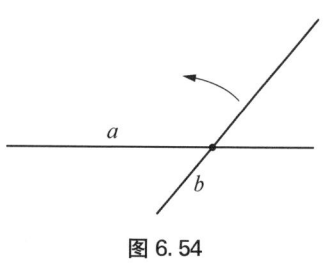

图 6.54

（4）比较静态与动态的不同研究过程，你喜欢哪种方法？为什么？

设计意图 引导学生比较两个思考问题的角度，不强求统一思想，但由于教科书中呈现的通常是静态图形，所以可以有意引导学生从动态角度思考问题，培养思维的批判性和灵活性.

3. 转化知识，寻找研究方向

（1）观察前面所画的两条直线相交的图形中（如图 6.53 中的左图），有我们七年级上册中（人教版义务教育教科书数学七年级上册第五章"相交线与平行线"）重点学习的什么几何图形？一共有几个？

设计意图 在学习数学的过程中，经常要把新知识转化为旧知识，此处让学生体会转化思想.

（2）七年级上册中（人教版义务教育教科书数学七年级上册第五章"相交线与平行线"），我们学习过两个角的关系，除了一般化的关系之外，还重点学习了两角互余、互补的情况，主要是因为这两种情况比较特殊，那么两条直线相交有什么特殊情况需要我们重点研究呢？

设计意图 由于学生在小学阶段已经接触了垂直（如图 6.55 所示），所以关注点放到几何知识研究的一般知识结构体系上，即"一般——特殊".

（3）研究两条直线的位置关系，首先是研究如何确定两条直线的位置关系是相交的还是平行的. 相交直线的研究可以转化为所构成角的研究，也就是通过角度或者角之间的关系确定直线的相交关系. 如果研究两条直线平行，你怎样构造角来研究呢？

图 6.55　　　　　　　　图 6.56

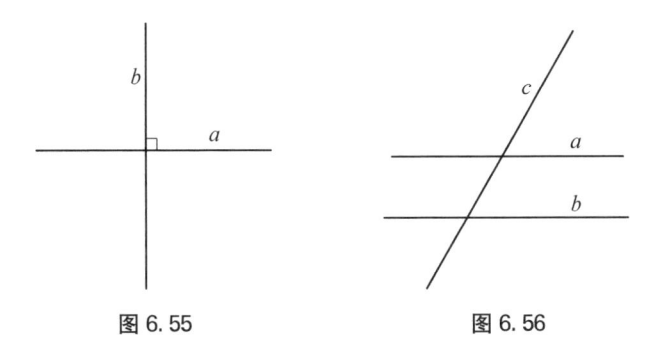

设计意图　启发学生在转化思想的引领下,补充与两条平行直线相交的"截线",为今后"辅助线"的学习做铺垫(如图 6.56 所示).

(4) 在前面用动态方式研究两条直线的位置关系时,我们为什么舍弃了平移的方法?

设计意图　初步感知通过平移画出的一组直线是平行线(如图 6.57 所示),因此可将平移知识转化为平行线知识,平移不会改变与另一条直线的位置关系.

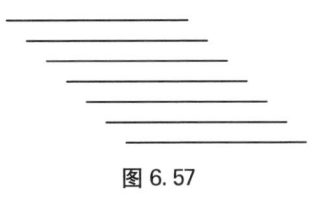

图 6.57

4. 总结回顾与提升

根据学习内容展示本节课的思维导图,如图 6.58 所示.

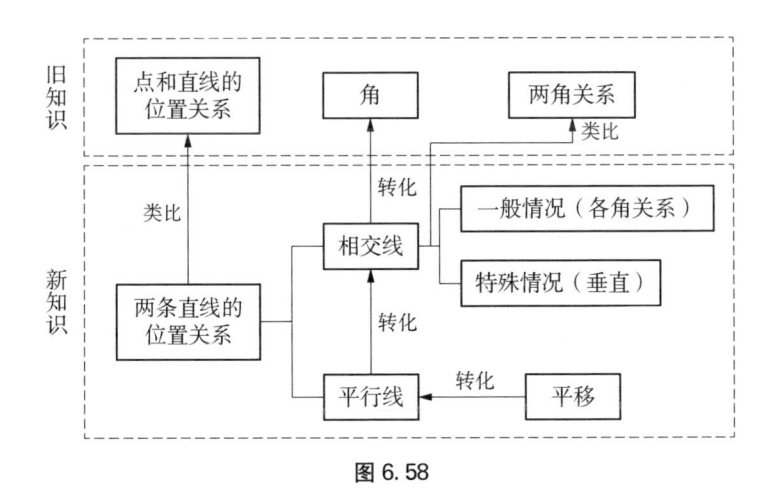

图 6.58

参考思维导图,思考以下问题:

(1) 你知道本章要学习哪些知识?

(2) 举例说明怎样通过转化把新知识与旧知识建立联系?

设计意图 由于七年级学生系统学习几何时间较短,所以思维导图直接给出,让学生"看图说话",补充内容.引导学生从学什么(知识本身)、怎样学(研究方法)两个角度梳理对本节课的学习收获.

（五） 课堂检测

1. 如图 6.59,过直线 l 外一点 A 画直线 l 的相交线、垂线、平行线,分别可画几条?

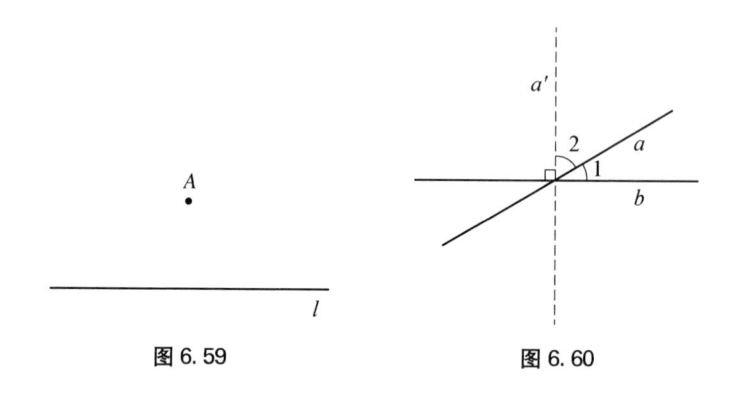

图 6.59

图 6.60

2. 如图 6.60,直线 a 与 b 相交的夹角 $\angle 1 = 30°$,要使直线 a 旋转到直线 a' 的位置使之与直线 b 垂直,则需要旋转的角 $\angle 2$ 是多少度?

设计意图 第 1、2 两题分别从静态和动态两个角度,检测知识技能目标.

3. 上、下平移直尺,画出两条长度均为 5 cm 的线段,观察线段四个端点围成的四边形,猜想它的形状.

设计意图 本题检测对初步的平移画图与几何直观.

4. 按照公共点个数的多少,直线与圆的位置关系有几种情况?

设计意图 本题侧重于类比思想的具体应用,用动态方式研究,用静态图形描述.

5. 在立体图形中,两条直线没有交点,一定就平行吗?

设计意图 本题为思维拓展类问题,强调如果没有特殊说明,我们研究的一般是同一平面内两条不重合的直线的位置关系.

▶▶▶ **案例评析** ◀◀◀

数学单元起始课是中小学数学教学实践中的一个优秀经验,可以为单元学习提供相关背景、知识框架、逻辑体系和应用价值.有效的单元起始课通常建立在对单元知识、学生认知和教学安排的整体性认识之上,并能引发后续更加深度的教学探究活动.

数学单元起始课在内容组织方面一般体现三个主要目的:

(1) 知识层面.起始课的教学设计应为整个单元提供知识框架,并揭示知识间的内在联系,从而有利于后续每一个子知识的深度教学.

(2) 方法层面.起始课的教学设计更应关注学生用怎样的思维方式、思想方法来完成整个单元的学习.

(3) 价值层面.起始课教学设计应强调学习的必要性,全面揭示数学知识背后的育人价值,提升课程与教学的立意和价值取向.

探究单元起始课的教学设计与实施也是促进教师专业发展的一个有效方法和策略,但是许多教师囿于课程资源、情感态度、教学经验和反思、外部环境等方面的原因,还没有开始这方面的实践,该案例既丰富了单元起始课教学设计的宝库,也可以激励更多的教师勇于探索.

第三节 深度学习任务的教学设计

案例 1 解分式方程

(一) 大概念群

"代数式及其运算"——分式及其性质、分式的运算.

"方程"——列方程和解方程、检验方程的解.

内容包括:分式、分式的运算、分式方程.

(二) 单元教学目标

1. 课程标准的内容要求

(1) 了解分式和最简分式的概念,能利用分式的基本性质进行约分和通分;能进行简单的分式加、减、乘、除运算.

(2) 能解一元一次方程、可化为一元一次方程的分式方程.

(3) 能根据具体问题的实际意义,检验方程的解是否合理.

2. 单元学习目标

(1) 知识与技能.

知道分式和最简分式、分式有意义、分式的基本性质、分式的约分和通分、分式的乘除法则、分式的加减法则、分式方程;会求满足分式有意义的条件、会进行分式的约分和通分、会进行分式的乘除和乘方运算、会进行分式的加减运算、会进行分式的混合运算、会解分式方程.

(2) 意义理解.

分式单元的基本问题可以是:

如何识别分式(或分式是什么)?分式有哪些性质?分式可以进行哪些运算?分式与分数、整式有什么关系?列分式方程的策略是什么?解分式方程的策略是什么?学习"分式"有哪些价值?

洞察解分式方程的策略;能解释分式、分式性质和分式运算学习中的类比思想;能解释分式方程无解的原因以及验根的意义;洞察分式有意义的策略;洞察分式运算的策略;洞察分式与分数、整式运算的关系;洞察列分式方程的策略;洞察解分式方程的思想和策略;洞察分式学习的价值.

(3) 学习迁移.

能从实际情境中抽象出分式方程;具有正确解分式方程的能力.

3. "解分式方程"课时教学目标

(1) 会解分式方程.

(2) 通过具体例子,独立探索不同类型分式方程的解法,抽象概括解分式方程的思想方法和策略;感悟分式方程与整式方程的关系,能解释分式方程产生增根的原因以及检验的必要性.

(3) 养成自觉反思求解过程和自觉检验的良好习惯,能通过积极反思、交流和讨论促进经验思维显化为数学思维策略.

(三) 教学过程设计

1. 独立探究解法

(1) 学生独立探究方程 $\dfrac{1}{3x-2}=\dfrac{5}{x}$ 的解法.

解法 1：利用比例性质，得 $x=5(3x-2)$.

解法 2：方程两边同乘以 $x(3x-2)$，即同乘以各分母的最简公分母，再去分母，得 $x=5(3x-2)$.

讨论：解法 1 和解法 2 实质相同，都是去分母.

解法 3：移项，通分，化成分式的值等于 0，即 $\dfrac{x-5(3x-2)}{x(3x-2)}=0$，得

$$\begin{cases} x\neq 0 \text{ 且 } x\neq \dfrac{2}{3}, \cdots\cdots \text{分式有意义的条件} \\ x-5(3x-2)=0. \cdots\cdots \text{一元一次方程} \end{cases}$$

(2) 全班交流解分式方程 $\dfrac{1}{3x-2}=\dfrac{5}{x}$ 的过程及依据.

(3) 师生共同小结.

各位同学的具体解法及解法依据虽然不同，但解分式方程的基本思想是相同的——转化，即将分式方程转化为整式方程.

2. 探究增根的原因

(1) 学生独立解方程：$\dfrac{1}{x-1}=\dfrac{2}{(x-1)(x+1)}$.

(2) 全班交流.

解法 1：移项，通分，化成分式的值等于 0，即

$$\dfrac{1}{x-1}-\dfrac{2}{(x-1)(x+1)}=0,$$

$$\dfrac{x+1-2}{(x-1)(x+1)}=0,$$

$$\dfrac{x-1}{(x-1)(x+1)}=0.$$

① 约分后，得 $\dfrac{1}{x+1}=0$，即分子、分母约去不为 0 的因式 $(x-1)$，显然无解. 因此原方程无解.

② 若不约分，则需满足 $\begin{cases} x-1\neq 0 \text{ 且 } x+1\neq 0, \\ x-1=0 \end{cases}$ 时，分式值才能等于

0,显然也无解.因此原方程无解.

解法2:方程两边同乘以$(x-1)(x+1)$,去分母,得$x+1=2$,得$x=1$.因此原方程的解为$x=1$.

(3)质疑:为什么会产生两种结果?解方程时,转化成的整式方程与原方程是否一定同解?为什么?

分析原因:解方程时,方程两边乘或除以不等于0的同一个数或同一个整式,能使所得方程与原方程的解相同.但如果所乘式子的值等于0,那么不能使所得方程与原方程有相同的解.

当$x=1$,去分母时,方程两边同乘以$(x-1)(x+1)$,其中$x-1=0$,则$(x-1)(x+1)=0$. $x=1$只是新方程——一元一次方程的解,而不是原分式方程的解,所以原分式方程无解.此时,整式方程的解叫做原分式方程的增根,必须舍去.

因此,解分式方程,求得整式方程的解后,必须检验它是不是原分式方程的解,这个过程叫做检验(验根).

"检验"的方法:把整式方程的根代入最简公分母,看结果是不是零,使最简公分母为零的根是原分式方程的增根,必须舍去.

3. 反思概括

师生共同总结:

解分式方程的基本思想——转化,即将分式方程转化为整式方程.

归纳如下:

$$分式方程 \xrightarrow[转化]{去分母} 整式方程.$$

形成一般步骤:

(1)去分母:确定最简公分母,方程两边同乘以最简公分母,约去分母,转化成整式方程.

(2)解这个整式方程.

(3)检验:把整式方程的根代入最简公分母,看结果是不是零,若结果不是零,说明此根是原分式方程的根;若结果是零,则此根是原分式方程的增根,必须舍去.

(4)写出分式方程的解.

4. 拓展经验,深化概括

学生独立练习,而后相互评价、纠错.

(1) 解下列方程,并说一说分式方程和整式方程的区别与联系:

① $\dfrac{x}{2x-5} + \dfrac{5}{5-2x} = 1$;　② $\dfrac{x-2}{x+2} - \dfrac{16}{x^2-4} = 1$.

(2) 学生通过解题实践和相互评价,进行自我总结.

① 解分式方程首先要确定最简公分母,若原方程中的分母为多项式,则先分解因式;

② 若原方程中的分母与最简公分母互为相反数,则去分母时要注意改变分子的符号;

③ "检验"是解分式方程的必要步骤,这与解整式方程时进行验算的目的不同.

(四) 课外作业

1. 必做题

解方程:

① $\dfrac{1}{2x} = \dfrac{2}{x+3}$;　② $\dfrac{x}{x+1} = \dfrac{2}{3x+3} + 1$;

③ $\dfrac{2}{x-1} = \dfrac{4}{x^2-1}$;　④ $\dfrac{5}{x^2+x} - \dfrac{1}{x^2-x} = 0$.

2. 选做题

(1) 填空:

① 已知方程 $\dfrac{x}{x-3} = 2 - \dfrac{3}{3-x}$ 有增根,则增根一定是 _____.

② 方程 $\dfrac{x+2}{x+1} = \dfrac{m}{x+1}$ 有增根,则此时 $m =$ _____.

(2) 若分式方程 $\dfrac{2(x+a)}{a(x-1)} = -\dfrac{8}{5}$ 的解为 $x = -\dfrac{1}{5}$,求 a 的值.

(3) 当 k 为何值时,方程 $\dfrac{3}{x-1} = 1 - \dfrac{k}{1-k}$ 会产生增根?

(4) 已知关于 x 的方程 $\dfrac{x}{x-3} - 2 = \dfrac{m}{x-3}$ 有一个正数解,求 m 的取值范围.

▶▶▶ **案例评析** ◀◀◀

解分式方程的教学紧紧围绕"探究分式方程的解法"与"探究增根的原因"两个核心任务进行.第一个核心任务中的题目具有一题多解的特点,可以运用比例的基本性质、运用解一元一次方程去分数系数的分母、运用分式的基本知识等已有知识生成思路和解法.第二个核心任务中的题目运用不同解法则可能产生增根.结果的不同促使学生产生困惑,激发出探究原因的学习动机.通过两个核心任务的学习、探究和反思,学生对于解分式方程的基本步骤、基本方法以及分式方程具有的增根陷阱、解决增根的基本策略有了基本体验、实践和认知.在此基础上,进一步通过变式问题,丰富和延伸学生解分式方程的经验,同时也开启学生调整、更新个人经验的空间,为更深刻的概括奠定基础.

学习任务不在多,而在于精准把握学生已有知识基础和经验,使得学生能够参与,也在于精准设计任务的目标,也就是符合学习目标,保证学生的预期学习结果.在这样的任务情境中,学生就能够充分发挥自己的知识、能力和情感的潜能,大胆地"想"和"做".

有效的学习过程离不开知识准备、核心任务探究、巩固和运用、反思讨论和评价等系列活动的相互补充.

案例2 线段垂直平分线的尺规作图

(一) 教学内容分析

本节课主要依据冀教版义务教育教科书数学八年级上册第十六章"轴对称和中心对称"的第二节"线段的垂直平分线"的内容,是在学习了线段的垂直平分线的性质定理及其逆定理之后,探究如何使用直尺和圆规作线段的垂直平分线以及过一点作已知直线的垂线,是线段的垂直平分线的性质定理及其逆定理学习的延续,是这两条定理的应用.其目的是通过作线段的垂直平分线让学生提升基本的尺规作图能力,同时加深对线段的垂直平分线的性质定理及其逆定理的理解.本节课探究作图的思维方式及作图的步骤和方法又为下节课研究角平分线,尤其是用尺规作一个角的平分线做铺垫,有利于深入认识轴对称图形.

（二）学情分析

授课班级中大部分学生的基础较好，对已学过的知识掌握牢固，对新知识接受较快. 本节课在学生掌握了线段的垂直平分线的性质定理及其逆定理之后，探究如何使用直尺和圆规作线段的垂直平分线以及过一点作已知直线的垂线. 教学过程中，充分发挥学生思维灵活、自我探究能力强的特点，给学生足够的时间探究解决问题，培养学生逻辑推理的能力以及自我反思和评价的能力.

（三）教学目标分析

1. 学生亲身经历用直尺和圆规作线段的垂直平分线以及过一点作已知直线的垂线的探究过程；熟练掌握作线段的垂直平分线以及过一点作已知直线的垂线这两种基本作图.

2. 运用简练、准确的语言表达作图方法与步骤.

3. 使用"执果索因"的方法探究问题，发展学生的逻辑思维；在实际动手操作中体验几何探究的乐趣，孕育健康的数学学习态度.

（四）教学重点和难点

教学重点：探究如何用直尺和圆规作出已知线段的垂直平分线，进而得出作法.

教学难点：用直尺和圆规过一点作已知直线的垂线.

（五）教学过程

1. 知识准备

前面我们学习了线段的垂直平分线的性质定理及其逆定理.

如果已知一条线段，你如何作出这条线段的垂直平分线呢？

前面我们利用直尺和圆规作出了一条线段等于已知线段，还作出了一个角等于已知角，现在我们能利用直尺和圆规作出一条线段的垂直平分线吗？

2. 探究一

已知：线段 AB（图 6.61）.

求作：线段 AB 的垂直平分线.

图 6.61

小组交流：

(1) 你是怎么想的?

(2) 你是怎么做的?

(3) 你作图的理由是什么?

学生先独立思考,然后小组交流,充分交流后利用实物投影展示自己的作法.

归纳推理:

(1) 找到符合条件的两个点即可:两点确定一条直线;

(2) 既然是线段垂直平分线上的点,必然满足到线段两端点的距离相等.

作法1:如图6.62所示.

(1) 分别以点A和点B为圆心、$a\left(a > \dfrac{1}{2}AB\right)$为半径在线段$AB$的两侧画弧,分别交于点$C$、$D$;

(2) 连结CD,直线CD即为所求.

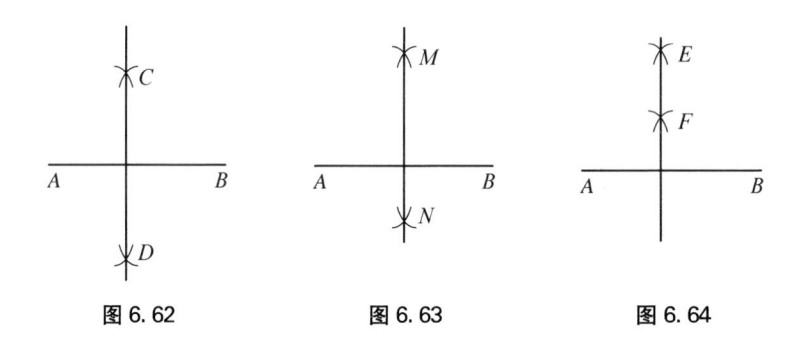

图6.62

图6.63

图6.64

作法2:如图6.63所示.

(1) 分别以点A和点B为圆心、$a\left(a > \dfrac{1}{2}AB\right)$为半径在线段$AB$的上方画弧,交于点$M$,再分别以点$A$和点$B$为圆心、$b\left(b > \dfrac{1}{2}AB, b \neq a\right)$为半径在线段$AB$的下方画弧,交于点$N$;

(2) 连结MN,直线MN即为所求.

作法3:如图6.64所示.

(1) 分别以点 A 和点 B 为圆心、$a\left(a > \frac{1}{2}AB\right)$ 为半径在线段 AB 的上方画弧,交于点 E,再分别以点 A 和点 B 为圆心、$b\left(b > \frac{1}{2}AB, b \neq a\right)$ 为半径在线段 AB 的上方画弧,交于点 F;

(2) 连结 EF,直线 EF 即为所求.

从中任取一种作法,解释为什么这条直线是线段 AB 的垂直平分线.

第一种作法:使用三角形全等,从线段的垂直平分线定义的角度给予证明.

第二种作法:使用线段垂直平分线性质定理的逆定理给予证明.(如图 6.65 所示)

以上两种作法都是正确的,后一种得到的点采用的半径不同,而第一种采用的半径相同,因此比较容易操作.以后,我们一般采用第一种作法作线段的垂直平分线.

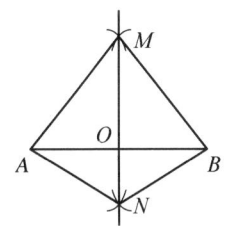

图 6.65

规范作法,并写出规范的尺规作图语言.

3. 探究二

已知:直线 l 和直线 l 外一点 P(或直线 l 上一点 P).(如图 6.66 所示)

求作:经过点 P 且垂直于 l 的直线.

图 6.66

学生思考后,小组交流.

提示:点 P 一定在某条线段的垂直平分线上,而这条线段必然在直线 l 上,我们只要找到这条线段就可以很容易解决这个问题了.

学生再思考,再交流.

学生小组交流后,请两位学生上讲台板演,并讲解.

点 P 在直线 l 外:经教师提示,因为点 P 在所求线段的垂直平分线上,

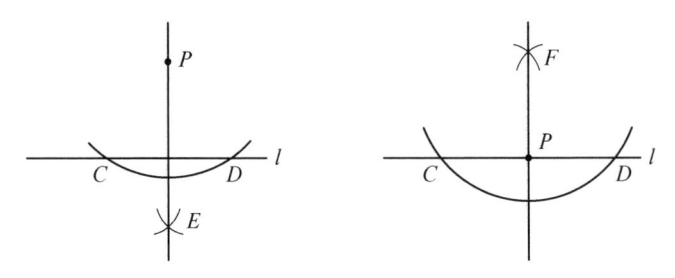

图 6.67

所以点 P 到这条线段两个端点的距离相等. 因此, 以点 P 为圆心、适当长度为半径画弧, 与直线 l 交于两点 C、D, 线段 CD 就是我们要求作的线段. 然后再分别以点 C 和点 D 为圆心、$a\left(a > \dfrac{1}{2}CD\right)$ 为半径画弧, 两弧交于点 E. 连结 PE, 则 PE 就是我们要求作的直线.

点 P 在直线 l 上: 以点 P 为圆心、任意长为半径画弧, 与直线 l 交于两点 C、D, 则线段 C、D 就是我们要求作的线段. 再按照作线段的垂直平分线的作法, 很容易就可作出符合条件的直线.

提升: 无论点 P 的位置在哪里, 我们都找到了一条合适的线段, 从而将此题转化为作线段的垂直平分线, 进而作出了已知直线的垂线.

拓展: 利用作线段的垂直平分线的方法可以作出一个直角, 如果给定边长, 那么还可以作一个直角三角形.

4. 实际应用

为进一步打造"宜居河北", 河北某区拟在新竣工的矩形广场的内部修建一个音乐喷泉, 要求音乐喷泉 M 到广场的两个入口 A、B 的距离相等, 且到广场管理处 C 的距离等于 A 和 B 之间距离的一半, A、B、C 的位置如图 6.68 所示. 请在图上利用尺规作出音乐喷泉 M 的位置.

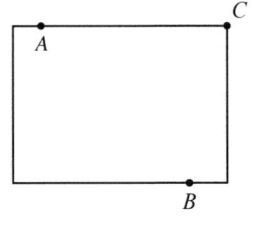

图 6.68

(解答略)

师生交流总结: 这里的尺规作图帮助我们找到了垂直平分线, 还帮助我们找到了线段的中点. 作垂直时, 找中点就是我们这种作法的重要作用.

5. 回顾与反思

通过这节课的学习,你有哪些收获和感悟呢?

(1) 利用尺规作已知线段的垂直平分线;

(2) 利用尺规作已知直线的垂线;

(3) 利用尺规作已知线段的中点;

(4) 学习数学既要勤于思考,又要善于观察和动手操作.

从各种作图中我们不难发现,在操作中圆规起到了确定距离的作用,而直尺起到了确定方向的作用. 在下节课的学习中,我们还将利用直尺和圆规作出一个角的平分线.

6. 作业

(略)

▶▶▶ 案例评析 ◀◀◀

该案例中,将探究线段的垂直平分线的作法作为核心学习任务. 在有了知识准备的基础上,给学生足够的时空去自主探究,并体现出尊重学生的经验、思维和发现的环境文化. 教师角色则展现在引导学生采用归纳推理的方式探究问题,将尺规作图与线段的垂直平分线性质定理及其逆定理结合起来进行思考. 因此,学生不仅熟练地掌握了用直尺和圆规作线段的垂直平分线的方法,品尝了再创造的成果和情感体验,而且在过一点作已知直线的垂线的操作过程中,比较顺利地将作已知直线的垂线转化为作线段的垂直平分线,显示出数学思维的发展,突破了本节课的难点.

该内容的教学还可以进一步思考如何与轴对称知识进行整合和关联,形成内容的延伸.

参考文献

[法]安德烈·焦尔当,2015.学习的本质[M].杭零,译;裴新宁,审校.上海:华东师范大学出版社.

鲍建生,2002.中英两国初中数学期望课程综合难度的比较[J].全球教育展望,31(9).

鲍建生,周超,2009.数学学习的心理基础与过程[M].上海:上海教育出版社.

曹一鸣,2007.中国数学课堂教学模式及其发展研究[M].北京:北京师范大学出版社.

曹一鸣,冯启磊,陈鹏举,等,2017.基于学生核心素养的数学学科能力研究[M].北京:北京师范大学出版社.

[英]F. A. 冯·哈耶克,2013.个人主义与经济秩序[M].邓正来,译.北京:生活·读书·新知三联书店.

方丽,李如密,2016.教学评价的伦理内涵及其要求探析[J].江苏教育研究,(13).

[美]格兰特·威金斯,[美]杰伊·麦克泰格,2017.追求理解的教学设计(第二版)[M].闫寒冰,宋雪莲,赖平,译.上海:华东师范大学出版社.

龚静,侯长林,张新婷,2020.深度学习的生发逻辑、教学模型与实践路径[J].现代远程教育研究,32(5).

黄华,顾跃平,2013.构建初中数学作业设计框架,提高作业设计和评价的品质[J].课程·教材·教法,33(3).

[美]Jan Chappuis,2019.学习评价7策略:支持学习的可行之道[M].刘晓陵,等,译.上海:华东师范大学出版社.

[美]L. W. 安德森,等,2008.学习、教学和评估的分类学:布卢姆教育目标分类学修订版(简缩本)[M].皮连生,主译.上海:华东师范大学出版社.

李昌官,2019.高中数学研究型教学:核心素养落地的一种路径[J].教育研究与评论(中学教育教学),(11).

李昌官,2020.ADE模型:素养为本的高中数学教学的技术支撑[J].中国数学教育(高中版),(4).

李刚,吕立杰,2018.国外围绕大概念进行课程设计模式探析及其启示[J].比较教育研究,40(9).

李士锜,2001.PME:数学教育心理[M].上海:华东师范大学出版社.

李士锜,吴颖康,2011.数学教学心理学[M].上海:华东师范大学出版社.

李艺,钟柏昌,2015.谈"核心素养"[J].教育研究,36(9).

李庾南,2020.谈单元教学的备课——以"直线和圆的位置关系"的单元教学为例[J].中国数学教育(初中版),(9).

[俄]列夫·谢苗诺维奇·维果茨基,2003.教育心理学[M].龚浩然,许高渝,潘绍典,刘华山,译;龚浩然,审校.杭州:浙江教育出版社.

林崇德,2003.学习与发展:中小学生心理能力发展与培养(修订版)[M].北京:北京师范大学出版社.

参考文献

刘辉,2011.促进学生学习的书面作业评价结果反馈研究[J].教育测量与评价(理论版),(12).

刘徽,2020."大概念"视角下的单元整体教学构型——兼论素养导向的课堂变革[J].教育研究,41(6).

刘月霞,郭华,2018.深度学习:走向核心素养(理论普及读本)[M].北京:教育科学出版社.

吕世虎,吴振英,杨婷,王尚志,2016.单元教学设计及其对促进数学教师专业发展的作用[J].数学教育学报,25(5).

[美]罗伯特·J.马扎诺,2009.有效的课堂评价手册[M].邓妍妍,彭春艳,译;程可拉,校.北京:教育科学出版社.

[英]迈克尔·波兰尼,2000.个人知识——迈向后批判哲学[M].许泽民,译;陈维政,校.贵阳:贵州人民出版社.

[加]迈克尔·富兰,[美]玛丽亚·兰沃希,2016.极富空间:新教育学如何实现深度学习[M].于佳琪,黄雪锋,译.重庆:西南师范大学出版社.

欧阳超,2008.教学伦理学[M].成都:四川大学出版社.

皮连生,1998.知识分类与目标导向教学——理论与实践[M].上海:华东师范大学出版社.

皮连生,2009.学与教的心理学(第五版)[M].上海:华东师范大学出版社.

邵朝友,崔允漷,2017.指向核心素养的教学方案设计:大观念的视角[J].全球教育展望,46(6).

邵朝友,陈体杰,杨宇凡,2021.论单元核心学习任务的设计——基于目标—教学—评价一致性的视角[J].当代教育科学,(3).

孙维刚,2005a.孙维刚初中数学[M].北京:北京大学出版社.

孙维刚,2005b.孙维刚高中数学[M].北京:北京大学出版社.

檀传宝,张宁娟,吕卫华,等,2016.教师专业伦理基础与实践[M].上海:华东师范大学出版社.

王策三,2002.教学认识论(修订本)[M].北京:北京师范大学出版社.

王光明,李爽,2002.初中生数学学习非智力因素调查问卷的编制[J].数学教育学报,29(1).

王光明,宋金锦,王兆云,2015.高中生数学学习非智力特征调查问卷的编制[J].数学教育学报,24(3).

王光明,张楠,周九诗,2016.高中生数学素养的操作定义[J].课程·教材·教法,36(7).

王华,2020.数学单元起始课教学设计的原则和方法[J].教学与管理(中学版),(3).

王建磐,鲍建生,2014.高中数学教材中例题的综合难度的国际比较[J].全球教育展望,43(8).

王嵘,章建跃,宋莉莉,周丹,2013.高中数学核心概念教材编写的国际比较——以函数为例[J].课程·教材·教法,33(6).

王月芬,张新宇,等,2014.透析作业:基于30 000份数据的研究[M].上海:华东师范大学出版社.

[英]温·哈伦,2011.科学教育的原则和大概念[M].韦钰,译.北京:科学普及出版社.

吴庆麟,胡谊,2018.教育心理学[M].上海:华东师范大学出版社.

吴亚萍,2016.学科教学育人价值的开发与转化[J].人民教育,(Z1).

夏雪梅,2012.以学习为中心的课堂观察[M].北京:教育科学出版社.

徐碧美,2003.追求卓越——教师专业发展案例研究[M].陈静,李忠如,译.北京:人民教育出

267

版社.

徐斌艳,2019.20世纪以来中国数学课程的数学情感目标演变[J].数学教育学报,28(3).

杨向东,崔允漷,2012.课堂评价:促进学生的学习和发展[M].上海:华东师范大学出版社.

杨向东,豆雨松,2013.两位不同专长的数学教师课堂提问结构的对比研究[J].上海教育科研,(3).

杨伊,夏惠贤,王晶莹,2020.我国学生作业设计研究70年:回顾与展望[J].教育科学研究,(1).

叶澜,2002.重建课堂教学价值观[J].教育研究,23(5).

喻平,2017.数学核心素养评价的一个框架[J].数学教育学报,26(2).

喻平,2018a.基于核心素养的高中数学课程目标与学业评价[J].课程·教材·教法,38(1).

喻平,2018b.学科关键能力的生成与评价[J].教育学报,14(2).

喻平,2020.数学单元结构教学的四种模式[J].数学通报,59(5).

喻平,赵静亚,2020.数学核心素养中品格与价值观的评价指标体系建构[J].课程·教材·教法,40(6).

袁振国,2010.当代教育学(第4版)[M].北京:教育科学出版社.

[美]约翰·D·布兰思福特,等,2013.人是如何学习的:大脑、心理、经验及学校(扩展版)[M].程可拉,孙亚玲,王旭卿,译;高文,审校.上海:华东师范大学出版社.

[新西兰]约翰·哈蒂,2015.可见的学习:对800多项关于学业成就的元分析的综合报告[M].彭正梅,邓莉,高原,方补课,译;伍绍杨,张玉娴,等,校.北京:教育科学出版社.

张丹,于国文,2020.大观念的研究评介——以数学学科为例[J].比较教育学报,(2).

张华,2019.论学科核心素养——兼论信息时代的学科教育[J].华东师范大学学报(教育科学版),37(1).

张良,2019.深度教学"深"在哪里?——从知识结构走向知识运用[J].课程·教材·教法,39(7).

章建跃,宋莉莉,王嵘,周丹,2013.美国高中数学核心概念图[J].课程·教材·教法,33(11).

赵健,2003.默会知识、内隐学习与学习的组织[J].全球教育展望,32(9).

郑东辉,2019.促进深度学习的课堂评价:内涵与路径[J].课程·教材·教法,39(2).

周玉娟,余明友,2016.当前师范生教师专业伦理教育的缺失及对策[J].黔南民族师范学院学报,36(2).

Kim D I, Ra Y A, 2015. What impacts success in college? Findings from the perceptions of Korean students [J]. College Student Journal, 49(1).

Lyon E G, 2013. Learning to Assess Science in Linguistically Diverse Classrooms: Tracking Growth in Secondary Science Preservice Teachers' Assessment Expertise [J]. Science Education, 97(3).

Pastore S, Heidi L A, 2019. Teacher assessment literacy: A three-dimensional model [J]. Teaching and Teacher Education, 84(C).

Willis J, Adie L & Klenowski V, 2013. Conceptualising teachers' assessment literacies in an era of curriculum and assessment reform [J]. Australian Educational Researcher, 40(2).